나쁜 뇌를 써라

나쁜 뇌를 써라

초판 1쇄 발행 2011년 8월 5일 초판 6쇄 발행 2021년 5월 19일

지은이 강동화 펴낸이 이승현
기획자 스토리로직_박현찬

편집1 본부장 배민수
에세이2 팀장 정낙정

펴낸곳 (주)위즈덤하우스 출판등록 2000년 5월 23일 제13-1071호
주소 경기도 고양시 일산동구 정발산로 43-20 센트럴프라자 6층
전화 (031)936-4000 팩스 (031)903-3895 홈페이지 www.wisdomhouse.co.kr

ISBN 978-89-6086-463-4 03320

- 이 책의 전부 또는 일부 내용을 재사용하려면 사전에 저작권자와
  (주)위즈덤하우스의 동의를 받아야 합니다.
- 인쇄·제작 및 유통상의 파본 도서는 구입하신 서점에서 바꿔드립니다.
- 책값은 뒤표지에 있습니다.

강동화 지음

나쁜 뇌를 써라

NEW INSIGHTS

/뇌의 부정성조차 긍정적으로 활용하는 뜻밖의 지혜/

INTO BRAIN

위즈덤하우스

저자의 말

뇌는 균형을 원한다

어른이 아이에게 배우고 선생이 학생에게 배우듯이, 의사는 환자에게서 배운다. 병病이라는 불청객을 만난 환자들이 그 병과 더불어 살아가며 극복해나가는 모습을 지켜보면서 의사는 인생의 지혜를 배운다.

내가 뇌졸중 환자 S씨를 만난 것은 2007년 봄이다. 그는 예순의 나이에 왼쪽 뇌에 큰 뇌졸중이 생겨 언어기능을 대부분 잃어버렸다. 말도 거의 하지 못해 '어, 어.' 하다가 그냥 웃어넘기곤 했다. 회복은 더디기만 해 여러 달이 지나도 손짓, 눈짓으로 겨우 의사소통을 할 수 있는 정도였다. 삶을 한순간에 뒤집어놓는 심각한 장애는 많은 뇌졸중 환자들을 우울증에 빠지게 한다. 외래진료실에서 그를 만날 때 나는 그도 우울증에 빠지지 않았을까 생각하며 조심스레 살펴보곤 했다.

뜻밖에도 그는 대개 웃는 얼굴을 하고 있었다. 부드럽고 온화한 미소를 띤 채 주변을 바라보고 있었다. 어두움이나 불안, 분노의 그림자는 전혀 찾아볼 수 없었다. 가족들은 S씨가 뇌졸중 전에는 아주 까다롭고 예민하고 조급한 성격이었다고 했다. 그런데 어찌된 영문인지 뇌졸중을 앓게 되면서 이전보다 성격이 밝아지고 남에게도 관대해졌다는 것이다. 그는 정말 평화로워 보였다. 비단 S씨뿐만이 아니다. 부부가 서로 손을 꼭 잡고 미소를 띤 채 외래진료실을 찾는 뇌졸중 환자들도 있다. 그들은 S씨처럼 심한 언어장애나 마비 증세를 가지고 있었다. 그럼에도 그들은 행복해했다. 정말이지 질병 이후에 오히려 더 행복해졌다는 것이다. '건강을 잃으면 모든 것을 잃는다.'는 말은 어떤 사람들에겐 틀린 말이다. 오히려 그들에게 건강을 잃는다는 것은 새로운 삶을 찾았음을 의미했다. 오랜 동안 가려지고 잊혔던 자신을 되찾은 셈이다. 건강을 잃음으로써 새로운 자신을 만나고 행복을 찾게 되었다니 참으로 인생의 역설이다.

'행복한 뇌졸중 환자들'과의 만남은 환자들의 삶과 이야기에 좀 더 관심을 가지게 했고 나에게 이런 의문을 품게 했다. '우리가 알고 있는 것들, 믿어 의심치 않는 것들이 과연 옳은 것일까, 그게 진실의 전부일까?' 이 질문으로 이 책은 시작되었다.

하나의 의문은 뇌를 탐구하는 나의 천직과 맞물려 꼬리에 꼬리를 물면서 퍼져나갔다. 산만함은 과연 쓸모없는 기능일까? 합리화하고 왜곡하는 것이 언제나 나쁘기만 할까? 기억력이 좋아지면 더 행복해질까? 망각은 기억의 반대일까? 합리적인 결정을 하는 데 감정은 나쁜 영향을 미치는가? 냉정한 사람은 타인에 대한 공감 능력이 떨어질까? 중독과 몰입은 어떻게 다를까? 중독을 몰입으로 전환할 순 없을까? 병든 뇌는 사람을 불행하게만 할까? 마음과 뇌를 공부하던 나에게 이런 질문들은 끊임없이 호기심을 자극하였고 지적 탐사의 여행을 지속하게 했다.

특히 나는 부정적인 뇌 기능들에 주목했다. 산만한 뇌, 합리화하는 뇌, 왜곡하는 뇌, 망각하는 뇌, 비합리적인 뇌, 냉정한 뇌, 중독된 뇌, 병든 뇌. 우리에게 도움이 안 될 것 같고, 쓸모없다고 여겨지는, 그래서 거의 사용하지 않으려 하는 뇌다. 다시 말해 '나쁜 뇌'다.

사람들은 우리가 더 나아지고자 한다면 이런 '나쁜 뇌'를 멀리 하고 '착한 뇌'를 가꾸어야 한다고 말한다. 그러나 나는 그전에 우리 뇌를 가능한 한 있는 그대로 바라보고자 했다. 우리가 실수하고, 산만하고, 합리화하고, 왜곡하고, 망각하고, 감정적이고, 냉정하고, 중독되기 쉬운 이유는 우리 뇌가 원래 그렇게 생겨먹어서 그런 것이다. 그러니 일단 우리 뇌를 있는 그대로 받아들이자는 것이다. 그리고 '나쁜 뇌'의 이면에 무엇이 있는지 탐구해보기로 했다.

종착지를 정하지 않은 채 탐구에 몰입하던 내게 어느 순간 나쁜 뇌의 부정적인 외양 뒤에 숨은 긍정성과 창조성이 보이기 시작했다. 내가 알고 있던 세계 그 너머의 깊고도 넓은 경지가 어렴풋이 드러나 보였다. 자전거를 타고 어두운 숲길을 달리다 문득 언덕 너머에서 비치는 밝은 햇살을 만난 느낌이었다. 비로소 나의 탐구는 하나의 체계를 갖추기 시작했다.

　이 책은 행복한 뇌졸중 환자들이 던져준 인생의 역설을 풀기 위해 시작된, 뇌에 대한 나의 탐사기록이다. 뇌가 가르치는 인생의 비밀을 엿보고자 하는 짧은 여정의 기록이다.

　여덟 꼭지로 이루어진 이 책은 우리의 일상에 가장 많은 영향을 끼치는 뇌 기능을 다루고 있다. 각 장에는 나쁜 뇌의 양면성이 등장한다. 나쁜 뇌는 얼핏 부정적으로 보이지만, 실은 그 속내를 찬찬히 들여다보면 집중이나 기억과 같은 '착한 뇌'들이 갖지 못한 매력을 갖고 있다. '나쁜 뇌'는 '나쁜 남자'와 비슷하다. 차갑고 도도하고 싸가지 없어 보이지만 실은 내면에 따스한 마음과 열정적인 사랑을 간직한 나쁜 남자. 때때로 나쁜 남자는 무작정 착하기만 한 남자보다 더 매력이 있다. 그래서 우리는 착한 남자도 나쁜 남자도 될 수 있어야 한다. 사실 사람은 누구나 '착한 나'와 '나쁜 나'를 가지고 있다. 나쁜 뇌도 마찬가지다. 그래서 착한 뇌만을 쓰는 것보다는 나쁜 뇌와 착한 뇌를 모두 쓰는 것이 더 지혜로운 선택이 된다. 자전거 타기와 같이 항상 비틀거리는 우리의 삶이 넘어지지 않고 앞으로 나아가려면 두 바퀴의 균형을 잡아야 한다. 나쁜 뇌는 삶의 균형을 위해 꼭 필요한 뇌다. 어쩌면 나쁜 뇌의 진짜 이름은 '균형 뇌'일지도 모르겠다.

　이 책에는 뇌가 가진 또 다른 양면성이 등장한다. 집중과 산만함,

합리화와 의심, 기억과 망각, 이성과 감정 간의 대립이 그것이다. 사물에는 모두 양면성이 있듯이 우리 뇌에도 양면성이 있다. 그리고 그 양면성은 대개 대립과 갈등의 양상으로 드러나지만, 어느 한쪽이 항상 옳고 다른 한쪽이 항상 그르다고 판단하기 어려운 특성을 가진다. 사실 양면성의 어느 한쪽은 다른 한쪽의 존재 근거일지도 모른다. 두 측면은 함께 있을 때에만 비로소 동력과 에너지를 만들어낸다. 세상의 모든 원리는 이러한 음양의 공존을 말해주고 있다. 따라서 이러한 양면성을 잘 이해하는 것이 세상을 살아가는 지혜일 것이다. 이 책은 우리가 얼마나 한쪽으로 기울어진 생각과 태도를 가지고 있는지, 얼마나 편파적이고 이분법적으로 살아가는지 드러내 보여주고자 한다. 뇌의 양면성이 가지는 신비를 통해 우리는 진정한 '조화와 균형'의 지혜를 배울 수 있을 것이다.

'우리 뇌는 균형을 원한다.' 그러나 그 균형은 고요하고 정적인 것이 아니다. 마치 자전거를 타는 것과도 같다. 자전거 타기는 일견 여유로워 보이지만 실상은 팽팽한 긴장감이 돈다. 넘어지지 않으려면 좌우 균형을 잘 잡아야 하고, 내리막길이 아니라면 페달 밟기를 멈추어선 안 된다. 앞바퀴가 방향을 잡지만 뒷바퀴가 하모니를 이루어야 한다. 우리 뇌는 우리도 모르게 좌뇌와 우뇌, 앞쪽 뇌와 뒤쪽 뇌의 긴장과 협응協應 속에서 균형을 유지하며 목표를 향해 나아간다. 이렇듯 뇌의 균형은 역동성과 방향성을 가진다.

뇌는 숲이고, 뇌가 보여주는 단면들은 나무이다. 숲 속에서 나는 자전거를 타며 나무와 풀, 꽃들의 내음을 맡고 새의 지저귐을 듣는다. 한편, 이 길은 어디에 이를까, 이 숲의 끝은 어디일까 호기심을 가지며 숲 속 산책로 이곳저곳을 유유자적 탐험한다. 나의 뇌가 자전거를 타며 신비로운 뇌의 숲을 여행한다. 그 여정은 때때로 숲 너머에 펼쳐진 보이지 않는 미지의 세계를 상상하기도 한다. 그리하여 마침내 균형의 지혜를 만나게 된다.

균형 잡힌 뇌, 균형 있는 삶은 내게도 큰 숙제로 남아 있지만, 감히 여러분을 뇌의 숲 속 자전거 여행에 정중히 초대하고자 한다.

2011년 7월

강동화

감사의 글

　　　　　　이 책의 시작부터 끝까지 함께 해주신 박현찬 선생님께 깊은 감사를 드립니다. 선생님이 아니었다면 이 책은 세상의 빛을 보지 못했을 것입니다. 넓고도 깊은 지식과 통찰을 가진 선생님으로부터 제가 가장 크게 배운 것은 오히려 '겸손'이었습니다. 선생님과의 인연은 제게 큰 행운이자 축복입니다.

　저자와 최대한 한마음이 되어 편집을 맡아준 박지숙 대리님과 이진영 편집장님, 까다로운 뇌 그림을 훌륭하게 그려준 그림작가 전수현 씨, 그리고 이 책에 지속적인 관심과 지지를 보내준 최연순 부장님께 감사합니다.

　책을 세상에 내놓으려는 지금, 두려운 마음이 얼마나 큰지 모릅니다. 이메일을 보내놓고도 '좀 더 따뜻하게 쓸 걸, 좀 더 겸손할 걸.' 후회한 적이 많습니다. 이 책의 초고를 함께하며 내게 용기를 준 분들이 있습니다. '인생은 기적'이라고 가르쳐주신 박미라 선생님, 내가 글 쓰는 의사가 될 거라 했던 이경아 선생, 보스턴 거리를 산책하며 철학과 수학의 즐거운 세계로 나를 안내해준 김동호 선생, 《서늘한 광채》와 이 책의 초고를 많이 사랑해 준 김현정 교수, 본문 중 작문연구 부분을 꼼꼼히 검토해주신 라성일 선생님, 원고에 대해 값진 조언을 해준 홍근식, 윤창호, 박희경 선생, 그리고 나를 응원해주는 모든 분들에게 감사를 전합니다. 이 책의 곳곳에 이들의 호흡이 묻어 있습니다.

세상을 떠난 후에도 한결 같은 사랑으로 내 삶을 따뜻하게 안아주시는 어머니, 현실에 안주하지 않고 변화하고 도전하라고 가르쳐주신 아버지께 사랑하고 존경한다는 말씀을 드립니다. 끝으로, 이 책을 쓰는 내내 곁에서 나를 응원하고 지지해준 아내와 나의 기쁨이자 나의 선생인 딸에게 마음을 다하여 사랑을 전합니다.

2011년 7월
강동화

차례

저자의 말-뇌는 균형을 원한다 ---- 4
감사의 글 ---- 10

 New Insights 1

실수하는 뇌 - 집중과 산만함의 균형 ---- 17
산만함은 과연 쓸모없는 뇌 기능일까?

블라인드 스팟 | 왼쪽 세상을 무시하는 사람들 | 고릴라를 보았나요? | 인간은 실수하는 존재 | 두뇌가 집중하는 방법 | 멍하니 다른 생각하기 | 주의력 결핍인가, 주의력 과잉인가 | 산만함과 창조성 | 갇힌 집중과 열린 집중 | 집중과 산만함의 시소를 타고

 New Insights 2

합리화하는 뇌 - 합리화와 의심의 딜레마 ---- 55
자기합리화는 건강하지 못한 행동일까?

믿음이 틀렸을 때 | 합리적으로 결정하는가? 결정을 합리화하는가? | 왼손이 한 일을 오른손이 모를 때 | 아버지로 변장한 사기꾼 | 이 팔은 당신 팔이야 | 스토리텔링 브레인 | 하나의 뇌, 두 마음 | 자기합리화를 넘어 | 건강한 합리화 | 몰두하기보다 의심하자 | 내면의 목소리에 귀 기울이자

New Insights 3

왜곡하는 뇌 – 왜곡의 두 얼굴, 거짓과 긍정 ⋯⋯⋯ 95
기억의 왜곡은 부정적인 기능만 할까?

우리의 기억은 믿을 만한가? | 방금 본 사건에 대한 기억은? | 부서진 헤드라이트를 보았나요? | 채워 넣는 뇌 | 착각하는 뇌 | 20년 후 갑자기 | 거짓기억 이식하기 | 거짓기억의 뇌 메커니즘 | 기억에 대한 두 가지 견해 | 시간은 쌓여간다 | 끝이 좋으면 좋다 | 긍정심리학 | 불행했던 과거도 행복이라 여기자

New Insights 4

망각하는 뇌 – 기억과 망각의 이중주 ⋯⋯⋯ 143
기억력이 나쁜 사람은 불행할까?

아무것도 기억하지 못하는 남자 | 모든 것을 기억하는 남자 | S의 첫 번째 비밀, 공감각 | S의 두 번째 비밀, 장소법 | 기억 향상의 비밀, 결합과 맥락 | 아무것도 잊지 못하는 여인 | 다시 HM과 S를 기억하며 | 건강한 망각 | 잘 잊어야 잘 기억한다 | 왜 나쁜 기억은 오래 남을까? | 아름다운 망각

New Insights 5
결정하는 뇌 – 이성과 감정의 줄다리기 179
감정적인 결정은 잘못된 것인가?

알 카포네의 딜레마 | 수와 확률에 약한 뇌 | 인간의 비합리성, 휴리스틱 | 인간의 비합리성, 프레임 효과 | 무의식의 힘 | 감정이 결여된 결정 | 도덕적 딜레마 | 이성과 감정 사이 | 프레임에 걸려들 것인가, 저항할 것인가 | 선택의 패러독스 | 선택 후의 태도가 삶을 결정한다

New Insights 6
공감하는 뇌 – 열정과 냉정의 하모니 223
냉정한 사람은 공감능력이 떨어질까?

우리는 타인의 아픔을 어떻게 느낄까? | 상상력의 힘 | 빠져들기 vs. 거리 두기 | 너와 나의 차이 받아들이기 | 난 네가 무엇을 하려는지 알고 있다 | 나를 지키며 너에게 간다 | 자신에 대한 공감

몰입하는 뇌 – 중독과 몰입, 닮은꼴 미묘한 차이 ⋯⋯ 253
중독을 몰입으로 전환할 수는 없을까?

뇌의 G스팟 | 왜 나쁜 습관은 고치기 어려운가 | 중독은 뇌 탓 | 중독은 환경 탓 | 담배 떠나보내기 | 이젠 몰입으로 | '원함'과 '좋아함'은 다르다 | 나만의 화두를 찾자

창조하는 뇌 – 뇌 질환과 창조성, 그 역설의 축복 ⋯⋯ 287
뇌 질환은 사람을 불행하게만 할까?

미치광이 화가 | 고흐의 뇌 | 창조성과 정신병 | 병든 뇌에서 꽃피는 예술성 | 위험한 축복 | 평범한 이들의 하이퍼그라피아 | 고흐는 치밀했다 | '아하!' 어느 순간 갑자기 | 부화, 통찰로 향하는 다리 | 10년 법칙 | 창조적인 뇌의 비밀 | 내 안의 다이아몬드를 찾아서

부록-뇌의 영역별 명칭 ⋯ 337
참고문헌 ⋯ 340
찾아보기 ⋯ 346

1. 실수하는 뇌

집중과 산만함의 균형

산만함은 과연 쓸모없는 뇌 기능일까?

집중과 산만함은 분명 서로 다르지만,
그 둘은 정반대가 아니라 오히려 동반자다.
집중이 한곳에 에너지를 모으는 이성적인 동반자라면,
산만함은 감수성 예민한 동반자다.

　　　　　　미국 뉴욕주 코맥시에 사는 낸시 앤드루스는 병원 분만장에서 남편 토머스의 손을 꼭 잡고 진통을 견뎌내며 둘째 아기의 출산을 기다리고 있었다. 그로부터 10여 개월 전, 앤드루스 부부는 두 번째 아기를 간절히 원했으나 자연임신이 되지 않아 뉴욕 메디컬 센터의 불임클리닉에서 체외 시험관 수정을 받았었다. 이제 얼마 뒤면 어여쁜 아기가 그 가족의 품에 안길 것이다.

　엄마는 몇 시간의 산고를 이겨냈고, 마침내 아기는 세상에 태어났다. 그런데 막 태어난 아기를 살펴보던 부부는 아연실색했다. 엄마의 피부가 갈색이기는 하지만 아빠가 하얀 피부의 백인인데, 뜻밖에도 아기의 피부색이 엄마보다도 훨씬 더 검었기 때문이다. 몇 차례 유전자 검사를 통해 아기의 아빠가 다르다는 것이 밝혀졌고, 추적한 결과 시험관 수정 과정에서 남편의 정자가 다른 흑인 남자의 정자로 뒤바뀐 사실이 드러났다. 자칫 엉뚱한 오해까지 받을 뻔했던 부부는 둘째 딸을 자신들의 아이로 소중히 기르고 있다. 하지만 딸을 볼 때마다 어쩔 수 없이 불임클리닉의 실수가 생각나서 괴로운 마음이 든다.

　이런 어처구니없는 사고는 어디서나 일어난다. 국내에서도 2006

년 어느 한 대학병원에서, 두 환자의 진료기록부가 바뀌어 위암 환자가 갑상샘 제거수술을 받고, 갑상샘암 환자가 멀쩡한 위를 절제 받는 사고가 발생했다.

나도 고백하건대 풋내기 의사 시절, mg과 mL 단위를 혼동해 잘못된 용량의 안정제를 처방한 적이 있다. 병원 인턴을 돌 때는 환자의 수술 조직을 엉뚱한 검사실에 의뢰하는 실수를 범하기도 했다.

이렇게 큰 실수가 아니더라도 우리는 사소한 실수들을 한다. 은박지에 싼 껌을 씹을 때 은박지는 입으로 가져가고 껌을 휴지통에 넣기도 하고, 담배를 거꾸로 물고 필터에 불을 붙이기도 한다. 안경을 쓰고 있으면서 안경을 찾고, 안경을 쓴 채로 세수하기도 한다. 어딘가 와 놓고 '어, 내가 여기 왜 왔지?' 하며 묻는 경우도 마찬가지다. 나도 조금 전 쓴 물건을 아무리 찾아도 못 찾을 때 그 물건을 휴지통에서 찾는 경우가 가끔 있다. 그래서 요즘엔 물건을 못 찾으면 꼭 휴지통을 뒤져본다. 얼마 전에는 아내가 복용할 약을 챙기다가 무심코 내가 그 약을 먹은 적도 있다. 이처럼 늘 하는 행동에는 특별한 주의가 할당되지 않고 무의식적인 자동적 사고가 자리잡고 있다.

우리는 왜 이런 어처구니없는 실수를 할까?

블라인드 스팟

심리학자 매들린 반 헤케Madeleine Van Hecke는 인간이 실수나 오류를 저지르는 원인이 인간의 심리에 우리 스스로 볼 수 없는 '블라인드 스팟blind spot', 즉 맹점이 존재하기 때문이라고 말한다. 블라인드 스팟은 자동차 사이드미러에도 보이지 않는 사각지대를 일컫는 말로, 물체가 분명히 있는데도 볼 수 없는 좁은 영역이다. 우리의 의식에도 우리가 억지로 고개를 돌리지 않고는 보지 못하는 맹점이 존재한다는 것이다.

왼쪽 눈을 가리고 [그림1]의 십자가를 보며 점점 십자가에 가까이 다가가보자. 15cm 정도 떨어진 지점에서 오른쪽 점이 보이지 않는 순간이 있다. 그러다 더 가까이 다가가면 다시 점이 보이기 시작한다. 이유는 이렇다. 망막에는 시각수용체가 존재하는데 시신경이 시작하는 부위에는 시각수용체가 없다. 포도주 잔을 받치는 가느다란 대와 둥근 잔의 연결부분처럼 생긴 이곳이 바로 블라인드

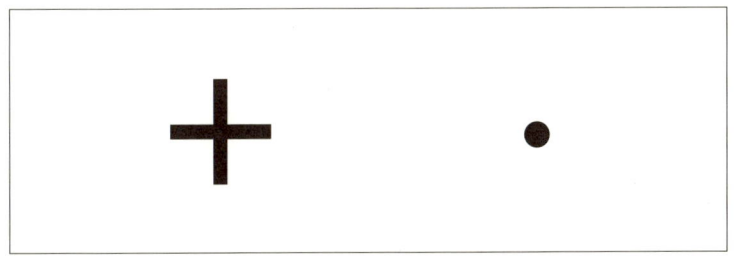

[그림1] 블라인드 스팟을 확인하는 간단한 실험

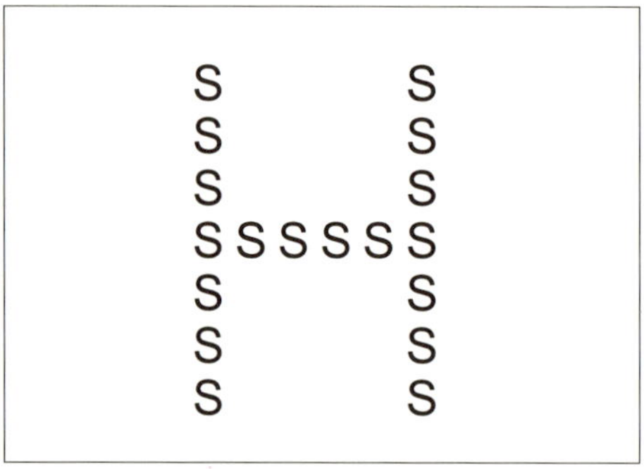

```
    S         S
    S         S
    S         S
    SSSSSS
    S         S
    S         S
    S         S
```

[그림2] 발린트 증후군 환자들은 S로만 읽고 전체 모양인 H를 보지 못한다.

스팟이다. 여기에 오른쪽 점의 상이 맺히게 되면 우리는 이 점을 보지 못한다. 즉, 우리가 한쪽 눈을 가렸을 때 십자가와 점을 동시에 보지 못하는 특정 지점이 있다. 물론 두 눈을 다 뜨고 보면 두 점을 동시에 볼 수 있다.

그런데 두 눈을 멀쩡히 다 뜨고도 두 점을 동시에 보지 못하는 사람들이 있다. 바로 '발린트 증후군 Balint's syndrome' 환자들이다. 발린트 증후군 환자는 서로 가까이 있는 여러 사물들을 동시에 인식하지 못한다. 이 현상을 '동시인식불능증 simultanagnosia'이라 부르기도 한다. 주로 양쪽 두정엽 parietal lobe 과 후두엽 occipital lobe 부위에 병변이 있을 때 발생한다. 내가 한 손에 빗과 숟가락을 4~5cm 정도 떨어지게 들고 발린트 증후군 환자에게 보여주면 그들은 둘 중 하나만을 볼 수 있다. 빗이 보인다고 말하다가 잠시 뒤 숟가락이 보인다고 말한다. 그들은 결코 빗과 숟가락을 동시에 보지 못한다. [그림 2]의 알파벳을 읽어보자. 우리는 H라고도 읽고 S라고도 읽을 수 있다. 그러나 발린트 증후군 환자들은 S로만 읽는다. S로 이루어진 전체 모양인 H를 보지 못한다. 나무는 보는데 숲은 못 보는 격이다.

왼쪽 세상을 무시하는 사람들

이제 자신이 바라보는 세상의 한쪽 부분을 깡그리 무시하는 사람들을 보자. 바로 '무시증후군neglect syndrome' 환자들이다. 오른쪽 뇌 두정엽에 뇌졸중이나 종양과 같은 문제를 가진 이 환자들은 자신의 왼쪽 시야에 있는 사물들에 주의를 기울이지 못한다. [그림3]을 보자. 왼편은 정상인이, 오른편은 무시증후군 환자들이 그린 그림이다. 무시증후군 환자들이 그린 그림에서는 시계, 집, 꽃, 고양이

[그림3] 왼쪽은 정상인, 오른쪽은 무시증후군 환자들이 그린 그림

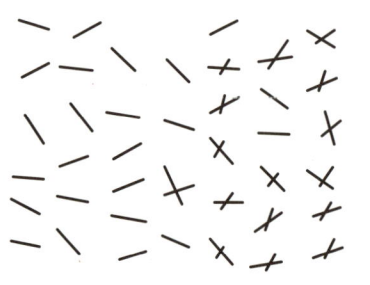

[그림4] 무시증후군 환자들은 왼쪽 시야의 선들을 무시한다.

의 한쪽이 모두 빠져 있다.

이번에는 무시증후군 환자들에게 직선들을 보여주고 선으로 그어가며 지우게 해보았다. [그림4]에서 보듯이 오른쪽에 있는 직선들만 지운다. 왼쪽 시야의 선들을 그들은 무시한다. 그들은 음식을 먹을 때도 접시의 오른쪽에 있는 음식만 먹고 왼쪽에 있는 음식은 그대로 남겨둔다.

[그림5]는 우뇌의 심각한 뇌졸중 때문에 반측무시증후군을 가진 화가 안톤 래데르셰이트Anton Räderscheidt가 그린 자화상이다. 뇌졸중 직후에 그린 자화상에는 자화상의 오른쪽 일부만 그려져 있다(왼쪽 위 그림). 뇌졸중으로부터 회복되면서 자화상의 왼쪽이 점차 채워져 가는 것을 볼 수 있다.

그렇다면 무시증후군 환자들이 왼쪽을 무시하는 이유는 무엇일까? 왼쪽을 보지 못하는 시야장애 때문이 아닐까? 그렇지 않다. 그들은 왼쪽을 볼 수 있음에도 그 쪽을 무시한다. 무시증후군 환자로

하여금 나의 코를 쳐다보게 하고 환자의 오른쪽 시야에 불빛을 깜빡이면 그는 불빛을 인식한다. 왼쪽 시야에 불빛을 깜빡여도 역시 알아차린다. 그러나 양쪽 시야에 동시에 불빛을 깜빡일 때 환자는 오른편만 인식한다. 왼쪽 불빛에 주의를 할당할 수 없기 때문이다.

그런데 이들 중에는 특이하게도 나의 기준에서 왼쪽이 아니라 상대방의 기준에서 왼쪽을 무시하는 경우도 있다. 이들은 마주하는 사람의 왼쪽 얼굴을 무시하고 오른쪽만 묘사하기도 한다. 또 이들

[그림5] 반측무시증후군을 가진 화가가 그린 자화상.

은 면도를 할 때에도 자신의 얼굴 왼쪽만 면도한다. 왜일까? 거울에 비친 얼굴의 왼쪽을 무시하니까 거울 속 오른쪽 얼굴만 면도를 하게 되는데, 거울 속 얼굴의 오른쪽이 실제로 자신의 왼쪽 얼굴이기 때문이다. 반측무시증후군은 거대한 인지적 블라인드 스팟이며, 주의장애의 극단적 형태라고 볼 수 있다.

무시증후군 현상이 단지 눈앞에 보이는 사물에 국한된 것은 아니다. 1978년 이탈리아의 비시아Bisiach 와 루차티Luzzati 박사는 흥미로운 실험을 했다. 그들은 무시증후군 환자들에게 밀라노광장을 상상하게 했다. 밀라노광장의 양쪽 끝에는 성당과 동상이 마주하고 있다. 한 번은 동상을 등지고 성당을 바라보며 밀라노광장을 상상하게 했더니, 자신이 보는 광장의 오른편 건물들만 묘사했다. 그 다음에는 성당을 등지고 동상을 바라보며 광장을 그려보게 했더니, 이번에도 자신이 바라보는 광장의 오른편 (동상을 등질 때와는 반대편) 건물들만 기억했다. 현장에 가지 않고 마음속에서 그린 것임에도 불구하고 심상에서조차 한쪽 편을 무시한 것이다.

반측무시증후군에는 자기중심egocentric 반측무시와 객체중심allocentric 반측무시가 있다. 자기중심 반측무시는 자신의 왼쪽 편에 있는 대상을 모두 무시한다([그림6](a)). 왼쪽 시야의 집과 울타리가 그림에서 모두 빠져 있는 것을 볼 수 있다. 반면 객체중심 반측무시는 마주하는 대상 하나하나의 한쪽 절반을 무시한다([그림6](b)). 나무, 집, 울타리 각각의 한쪽이 그림에서 빠져 있다.

그런데 이는 우리가 세상을 바라보는 방식과 흡사하지 않은가.

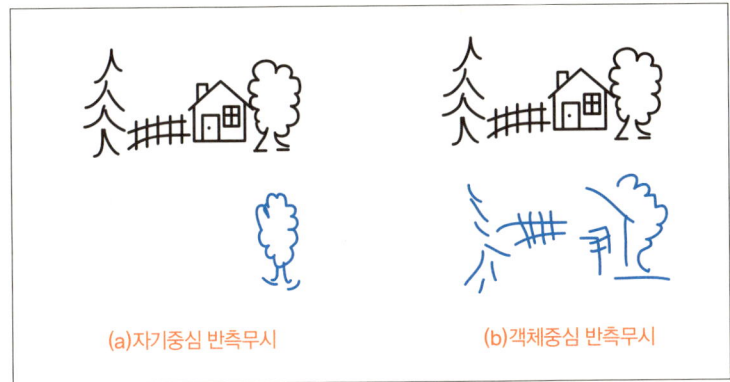

[그림6] 반측무시증후군

우리는 흔히 세상사람들을 두 부류로 나누어 한쪽 편들기를 좋아한다. 남자 대 여자, 보수 대 진보, 경상도 대 전라도. 이는 자기중심 반측무시이다. 또 다른 방식은 타인의 일부만 보는 것이다. 타인의 장점만 보고 무작정 그의 편을 들거나, 단점만 보고 비판하는 일은 객체중심 반측무시 현상과 비슷하다고 볼 수 있다.

고릴라를 보았나요?

그런데 과연 우리는 그들과 얼마나 다를까?

직접 실험에 참가하고픈 독자는 아래 글을 읽기 전에 http://viscog.beckman.illinois.edu/flashmovie/15.php부터 방문하기 바

란다. 미국 일리노이대학의 대니얼 사이먼스^{Daniel Simons} 교수와 하버드대학의 크리스토퍼 차브리스^{Christopher Chabris} 교수의 그 유명한 '보이지 않는 고릴라' 실험이다. 동영상은 흰색 유니폼을 입은 세 사람과 검은색 유니폼을 입은 세 사람이 각각 자기편에게 농구공을 패스하는 장면으로 시작한다. 우리가 할 일은 흰색 유니폼을 입은 팀의 패스 수를 헤아리는 것이다. 그런데 동영상의 중간쯤에 고릴라 복장을 한 사람이 무대를 천천히 지나간다. 그냥 지나치지 않고 무대 중앙에서 카메라를 향해 자기를 보라고 가슴까지 탕탕 친다. 사이먼스 교수와 차브리스 교수는 얼마나 많은 실험참가자들이 고릴라를 알아차릴까 궁금했다. 놀랍게도 참가자의 절반만이 고릴라를 알아보았다. 다음엔 패스에 집중하지 않고 그냥 동영상을 보게 했더니 보다 쉽게 고릴라를 알아차렸다. 처음에 고릴라를 못 본 어떤 참가자는 두 번째 동영상이 다른 것이라고 우기기도 했다. (실생활에서도 가끔 겪는 일이다.) 사이먼스 교수는 이를 '부주의맹 inattentional blindness'이라 불렀다.

런던 허트포드셔대학의 리처드 와이즈먼^{Richard Wiseman} 박사는 같은 실험을 동영상이 아닌 실황으로 재연해보았다. 실황인 경우 고릴라를 알아차린 확률은 훨씬 더 낮았다. 400명의 청중 중 겨우 10%만이 고릴라를 보았다. 동영상이 아닌 현실에서는 무엇인가 이상한 것을 알아차리기가 더 어려운지도 모르겠다.

그렇다면 우리는 주위에서 일어나는 변화를 얼마나 잘 알아차릴까? 어떤 남성이 호텔 투숙을 위해 체크인 데스크의 담당자에게로 다가갔다. 투숙객 인적사항을 기재하는 동안 체크인 담당자가 여성에서 남성으로 바뀌어도 투숙객은 알아보지 못했다. 대학 캠퍼스에서 이와 비슷한 실험을 해보았다. 대학생에게 어떤 이방인이 길을 묻는다. 그들은 10초에서 15초 정도 이야기한다. 그러다 그 둘 사이를 다른 두 사람이 큰 문을 들고 지나간다. 그 사이 길을 묻던 이방인이 바뀐다. 키, 체격, 목소리, 옷이 모두 다른 사람으로 바뀌었음에도 불구하고 대학생들의 절반만이 그 변화를 알아차렸다. 이렇듯 변화를 알아차리지 못하는 현상을 '변화맹change blindness'이라 부른다. 만약 자신에겐 결코 이런 변화맹이 없다고 확신하는 사람은 '바뀐 카드 색깔 알아맞히기' 게임(http://www.youtube.com/watch?v=voAntzB7EwE)을 꼭 해보길 바란다. 우리가 얼마나 변화에 둔감한지 알 수 있을 것이다.

필자는 2010년 미국 학회에서 사이먼스 교수가 만든 새로운 버전의 '보이지 않는 고릴라' 동영상을 본 적이 있다. 사이먼스 교수는 이번에도 청중들에게 농구공 패스에 집중하라고 했지만 우리들은 모두 지나가는 고릴라를 보고 있었다. 그러나 정작 그 동영상에서는 검은색 유니폼을 입은 선수가 한 명 사라졌고 배경의 커튼 색이 바뀌었다. 수백 명의 청중들 중 이 변화를 알아차린 사람은 거의 없었다.

우리는 시각을 통해 세상으로부터 많은 정보를 얻는다. 잠자는 시간 외에 눈을 뜨고 있는 동안 우리는 언제나 무엇인가를 보고 있다. 그런데 오늘 하루 우리는 무엇을 보았는가? 아니, 방금 나는 무엇을 보았는가? 막상 세부적인 사항을 묘사할라치면 별로 할 말이 없다. 두 눈 뜨고 보긴 보았으나 뭘 보았는지 모른다.

부주의맹과 변화맹의 이유는 무엇일까? 반더빌트대학의 르네 마로이스Rene Marois 교수가 실험한 바에 의하면, 우리는 눈앞의 사물이 네 개 이하일 때는 그 사물들을 잘 기억했다. 그러나 네 개를 넘어서면 우리 기억은 틀리기 일쑤였다. 시각정보를 단기기억에 잡아두는 역할은 뒤 두정엽에서 맡는다. 눈앞의 사물의 수가 늘어날수록 뒤 두정엽의 활동도 그에 비례하여 증가했다. 그러다 대상의 수가 네 개에 이르자 그곳의 활동도 포화되었다. 우리 뇌가 단기기억 속에 붙잡아둘 수 있는 시각정보는 이렇듯 매우 제한되어 있다. 부주의맹과 변화맹은 우리 인간의 뇌로선 피할 수 없는 현상인 것이다.

이제 우리 뇌가 가진 또 다른 형태의 블라인드 스팟을 살펴보자. 아래 그림들이 어떻게 보이는가? [그림7](a) 네커 큐브Necker cube라고 불리는 정육면체는 두 가지 형태로 보일 수 있다. 즉, 마주하는 면이 왼쪽 아래를 향하는 형태와 오른쪽 위를 향하는 형태다([그림

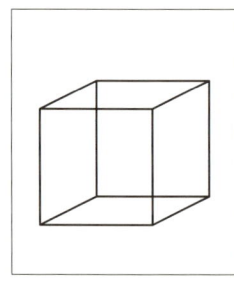  

[그림7] (a)네커 큐브   (b)쥐─사람 얼굴   (c)노파─숙녀

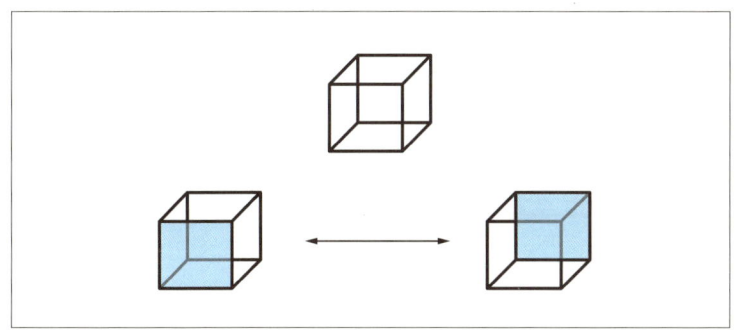

[그림8] 네커 큐브를 보는 두 가지 방법

8]). [그림7](b)는 어떤가? 쥐로 보이다가도 매부리코의 안경 쓴 대머리 아저씨로도 보인다. 그림(c)는 험상궂은 노파로 보일 수도 있고 아리따운 숙녀로도 보인다. 중요한 점은, 그 어떤 경우라도 각 그림에서 두 가지 형태 모두를 동시에 볼 수는 없다는 사실이다. 마주하는 면이 왼쪽 아래로 향하는 큐브를 보고 있을 때 우리는 다른 큐브를 보지 못한다. 그림(b)가 쥐로 보일 때는 대머리 아저씨를 인식하지 못한다. 노파-숙녀 그림도 마찬가지다. 이 현상을 '플립-플롭맹flip-flop blinding'이라 부른다. 이렇듯 우리는 어떤 특수한 경우에 두 가지를 동시에 보지 못한다. 5cm 떨어진 빗과 숟가락을 동시에 보지 못하는 발린트 증후군 환자와 마찬가지로 말이다.

이 플립-플롭맹은 초현실주의 화가 살바도르 달리의 작품에도 잘 나타나 있다. 그의 1940년 작품 '볼테르의 보이지 않는 흉상이 있는 노예시장'을 보자([그림9]). 그림의 가운데쯤 두 명의 여인이 아

[그림9] 볼테르의 보이지 않는 흉상이 있는 노예시장, 1940년, 살바도르 달리

치 모양의 입구를 통해 나란히 걸어 들어오는 모습이 보인다. 그러나 한편, 미소 짓는 노인의 얼굴은 보이지 않는가? 프랑스의 문학자이자 철학자인 볼테르의 흉상이 보인다. 흰색 아치는 그의 이마와 머리 선을 이루고, 여인들의 까만 머리칼과 얼굴은 그의 눈썹과 움푹 들어간 눈이 된다. 여인들이 걸친 하얀 턱받이는 볼테르의 콧잔등과 볼이고, 그 아래 하얀 부분은 그의 턱이다. 그러나 이 경우에도 우리는 두 여인과 볼테르의 흉상을 동시에 보지는 못한다.

결국 우리는 대상의 어느 한 부분만을 본다. 우리가 눈앞의 어떤 사물 전체를 보고 있다고 생각한다면 그건 착각이다. 우리가 눈앞의 3차원적 사물을 보고 있더라도 실제로 우리가 보는 것은 그 사물의 표면, 즉 2차원이다. 우리가 마주하는 표면에서 반사하는 빛만이 시각체계에 도달하기 때문이다. 코끼리를 만지는 장님보다는 좀 낫겠지만 우리도 어차피 코끼리의 한쪽 면만 보고 있다. 우리가 보지 못하는 반대편이 어떤 모습일지 장담할 수 없다.

두 눈 뻔히 뜨고도 지나가는 고릴라를 못 보고 사물의 전체를 동시에 보지 못하는 우리가 과연 반측무시 증후군이나 발린트 증후군 환자보다 크게 더 낫다고 할 수 있을까? 반측무시증후군은 우리 모두가 가진 부주의맹의 그저 심한 한 형태일 뿐이다. 건강한 뇌라 하더라도 이런 블라인드 스팟으로부터 자유롭지 못하다. 이럴진대 이름이 비슷한 환자들의 의무기록 차트가 슬쩍 뒤바뀌는 것을 알아차릴 수 있는 사람이 얼마나 될까?

수술 절제 부위가 위에서 갑상샘으로 바뀐 기막힌 사건은 매우 드물지만, 수술할 부위의 좌우가 바뀌는 일은 이보다 더 흔하다. '좌우혼동right-left disorientation'은 사물의 좌우, 신체 일부의 좌우를 맞히지 못하는 증상이다. 내 몸의 좌우가 어디인지, 마주하거나 등진 상대방의 좌우가 어디인지 가리키지 못한다. 좌우혼동에 빠진 환자들에게 "환자분의 오른손으로 제 왼손을 가리켜보세요."라고 부탁하면 그들은 어찌할 줄 몰라 쩔쩔 맨다. 좌우혼동은 주로 좌측 두정엽의 장애로 나타난다.

사람을 앞에 마주하고 좌우를 맞추는 일은 그래도 쉽다. 자기공명영상MRI이나 컴퓨터단층촬영CT 과 같은 흑백 단면영상을 보고 좌

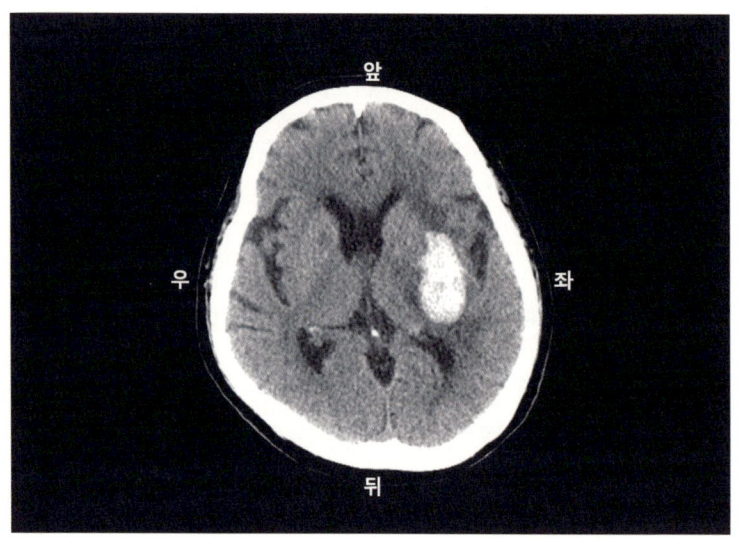

[그림10] CT 단면영상의 좌우. 좌측에 뇌출혈이 있다.

우를 파악하는 데는 훈련이 필요하다. MRI나 CT 단면영상의 좌우는 이렇다([그림10]). 반듯이 누워 있는 환자의 발치에서 내가 환자의 뇌를 바라보고 있다고 생각해야 한다. 그러니까 환자 뇌의 오른쪽은 나의 왼편에, 환자 뇌의 왼쪽은 나의 오른편에 위치한다. MRI나 CT 단면영상을 보고 뇌의 좌우를 따지려면 '심적 회전mental rotation'이 일어나야 한다. 심적 회전이 적절하지 못할 때 좌우혼동이 발생한다.

신경영상 분야를 10년 넘게 연구해온 나도 결코 예외가 아니다. 외래에서 많은 환자들을 바삐 진료할 때 뇌졸중 병변의 좌우를 틀리게 기록하기도 했다. ([그림10]은 좌측 뇌출혈을 보여주는데 나는 우측 뇌출혈로 기록했다.) 그 오류를 나중에 발견하고 수정하면서 '내가 왜 이런 실수를 했을까.' 하는 생각이 들었다. 뇌 영상뿐 아니라 인체의 모든 방사선학적 영상은 이렇게 나의 좌우와 상대방의 좌우가 뒤집혀 있다. 실제로 환자는 오른팔이 부러졌는데, 흑백영상만 쳐다보고서 일시적으로 나처럼 좌우혼동에 빠졌다면 엉뚱하게 왼쪽 팔에 깁스를 할 수도 있다.

인간이라면 누구나 예외 없이 실수나 오류를 범하기 마련이다. 한때 나는 MRI 사진을 보며 좌우를 틀리게 말하는 신경과 전공의들을 이해하지 못했었다. 그런데 정작 나 자신도 몇 번 틀리고 보니, 그런 실수는 누구에게나 일어날 수 있는 일이겠다는 쪽으로 슬그머니 생각이 바뀌었다. 치명적인 오류나 실수가 아니라면 상대방이나 스스로에게 조금은 관대해질 필요가 있다. 그러나 만약 그러한 실수가 환자의 생명과 직결되거나 누군가에게 엄청난 고통을 준다면 어떻게 될까? 생각만 해도 소름 끼치는 일이다. 수술 부위가 위에서 갑상샘으로 바뀌는 일은 먼 나라 남의 일이 아니다. 바로 나 자신도 그런 어처구니없는 사건에 얼마든지 연루될 수 있다. 우리가 그만큼 복잡하고 긴박한 환경에 살고 있기 때문이다.

그렇다면 치명적인 결과를 낳을 수도 있는 실수를 우리는 어떻게 미리 막을 수 있을까?

인간은 실수하는 존재

1999년 미국 학술원에서 환자 안전에 관한 현황을 조사하고 개선 방안을 다룬 보고서를 발간했다. 보고서의 제목은 '인간은 실수하기 마련To err is human'이다. 이 보고서에 따르면 입원 환자의 약 3%가 유해 사건을 경험하며, 그로 인해 연간 4만 4,000명에서 9만 8,000명이 사망하는 것으로 추정된다. 이는 미국인의 사망원인 4위에 해당하는 수치다. 더구나 그 사망자의 반 이상은 미리 피할 수 있는 상황이었다니 놀라지 않을 수 없다.

그런데 환자 안전의 아버지라 불리는 하버드 보건대학원의 루시안 리프Lucian Leape 교수는 사람들이 실수를 저지르는 주된 이유는 '사람의 문제'가 아니라고 말한다. 그보다는 오히려 사람들이 일하는 시스템, 업무 및 프로세스가 잘못 설계되었기 때문이라는 것이다. 특히 스트레스가 심한 상황, 즉 항공기, 응급실, 수술실 등에서 실수가 더 잘 일어난다. 하루 2,000명의 환자가 입원해 있는 대형 병원에서 일어날 수 있는 투약 오류를 생각해보자. 1년이면 73만 명의 환자가 재원한다. 환자마다 5개 약물을 하루에 3회 투여한다고 치면, 총 1,095만 번의 투약 기회가 있다. 병원 내 투약 정확도가 99.99%(즉, 투약 오류가 만 건당 한 번)라 하더라도 투약 오류는 1,095건에 달한다. 하루 3회의 오류다. 무시할 수 없는 숫자다. 리프 교수는 말한다. 실수한 사람을 찾아서 비난하고 문책하는 대신, 무엇이 잘못되었고 왜 일어났는지 그 시스템과 프로세스를 먼저 따져야 한다고.

 긴박한 상황에서 어처구니없는 사고가 발생했을 때, 우리는 보통 어느 한 사람의 결정적인 실수로 발생한다고 생각하기 쉽다. 그러나 실은 '스위스 치즈 모델'과 같이 여러 단계의 결함이 결합하여 발생하는 것으로 알려져 있다([그림11]).

 스위스 치즈는 구멍이 송송 뚫려 있다. 각각의 구멍은 잠재적 위험을 의미한다. 스위스 치즈를 여러 개 겹쳐 놓으면 보통 어느 단계에서는 구멍이 막힌다. 이러한 위험 관리를 1990년 영국의 심리학자 제임스 리즌^{James Reason}이 '스위스 치즈 모델'이라고 처음 제안했다. 스위스 치즈 모델에서는 어느 한 단계만의 실수로 오류가 발생하지는 않는다. 환자가 쓸데없는 수술을 받는다든가, 수술 부위의 좌우가 바뀐다든가, 심지어 환자가 바뀌는 실수는, 여러 단계의 실수가 합쳐진 결과다. 병실에서, 환자 이송 시에, 수술대기실에서,

[그림11] 스위스 치즈 모델

수술실 안에서 모두 환자와 수술 부위를 확인하는 절차에 구멍이 있었기 때문이다. 어느 한 단계에서라도 구멍이 뚫리지 않았다면 치명적인 실수는 막을 수 있었을 것이다. 안전을 위한 시스템은 인간 두뇌의 블라인드 스팟을 메울 수 있도록 설계되어야 한다.

그렇지만 시스템에 주된 책임을 돌려버린다고 해서 우리가 실수를 줄여야 하는 책임에서 완전히 자유로울 수는 없다. 사람들이 실수하는 인간적인 메커니즘을 좀 더 잘 이해한다면, 우리가 만나는 오류나 실수의 전체적인 크기를 줄이는 데 분명히 도움이 될 것이다.

두뇌가 집중하는 방법

우리는 모두 천성적으로 블라인드 스팟을 타고나므로 실수나 오류를 완전히 피할 수는 없다. 하지만 실수의 발생을 줄일 수는 있다. 실수하지 않는다는 것은, 해야 할 일이나 사물에 집중하는 능력과 연관이 있다. 블라인드 스팟을 가진 우리의 두뇌가 어떻게 집중하는지를 알면 실수를 줄일 수 있는 단서를 찾을지도 모른다.

'보이지 않는 고릴라' 실험으로 다시 돌아가보자.

사이먼스 교수는 우리가 고릴라를 보지 못하는 현상을 '부주의맹'이라 불렀지만, 나는 이 용어가 적절하지 못하다고 생각한다. 고릴라를 알아차리지 못한 것은 그만큼 농구공에 주의를 집중했다는 뜻이다. 농구공에 집중하느라 고릴라를 보지 못했다고 해서 '부주의'하다고 할 수 있을까? 반면, 고릴라는 알아차렸지만 농구공에 집중하지 못했다면? 그 또한 농구공에 대한 부주의맹이 아닌가.

[그림12]의 왼쪽에서 글자를 읽어보자. 크게 어렵지 않다. 이번엔 오른쪽 그림에서 색깔을 말해보자. 색깔을 말할 때 훨씬 어려움을 느낀다. 이 실험을 고안한 존 스트루프$^{John\ Stroop}$의 이름을 따서 이를 '스트루프 검사'라고 한다. (실제 검사는 목록이 더 길고 2분 정도 걸린다.) 왜 색깔을 말하는 오른쪽 검사가 더 어려울까? 오른쪽 그림의 첫 글자 빨강의 색깔을 말하려면 빨강이라는 글자를 애써 무시하고 파랑이라고 대답해야 한다. 빨강이라는 글자와 그 글자의 색 파랑이 서로 경쟁하기 때문에 색깔을 말하는 것이 더 어렵다.

우리는 칵테일파티와 같은 시끄러운 환경에서도 마주하고 있는 사람과 대화를 이어나갈 수 있다. 아무리 주위가 시끄러워도 상대

글을 읽어보세요		색깔을 말해보세요	
파랑	빨강	빨강	파랑
노랑	노랑	파랑	검정
검정	검정	노랑	노랑
빨강	파랑	파랑	빨강
노랑	노랑	빨강	파랑
파랑	파랑	검정	노랑
노랑	검정	파랑	파랑

[그림12] 스트루프 검사

방의 귀에다 크게 소리치지 않고서 서로의 말에 귀 기울일 수 있다. 강남이나 명동처럼 혼잡한 곳에서 군중 틈에 있는 애인이나 친구를 쉽게 찾아내기도 한다. 마치 남극의 펭귄들이 빽빽한 무리 속에서도 소리만으로 가족을 찾아낼 수 있는 것처럼 말이다.

스트루프 검사에서 빨강의 글자색을 파랑이라고 말하려면 색깔에 집중하고 글자에는 부주의해야 한다. 마찬가지로 왁자지껄한 모임에서 마주하고 있는 사람과의 대화에 집중하려면 주위의 시끄러운 소리에 부주의해야 한다. 농구공과 고릴라, 둘 중 하나에 집중하면 다른 하나엔 부주의하기 쉽다. 이렇듯 주의를 집중한다는 것은 '선택'의 문제다. 무엇을 선택하여 거기에 집중할 것인가의 문제다. 그래서 주의를 '선택적 주의selective(focused) attention'라 부르기도 한다.

우리는 어떻게 주위의 산만한 자극들을 무시하고 우리가 선택한 것에 집중할 수 있을까?

주의를 집중하는 방식에는 두 가지가 있다. 먼저, 우리가 원하는 대상에 주의를 집중하는 하향방식top-down이 있다. 이는 마치 돋보기가 빛을 한군데로 모으는 것과 같으며, 우리 뇌에서는 전전두엽prefrontal lobe에서 맡는다. 또 하나는 주위의 산만한 것들을 제거하는 상향방식bottom-up이다. 이는 자잘한 것들을 걸러내는 채와 비슷하며, 감각정보를 처리하는 뒤 두정엽에서 담당한다.

현대인은 분주하다. 이메일을 확인하고 답장을 쓰고 있는데 전화가 울린다. 수화기 너머 상대방의 말을 들으면서도 키보드로 답장은 계속 쓰고 있다. 통화가 끝나기 무섭게 이번엔 휴대폰이 울린다.

처리해야 할 일의 목록은 아직 한참이나 남았다. 중요한 일부터 먼저 하라고 선택과 집중을 강조하지만, 다른 잡일들 때문에 도저히 중요한 일에 집중할 수가 없다.

한 번에 여러 가지 일을 처리하는 멀티태스킹을 장려하기도 하지만, 생각만큼 그리 효율적이지는 않다. 우리 뇌는 어떤 일을 하기 전에 준비과정이 필요하기 때문에 이 일에서 저 일로, 저 일에서 다시 이 일로 돌아올 때 능률이 저하된다. 휴대폰을 손에 들고 통화하면서 운전하는 것이 음주운전보다 더 위험할 수도 있는 이유다. 반응시간 reaction time 이 더 길어지기 때문이다.

타잔을 연기한 배우들 중 줄타기를 가장 잘한 배우는 누구였을까? 눈앞의 줄을 잘 잡은 배우가 아니라 쥐고 있는 줄을 잘 버린 배우였다고 한다. 최고의 명상가들이 명상에 들 때도 특정 뇌 부위의 기능이 증진되는 것이 아니라 다른 뇌 영역의 기능이 차단된다고 한다. (전전두엽 기능이 처음 잠시 증가했다가 원상태로 회복된다.)

결국 복잡한 현대사회에서 실수를 줄이고 효율을 높이기 위해서는 '어디에 집중할 것인가'보다 '무엇을 무시할 것인가'가 더 중요할 수 있다. 하향식 주의집중보다 상향식 주의집중이 더 효과적일 수 있다는 얘기다. 중요한 일에 집중하기 위해서는 먼저 다른 사소한 일들부터 버려야 한다. 버릴 수 없다면 미리 처리하거나 뒤로 미루어야 한다. 중요한 일과 사소한 일을 동시에 해서는 안 된다. 이는 타잔이 손에 쥔 줄을 놓지 않으면서 앞의 줄을 잡으려는 것과 별반 다를 바 없다.

나는 보통 우선순위가 떨어지는 일들을 한꺼번에 재빠르게 처리한 후 중요한 일을 시작하기 전에 화장실을 다녀오거나 복도를 한 바퀴 돌고 온다. 몇 분 동안 뇌가 새로운 일을 시작할 수 있도록 준비시키는 작업이다. 중요한 일을 시작하기 전에 치르는 의식과도 같다. 그리고 중요한 일을 할 때 사소한 일들이 침범할 수 없도록 환경을 통제한다. 글을 쓸 때엔 인터넷이 되지 않는 곳에서 컴퓨터로 문서작업을 하는 것이 한 가지 방법이다.

미국의 위대한 심리학자 윌리엄 제임스$^{William\ James}$는 '주의'라는 말을 다음과 같이 정의했다.

"주의가 무엇인지 우리 모두 알고 있다. 주의는 동시다발적인 여러 대상이나 사고들의 흐름 중에서 무언가가 나의 마음을 생생하게 사로잡는 것이다. 주의에 필수적인 것은 초점을 맞추고 집중하는 것이다. 이것은 원하는 대상에 효과적으로 집중하기 위해서 다른 것들을 멀리하는 것을 의미한다."

1890년대에 남긴 말이지만 지금 보아도 '주의'의 개념을 이만큼 잘 표현한 말이 있을까 싶다. 혹시라도 범할지 모르는 치명적인 실수를 줄이기 위해서 모두 한 번쯤 되새겨볼 말이다.

멍하니 다른 생각하기

그런데 부주의하고 산만한 뇌가 반드시 나쁘기만 한 것일까?

다시 칵테일파티 현장으로 돌아가 우리가 과연 얼마나 집중을 잘할 수 있는지 살펴보자. 상대방의 말에 집중하다가도 옆 테이블에서 흥미를 끌만한 이야기가 들리면 어느새 그쪽으로 주의가 쏠린다. 주변에 매력적인 이성이 있으면 그 사람에게 더 신경이 쓰이는 것이 인지상정이다. 그래서 복잡하고 다양한 환경에서는 산만한 요소를 제거하는 상향식 주의집중이 효력을 발휘하지 못하는 경우가 많다.

그런데 주의를 분산시킬 만한 환경이 아닌 경우에도 우리의 주의집중은 그리 오래가지 못한다. 나는 스스로 주의력결핍장애가 아닌가 의심한 적이 있다. 아침 회의시간, 전공의들이 당직 보고를 할 때 처음 30초 정도 귀 기울이다가도 금세 멍하니 다른 생각에 빠져들기 때문이다. 주의력 결핍장애로 진단받을 정도는 아니라 해도 때때로 우리는 어딘가 집중해야 할 때 얼마 못 가 멍하니 다른 생각에 빠지기 일쑤다.

샌타바버라 캘리포니아대학의 조너선 스쿨러Jonathan Schooler 교수는 우리가 얼마나 산만한지 실험해보았다. 대학생들을 대상으로 《전쟁과 평화》를 읽는 중 다른 생각을 할 때마다 버튼을 누르게 했다. 실험참가자들은 45분 세션 동안 평균 5.4회 다른 생각을 했다. 책 읽기보다 좀 더 단순한 과제를 수행할 때는 무려 그 시간의 절반 동안 딴생각을 하기도 했다.

'멍하니 다른 생각하기'에도 두 종류가 있다고 한다. 첫 번째는 자신이 멍하니 다른 생각을 하고 있는 것을 알아차리는 경우이고,

두 번째는 자신이 딴생각을 하는지도 모른 채 다른 생각에 빠지는 경우다. 이 둘을 어떻게 구분할 수 있을까?

조너선 스쿨러 교수는 다시 실험참가자에게 《전쟁과 평화》를 읽게 하고, 참가자 자신이 멍하니 다른 생각을 하고 있다는 걸 알아차릴 때 버튼을 누르게 했다. 이때 버튼을 누르면 첫 번째 경우다. 이와 더불어 몇 분마다 실험참가자에게 '혹시 지금 딴생각하십니까?'라고 물었다. 그제야 그렇다고 대답하면 이건 두 번째 경우다. 실험참가자도 알아차리지 못한 채 멍하니 다른 생각을 한 것이다.

스쿨러 교수는 두 번째 유형에 관심을 가졌다. 멍하니 다른 생각에 빠질 때 우리는 외부세계와 단절된다. 물론 의식이 없는 것은 아니지만, 이때 실수를 저지르기 쉽다. 이 경우 우리 뇌는 어떤 상태일까? 짐작하듯이 산만한 상태일까? 스쿨러 교수팀은 실험참가자들에게 간단한 과제를 수행하게 하면서 기능적 자기공명영상을 촬영했다. 그리고 간간히 참가자들에게 과제에 집중하고 있는지 물었다. 대답의 43%가 '아니오'였다. 또 '아니오' 대답의 절반은 두 번째 유형의 '멍하니 다른 생각하기'였다. 연구진은 이때의 참가자 뇌 상태를 자세히 분석해보았다. 놀랍게도 자신도 모른 채 멍하니 다른 생각을 할 때 전두엽^{frontal lobe}에 있는 '실행조절시스템^{executive control system}'이 활성화되었다. 이곳은 장기적인 중요한 목표를 향해 미래를 계획하고 준비하는 뇌다. 더불어 '디폴트 네트워크^{default network}'라 불리는 영역도 활성화되었다. 이 네트워크는 특별한 과제를 수행하지 않고 뇌가 쉬고 있을 때 활동하는 곳이다. 또한 과거의 경험을 반추하고 미래의 자신을 그려보는 자기성찰적 사고를 할 때에도 작동한다.

우리 뇌는 어떤 목적지를 향해 나아간다. 어떤 목적지는 바로 눈앞의 것이지만, 또 어떤 목적지는 먼 미래의 것이다. 우리의 두뇌는 자신도 모르게 즉각적인 목적지와 장기적인 목적지 사이를 오가고 있는 것이다. 멍하니 다른 생각하기는 쓸모없는 정지된 정신활동이 아니었다. 오히려 이때 우리 뇌는 미래의 큰 그림을 그리고 있었다. 이렇게 보면 멍하니 딴생각할 때 떠오르는 생각이 대부분 미래와 관계있는 것도 우연이 아니다.

또 멍하니 다른 생각을 하는 행위는 때때로 문제해결의 원동력이 될 수 있다. 프랑스 수학자 앙리 푸앵카레$^{Henri\ Poincaré}$도 몇 주간 붙잡고 씨름해도 문제를 풀지 못하자, 과감하게 문제를 제쳐두고 다른 모임에 가려고 버스에 오르는 순간 섬광처럼 해답이 떠올랐다고 한다. 어려운 단어 퍼즐을 갑자기 해결할 때 우리의 두뇌는 멍하니 다른 생각을 할 때처럼 전두엽이 활성화된다. 문제가 풀리지 않을 때에는 문제에 매달려 있기보다는 오히려 잠시 떠나 있는 것이 해결의 실마리를 푸는 데 도움이 되곤 한다.

주의력 결핍인가, 주의력 과잉인가

미국의 어느 초등학교에 다니던 프랭크는 '멍때리고' 있다가 무아지경에 빠지면 누가 옆에서 크게 불러야 제정신으로 돌아오곤 했다. 샘은 안절부절 못하고 입으로 뭔가를 계속 중얼거렸고, 버지니아도 쉬지 않고 떠들어댔다. 토머스는 너무 설쳐대서 친구들을 사귀기 힘들었고, 닉은 생각 없이 행동하는 버릇 때문에 지붕에서 떨어질 뻔한 적도 많았다. 로버트는 너무나 자주 공상에 잠기는 버릇 때문에 학교에서 쫓겨나기까지 했다.

로버트는 미국 시인 로버트 프로스트이고, 프랭크는 미국 건축가, 디자이너이자 작가인 프랭크 로이드 라이트, 샘은 영국 시인이자 비평가, 철학자인 새뮤얼 테일러 콜리지, 버지니아는 영국 작가 버지니아 울프, 토머스는 발명왕 토머스 에디슨, 그리고 닉은 전기공학자인 니콜라 테슬라이다.

이 밖에 앨버트 아인슈타인, 볼프강 모차르트, 에밀리 디킨슨, 에드가 알란 포우, 조지 버나드 쇼, 살바도르 달리, 추리소설의 주인공인 셜록 홈즈도 현재의 기준으로 보면 모두 주의력결핍장애에 어느 정도 가까운 사람들이었다. 예술 및 과학 분야에 두루 걸쳐 천재로 인정받는 레오나르도 다빈치도 주의력결핍 증상을 보였다. 그는 평생 수많은 그림을 그렸지만 그중에서 완성된 그림은 17점에 불과했고, 또 프로젝트를 끝내지 않고 그만두기로 유명했다. 오죽했으면 그의 후원자였던 교황 레오 10세가 이렇게 말했을까?

"이 사람은 결코 아무것도 이루지 못할 것이다. 그는 시작도 하기 전에 끝낼 생각부터 한다."

주의력결핍(과잉행동)장애 Attention Deficit(Hyperactivity) Disorder(ADHD)는

지속적으로 주의력이 부족하여 산만하고 과잉행동과 충동성을 보이는 상태를 말한다. 과잉행동이 없는 경우 주의력결핍장애(ADD)라고만 부르기도 한다. 주의력결핍장애 환자는 집중도가 떨어지므로 학력부진 아동, 문제아동 등으로 인식되어왔다. 주의력결핍장애는 아동기에 많이 나타나지만 어른에서도 드물지 않다. 하지만 성인의 주의력 결핍은 잘 드러나지 않기 때문에 아동에 비해 그만큼 덜 관심을 받아왔다.

그런데 주의력 결핍에서 '결핍'이라는 표현은 정확하지 않은 용어라는 생각이 든다. 사실 주의력결핍장애자들로서는 주의를 기울이는 능력이 '결핍'된 것이 아니기 때문이다. 오히려 그들은 주의력을 '조절'하는 데 문제가 있다. 주의력 조절이란 쓸데없는 자극에는 주의를 팔지 않고, 중요한 자극에만 주의를 집중하는 능력이다. 주의력결핍장애자들은 주위의 사소한 것들도 지나치지 않고 일일이 주의를 기울이다 보니 어느 한곳에 집중할 수 없다. 어찌 보면 주의력 결핍이 아니라 주의력 과잉의 상태라고 볼 수 있다.

또 주의력결핍장애자들은 새로운 자극을 추구하는 경향이 있다. 정신적 자극이 없는 것은 그들에게 굶어 죽는 것과 마찬가지다. 그래서 그들은 카오스를 잘 견딘다. 평범한 일에는 주의력 결핍을 보여 산만해 보이지만, 흥미로운 일을 만나면 동기가 부여되어 오히려 과도하게 집중hyperfocus하기도 한다. 그래서 이들의 행동은 일반적인 사람들의 관점에선 특이하게 보인다. 실제로 주의력결핍장애자들은 매우 재미있고 재주 있는 사람들일 수 있는데, 다만 제도권

안에서 자신의 능력을 마음껏 펼치지 못하고 있는지도 모른다.

산만함과 창조성

그렇다면 산만한 로버트, 프랭크, 샘, 버지니아, 토머스, 닉은 어떻게 창조적인 사람이 될 수 있었을까?

새로운 자극은 언제나 우리의 주의를 끈다. 그러나 그 자극이 동일하게 반복되기만 하면 계속해서 우리의 주의를 끌기는 어렵다. 우리가 이미 그 자극에 습관화되었기 때문이다. 이러한 현상을 '잠재억제latent inhibition'라고 한다. 우리는 뇌 속에 내재된 이 기능 덕택에 새롭지 않고 중요하지도 않은 자극을 무시할 수 있다.

잠재억제 기능은 양날의 칼과도 같다. 만약에 잠재억제 기능이 없다면 어떻게 될까? 우리는 무수히 반복된 자극에도 처음 본 것처럼 반응할 것이고, 세상 모든 자극에 일일이 새롭게 반응하느라 두뇌는 금방 지칠 것이다. 그러나 한편, 이 기능 때문에 우리는 세상의 자극에 금방 지루해하고 식상해한다. 아름다운 것도 자꾸 보다 보니 다 거기서 거기 같다. 나이가 들수록 웬만해선 감동하지 못하는 것도 이 때문이다.

그런데 이 잠재억제의 정도가 사람마다 다르다. 어떤 이는 이 억제기능이 아주 왕성하여 웬만한 자극에는 아무런 반응이 없다. 반면에 다른 이는 잠재억제 기능이 약해서 여러 번 본 것도 신선하게 느끼고 감동한다. 산만한 사람들에겐 대체로 이런 잠재억제가 감소되어 있다. 그래서 이들은 아무리 사소한 일이라도 새롭게 느끼고 열린 마음으로 바라보게 된다. 보통 사람들이 따분하게 생각하고 놓치는 것들을 그들은 신선한 눈길로 바라볼 수 있다. 우리가 별 생각 없이 먹는 사과 하나에서도 그들은 색깔과 질감, 감촉을 느끼고, 그 사과가 자랐을 과수원을 상상하며 바라본다. 이러한 개방성과 민감성의 정도가 주의력결핍장애와 창조적 성향 사이를 연결하는 고리 역할을 한다.

2003년 하버드대학 셸리 카슨$^{Shelley\ Carson}$ 박사는 잠재억제와 창조성과의 연관성을 보았다. 뒤에서 윙윙 돌아가는 에어컨 소리를 무시할 수 있는가? 머리 위에서 울리는 비행기 소리는? 칵테일파티에서 주변의 시끄러운 소리에 신경을 끌 수 있는가? 만약 그렇다면 잠재억제가 가동 중이다. 보통은 이렇게 사소한 정보를 잘 걸러내고 중요한 정보에 집중하는 것이 더 효율적이고 생산적일 것이다. 그런데 재미있는 점은 잠재억제기능을 쉽게 가동하는 사람들에 비해 그렇지 않은 사람들이 자신의 작업기억$^{working\ memory}$에 훨씬 더 풍부한 생각들을 저장하고 있었다는 발견이다.

사실 이건 그리 놀랄 일이 아니다. 잠재억제가 낮은 사람들의 마음은 잠재억제가 강한 사람들에 비해 쉽게 '열린' 상태가 된다. 이들은 세상의 사소한 자극들을 걸러내는 데 어려움을 가진 덕분에 작고 사소한 것일지라도 놓치지 않고 빠짐없이 뇌 속으로 들여보낸다. 그래서 그들의 의식세계는 서로 무관해 보이는 생각들로 항상 가득 차 있다. 그렇다면 이들의 창의성은 어떨까? 여러 가지 창의성 검사에서 높은 점수를 얻은 사람들, 그리고 실제 학업이나 생활에서 뛰어난 성취를 이룬 사람들, 그들은 모두 평범한 사람들에 비해 잠재억제기능이 일곱 배나 더 '낮았다'. 잠재억제기능이 낮은 사람들 즉, 주의력 조절에 문제가 있는 사람들이 그렇지 않은 사람들에 비해 더 창의적이라는 뜻이다.

물론 그렇다고 해서 산만함이 창조성을 담보하는 것은 아니다. 일반적인 조현증(정신분열증) 환자들도 잠재억제기능이 매우 떨어져 있다. 그들은 작업기억도 매우 협소하다. 그들의 마음은 끊임없이 사소한 것들에 점령당한다. 평범한 다른 산만한 사람들처럼. 잠재억제기능이 창조성과 연결되려면 또 다른 조건이 필요한 듯싶다. 낮은 잠재억제기능이 창조성을 발휘하려면, 마음속 가득 찬 잡음들 속에서 유의미한 신호를 찾아낼 수 있는 분석 능력이 맞물려야 한다. 아무튼 주의력결핍장애는 주의 깊게 관찰되고 보살핌을 받을 충분한 가치가 있다.

문제는 주의력결핍장애가 비교적 쉽고도 빈번하게 진단되는 경향이 있다는 사실이다. 부모는 아이가 조금만 산만해 보여도 주의력결핍장애가 아닌가 걱정한다. 특히 아동기에는 창의적인 특징에 비해 문제 행동으로 보이는 특성들이 잘 드러나기 때문에 문제아동으로 낙인찍히기 쉽다.

한 예로 뉴질랜드의 소설가 재닛 프레임Janet Frame은 그녀의 창조성을 객관적으로 인정받기 전에 몇 가지 문제행동 때문에 조현증 진단을 받았다. 그런 후 여러 차례 정신병원을 드나들게 되고 급기야 전두엽 절개술 frontal lobotomy 까지 받기로 예정되었다. 그러다 그녀의 첫 작품이 문학상을 받으면서 다행히 수술이 취소되었는데, 그다음에는 그간의 문제행동도 그냥 기이한 것 정도로 받아들여졌다. 산만한 아동이 곧 창의적인 아동이라고 말할 수는 없지만, 주의력결핍장애로 진단받아 그 아동의 잠재적인 창의성이 묻힌다면 매우 안타까운 일이다.

갇힌 집중과 열린 집중

복잡한 세상은 우리에게 '선택하고 집중'하기를 요구한다. 정신 바짝 차리고 제자리에 앉아 집중하는 것이 미덕인 사회에 우리는 살고 있다. 모든 것에 주의를 기울일 수 없는 우리의 현실은 핵심가치에 집중하기 위해 덜 중요한 것들을 걸러낼 필요가 있을지도 모른다. 그러나 우리는 '선택과 집중'이라는 시스템 아래 눈앞의 목적과 문제에만 너무 골몰하지는 않았는지 되짚어볼 필요가 있다. 혼잡한 교차로를 정신 바짝 차리며 빠져나가듯, 오로지 눈앞의 문제에만 집중하느라 정작 문제의 핵심을 놓치고 있다면 이건 '갇힌 집중' 상태다. 마치 터널 속을 지나갈 때처럼 주변시야는 까맣고 중심시야만 남아 있는 상태 말이다. 우리의 두뇌는 우리가 때때로 작은 것에 집착하느라 크게 실수하는 것은 아닌지, 또는 너무 큰 것에만 매달려 작고 소중한 것을 외면하는 것은 아닌지 스스로를 점검하기를 바라지 않을까.

'갇힌 집중'과 반대되는 것이 불교 명상에서 강조하는 '알아차림mindfulness'이다. 알아차림은 중심시야에 잡히는 선명한 초점과 달리 오히려 주변시야로 보는 것과 비슷하다. 알아차림은 모든 것을 처음 일어나는 일인 듯 관찰한다. 과거의 기억이나 경험에 근거해 분석하지 않고, 사물을 있는 그대로 그저 객관적으로 바라본다. 그래서 알아차림을 '열린 집중'이라고도 한다.

알아차림 명상 중 '건포도 세 알 명상'이 있다. 건포도 세 알을 손바닥에 올려놓고 보고, 만지고, 굴려서 소리도 들어보고 냄새도 맡는다. 천천히 입안에서 건포도를 느껴본다. 다른 음식, 이를테면 빵을 먹을 때도 허겁지겁 먹어 치우지 않는다. 빵 앞에서 여러 번 깊게 호흡하고, 빵의 색깔, 형태, 질감에 주목한다. (주의력결핍장애자가 사과를 바라볼 때와 비슷하지 않은가.) 내 손이 빵에 다가가고 빵을 입 쪽으로 옮기는 모든 과정을 지켜보고 자각한다. 빵이 입 근처에 다다르면 잠깐 그 빵의 냄새를 맡아본다. 그 냄새에 내 몸은 어떻게 반응하는지 주목한다. 결국 '알아차림'도 잠재억제를 의식적으로 약화시키는 훈련이라고 볼 수 있다. 잠재억제가 낮다는 점에서 주의력결핍과 알아차림은 유사하다.

집중 상태로부터 벗어나 가끔은 산만해져야 한다. 이럴 땐 잠재억제 기능도 꺼놓아야 한다. 그러다 보면 주변의 작은 변화들, 계절의 흐름, 아내의 바뀐 헤어스타일, 아이의 첫 두발 자전거 타기 등

사소한 사건들을 알아차릴 수 있다. 아니, 변화하지 않는 일상의 평범한 것에서도 새로움을 느낄 수 있다. 늘 먹는 음식에서도 이전에 알지 못했던 깨달음을 얻을 수도 있다. '유레카'하고 외치듯 통찰을 얻어 난제가 해결되기도 한다. 세상이 복잡다단해질수록 이런 알아차림은 점점 더 귀한 일이 되었다.

우리는 근원적으로 실수에서 벗어날 수 없다. 그렇다면 작은 오류를 기꺼이 범하더라도 치명적인 실수를 범하지 않는 지혜를 찾아야 할 것이다. 집중과 산만함은 분명 서로 다르지만, 그 둘은 정반대가 아니라 오히려 동반자다. 집중이 한곳에 에너지를 모으는 이성적인 동반자라면, 산만함은 감수성 예민한 동반자. 두뇌가 가르치는 지혜는 집중과 산만함 사이 그 어딘가에 있을 것 같다.

집중과 산만함의 시소를 타고

나는 지금 의자에 앉아 컴퓨터 모니터를 응시하고 있다. 책상 위엔 책들과 프린트물, 노트들이 어지럽게 놓여 있다. 그들은 나의 주변시야에 머물며 나의 관심 밖에 벗어나 있다. 난 지금 오로지 모니터에만 집중하고 있다. 나는 결코 모든 것을 동시에 다 볼 수 없으며 모든 것에 주의를 일일이 기울일 수 없다. 나의 뇌가 가진 한계다. 그래서 나의 뇌는 무언가 선택하고 거기에 집중한다.

그러나 집중과 부주의는 서로 다른 뇌로부터 나오는 것이 아니다. 어느 한 시점, 나의 뇌는 집중과 부주의라는 서로 다른 두 얼굴을 하고 있다. 나는 지금 모니터에 집중하고 있으며, 그와 동시에 책상 위의 다른 사물들엔 부주의하고 있다. 아니 그럴 수밖에 없다.

그런데 그 집중마저도 오래가지 못한다. 난 금세 산만해져 책상 위에 어지러이 놓인 것들을 둘러본다. 또 의자에서 일어나 이곳저곳을 서성이다 침대에 잠시 눕기도 한다. 멍하니 생각에 빠진다. 사실은 아무 생각도 하지 않는다. 그냥 멍하니 누워 있다. 그러다 무언가에 홀리듯 컴퓨터 앞에 다시 앉아 자판을 두드린다.

시소를 타듯 나의 뇌는 집중과 산만함 사이를 오간다. 짧게는 몇 분 간격을 두고, 길게는 몇 달 간격을 두고 오르내리기도 한다. 나의 뇌는 부지불식중에 바로 눈앞의 목적과 먼 미래의 목적 사이를 미묘하게 항해하며 나의 의식이 중요한 무엇을 놓치지 않도록 감시하고 있다.

나는 '보이지 않는 고릴라' 실험이 내 주위에서 늘 일어나고 있다고 믿는다. 내가 사는 세상에서 그렇게 고릴라는 자기를 쳐다보라고 가슴을 두드리며 내 곁을 지나가고 있을지도 모른다. 그때마다 난 늘 농구공에 집중하고 있었으리라. 그러나 어쩌다 한번쯤은, 아니 가능하면 자주 고릴라도 함께 볼 수 있었으면 하고 바란다. 그것이 '부주의'라 불리든, '산만함'이라 불리든.

2. 합리화하는 뇌

합리화와 의심의 딜레마

자기합리화는 건강하지 못한 행동일까?

이미 내린 결정을 바꿀 수 없다면, 그 선택을
합리화하고 긍정적으로 생각하는 것도 나쁘지 않다.
가지 않은 길에 대한 후회와 미련으로 삶을 낭비할 순 없다.
문제를 회피하기 위해 남용되지만 않는다면
자기합리화도 건강하게 쓰일 수 있다.

　　　　1954년 어느 날, 미국 미네소타대학 심리학과 교수로 있던 서른세 살의 레온 페스팅거Leon Festinger는 지역신문에서 흥미로운 기사를 발견했다. 헤드라인은 '클라리온 행성으로부터 온 예언: 대홍수로부터 피하라'였고 기사 내용은 다음과 같았다.

　미니애폴리스주 미시건에 살고 있는 매리언 키치라는 주부가 어느 날, 클라리온 행성에 사는 외계인으로부터 신비로운 계시를 받았다. 계시의 내용은 1954년 12월 21일 0시에 대홍수가 일어나 지구가 멸망한다는 것이었다. 많은 사람들이 그 계시를 믿고 키치 주변으로 속속 모여들었다. 신봉자들은 믿음의 정도를 행동으로 보여주어야 했다. 그들은 직장과 학교를 떠나고 돈과 소유물, 심지어 가족까지 모두 버린 후, 자신들을 대홍수로부터 구원할 비행접시를 기다리고 있었다.

　사회심리학자였던 페스팅거 교수는 이 기사를 예사로 넘기지 않았다. 그는 예언이 틀렸을 때 신도들이 어떤 행동을 보일까 궁금했다. 키치 부인과 신도들이 자신들의 믿음이 틀렸다고 순순히 인정할까. 하지만 그러기에는 이미 그들은 너무나 큰 대가를 치렀다. 그들은 오히려 더 똘똘 뭉쳐 자신들이 신봉한 예언을 어떻게든 지키려고 하지 않을까.

믿음이 틀렸을 때

페스팅거 교수는 동료들과 함께 이 집단에 잠입했다. 키치 부인의 집에 들어가기 위해서 그들은 교리까지 익혀 진짜 신도인 것처럼 행동했다. 드디어 대홍수가 일어날 것이라는 그날이 왔다. 신도들은 자신들을 비행접시로 안내할 외계인을 기다리고 있었다. 그러나 자정이 되었지만 아무도 오지 않았다. 예고되었던 홍수도 일어나지 않았다. 신도들은 무거운 침묵에 휩싸였다. 새벽 4시, 몇몇 사람들이 이 상황을 설명하려 했지만 마땅한 이유를 찾지 못했다. 키치 부인은 울먹이기 시작했다. 그러다 새벽 4시 45분, 키치 부인은 외계인으로부터 또 다른 계시를 받는다. 새로운 계시는 다음과 같았다. "밤새도록 앉아 있던 소수의 신자들이 너무나 강력한 빛을 퍼뜨려 신께서 지구를 구원하기로 결심하셨다." 그 전날까지도 언론과 방송을 멀리하고 조용하게 종말을 기다리던 신도들은 갑자기 신문기자들을 불러 인터뷰를 요청했다.

매리언 키치 사건처럼 세상을 떠들썩하게 한 종말론은 늘 있어 왔다. 심지어 신도들의 집단자살로 이어지는 경우도 있었다. 그곳엔 언제나 교주와 광신도들이 있었고, 신도들은 재산과 청춘을 다 바쳐 오랫동안 헌신했다. 이와 비슷한 사건들을 접하게 되면 사람들은 보통 이런 의문을 가진다. 저토록 상식에서 벗어난 예언을 어떻게 믿을 수 있을까? 이미 예언이 틀렸는데도 왜 잘못된 교리에서 빠져 나오지 못하는 것일까?

매리언 키치 사건은 페스팅거 교수가 심리학자의 시각으로 사건 현장을 생생히 관찰했다는 데 특별한 의미가 있다. 페스팅거 교수는 키치 사건을 바탕으로 1956년 《예언이 틀렸을 때 When prophecy fails》를 펴내면서 다음과 같이 주장했다. "인간은 자신의 마음속에서 양립 불가능한 생각들이 심리적 대립을 일으킬 때, 자신의 행동을 바꾸기보다는 행동에 따라 믿음이나 태도를 조정한다." 이것이 레온 페스팅거의 '인지부조화이론 theory of cognitive dissonance'이다.

사람들은 대개 자신의 믿음과 행동이 일치해야 마음이 편안하다. 믿음과 행동이 일치하지 않고 충돌을 일으킬 때 우리는 '인지의 부조화'를 느낀다. 인지부조화 상태는 심리적으로 긴장을 유발하므로 사람들은 그 긴장을 감소시키기 위해 노력하게 된다. 긴장을 감소시키려면 믿음이나 행동에 변화를 주어야 한다. 그런데 믿음과 행동 중 어느 것이 더 바꾸기 쉬울까? 믿음과 일치하지 않는 행동을 취소하는 것이 편한가? 아니면 행동에 맞게 믿음을 수정하는 것이 더 편한가? 일반적으로 행동을 취소하거나 번복하는 게 좀 더 어렵다. 이 경우 우리는 기존의 행동을 정당화하기 위해서 기꺼이 자신의 믿음과 태도를 변화시키는 선택을 하게 된다. 결국 이미 저지른 행동에 따라 생각을 바꾸게 된다는 말이다.

키치의 신도들은 지구 종말이 온다는 것을 굳게 믿었다. 그 믿음을 행동으로 일치시키기 위해 그들은 너무나 많은 희생을 치러야 했다. 결국 지구 종말은 오지 않았다. 하지만 예언이 틀렸음을 인정하거나 모르는 척 그대로 외면하기에는 심리적으로 너무 괴로운 상황이 되었다. 그렇다고 가정과 직장마저 모두 버린 자신들의 행동을 되돌리기에도 이미 늦었다. 그래서 그들은 자신들의 행동을 정당화하기 위해 종말론의 계시 내용 즉, 믿음의 내용을 수정하기로 한 것이다.

여우가 길을 가다가 먹음직스런 포도를 발견했다. 포도는 넝쿨 위쪽에 달려 있었다. 여우는 포도를 따기 위해 수십 번 시도했으나 결국 실패했다. 하는 수 없이 포기한 여우는 길을 가면서 중얼거린다. "저건 신 포도일거야." 이솝 우화에 나오는 '여우와 신 포도' 이야기다. 우리가 무언가를 간절히 원하는데, 그것을 얻을 수 없다는 것을 깨달을 때 마음이 불편해진다. 즉, 부조화를 느끼는 것이다. 이때 부조화를 해소하는 방법은 얻을 수 없는 그것을 비판하는 것이다. 그러면 신기하게도 처음엔 그렇게 먹음직스럽게 보였던 포도가 순식간에 채 익지도 않은 신 포도로 둔갑해버리게 된다.

물론 지구 종말론과 광신도의 이야기는 극단적인 예다. 혹자는 자기합리화를 위해 거짓말을 하거나 있지도 않은 일을 지어내는 것은 흔한 일이 아니라고 말할 수도 있다. 그러나 신문이나 방송의 보도를 보고 있자면 심심치 않게 만나는 일이기도 하다. 정도의 차이는 있을지 몰라도 누구나 조금씩은 일상에서 인지부조화를 경험하고 자기합리화를 한다.

문화센터의 강좌를 하나 신청했는데 막상 들어보니 별로라는 생각이 든다. 교재도 변변찮고 강사의 강의 진행도 재미가 없다. 그러나 이제 와서 신청을 취소하고 환불을 받을 수도 없는 상황이다. 하는 수 없이 그 강좌를 계속 참석하는데 자꾸 들을수록 유익하다는 생각이 든다. 재미없었던 강사의 강의 진행도 오히려 진지하게 여겨진다. 강좌 신청을 되돌릴 수 없기에 강좌와 강사에 대한 나의 태도가 나도 모르게 변한 것일 수 있다.

비싼 신형 노트북 컴퓨터를 큰마음 먹고 하나 샀다. 잡지나 인터넷에서 노트북을 호평하는 기사를 보면 우리의 마음은 편안하다. '그 노트북을 사길 잘했군. 역시 나는 물건 보는 안목이 있어.' 그러나 다른 잡지에서 악평하면 '그 잡지 내가 보기에 신빙성이 떨어져. 엉터리야.'라며 잡지를 매도하기도 한다. 또 같은 종류의 노트북에 대해 후한 점수를 주는 기사나 이용후기만을 선택적으로 찾는다. 비싼 돈을 주고 산 물건은 특별한 하자가 없는 한 환불할 수 없다. 내가 잘못된 선택을 했더라도 후회하기에는 늦었다. 내가 저지른 행동을 수정할 수 없기 때문에 그 행동을 옹호하는 정보만 선택하고 반대되는 정보는 무시하거나 비판한다. 이런 식으로 자기와 같은 믿음을 가진 사람들로부터 위안을 받으며 인지의 조화를 꾀하려 하는 것이다.

페스팅거 교수는 인지부조화 이론을 증명하는 실험을 계속했다.

그는 먼저 학생들로 하여금 매우 지루한 과제를 한 시간 동안 하게 했다. 이 과제는 단순작업을 반복하는 것이기에 다시 하고픈 마음이 들지 않을 정도로 따분하다. (많은 심리학실험에 이렇게 학생들이 동원된다.) 페스팅거 교수는 과제를 마친 학생들에게 한 가지 부탁을 했다. 다른 학생들에게 그 과제가 재미있다고 말하면서 실험 참여를 설득해달라는 부탁이었다. 어떤 학생들은 이 대가로 20달러를, 다른 학생들은 1달러를 받았다. (이 실험은 1959년에 이루어진 것이니까, 20달러와 1달러는 2010년 기준으로 각각 150달러, 7.5달러에 해당한다.) 모든 실험이 다 끝난 후, 학생들에게 실제로 그 과제가 얼마나 재미있었는지, 그와 비슷한 과제를 다시 할 용의가 있는지 '솔직하게' 평가하게 했다. 그러자 흥미로운 결과가 나왔다. 20달러를 받은 학생들은 그 과제가 재미없었고 비슷한 일을 다시 할 용의가 없다고 사실대로 대답했다. 반면에 1달러를 받은 학생들은 과제가 흥미로웠으며 비슷한 과제를 다시 수행할 용의가 있다고 거짓말을 했다. 왜 그랬을까?

페스팅거 교수는 그 이유를 '인지부조화'로 설명한다. 두 가지 대립되는 생각이 학생들에게 인지부조화를 초래했다는 것이다. "나는 이 과제가 재미있다고 다른 학생들에게 말해버렸어. 그런데 사실은 너무나 따분한 과제야." 다른 학생에게 거짓말한 것을 주워 담을 수 없기 때문에 이 행동을 정당화해야 인지적 조화를 이룰 수 있다.

20달러 그룹은 실험의 대가로 큰돈을 받았기 때문에 거짓말한 행동을 정당화하기 쉽다. 따라서 인지부조화를 덜 느끼게 되므로 실험이 끝난 후 그 과제가 재미없었다고 사실대로 대답한다. 그러나 1달러 그룹은 고작 1달러를 받고 한 시간을 낭비하고 거짓말까지 한 사실을 쉽게 받아들이기 어렵다. 따라서 그 과제가 정말 재미있었다고 믿음으로써 인지적으로 조화로운 상태를 꾀한다는 것이다.

합리적으로 결정하는가? 결정을 합리화하는가?

자기합리화의 또 다른 형태는 선택의 문제에서 나타난다. 우리는 선택의 기로에서 과연 모든 것을 고려하여 합리적으로 결정한다고 생각한다. 정말 그럴까? 혹시 어떤 결정을 먼저 내리고 난 후 그 결정을 합리화하는 것은 아닐까?

스웨덴 룬트대학의 라르스 할$^{Lars\ Hall}$ 박사는 2005년 〈사이언스〉지에 매우 흥미로운 연구결과를 발표했다. 120명의 실험참가자를 대상으로 두 여성의 사진을 보여주고 어느 쪽이 더 매력적인지 선택하도록 했다. 그리고 잠시 후, 선택한 사진을 교묘하게 바꿔치기 하여 다른 여성의 사진을 보여주었다. 실험참가자의 80%는 여성의 사진이 바뀐 걸 알아차리지 못했다. 우리가 무엇을 선택했는지 알지 못하는 이 현상을 '선택맹$^{choice\ blindness}$'이라고 한다. (1장에서 소개한 변화맹과 유사하다.)

그런데 더 놀라운 일은 '당신은 왜 이 여성을 선택했느냐'라는 질문에 대한 참가자들의 대답이었다. 참가자들은 '귀걸이가 예뻐서,

2. 합리화하는 뇌 **63**

미소가 아름다워서' 등의 이유를 댔다. 그러나 그들이 애초에 선택한 여성들의 사진에는 귀걸이나 미소가 없었다. 참가자들은 바뀐 여성의 사진에서 귀걸이와 미소를 발견하고 그렇게 대답한 것이었다. 그들은 자신이 선택한 것을 제대로 알아차리지 못했다. 게다가 선택한 이유를 물었을 때도 그럴 듯하게 둘러댔다.

여기서 우리는 사람들이 과연 자신의 이상형을 만났기 때문에 사랑에 빠지는 것인지 궁금해진다. 혹시 누군가와 사랑에 빠지는 일이 먼저 일어나고 그 다음에 그 사람을 나의 이상형으로 여기기 위해 그럴듯한 이유를 찾는 것은 아닐까.

우리 눈으로 직접 보고 선택했지만 우리 뇌는 모든 것을 다 보지는 못한다. 선택한 이유를 대라고 할 때 우리는 우리가 아는 맥락에서 가장 그럴 듯한 답을 내놓는다. 우리는 깊이 숙고하고 면밀히 검토한 끝에 가장 바람직한 것을 선택하는 것처럼 생각한다. 그러나 실상은 먼저 결정을 하고 그 다음에 숙고 과정을 거쳐 그 결정을 정당화하고 합리화하고 있는지도 모른다. 일단 입장이나 태도를 결정하고 나서 그것을 뒷받침하는 정보만 취득하려 한다는 말이다. 사람에 대한 평가도 크게 다르지 않다. 자신이 좋아하는 사람에 대해서는 그에 대한 긍정적인 정보에만 귀 기울이고, 자신이 싫어하는 사람에 대해서는 부정적인 정보만 취하려는 경향이 있다.

의사들이 치료방침을 결정할 때에도 이와 비슷한 경우가 있다. 의사들은 항상 모든 상황을 면밀히 검토한 후 환자를 위해 최선의 결정을 하는 것처럼 생각하기 쉽다. 그러나 때에 따라서는 미리 치료방침을 정해놓고 그에 맞는 임상소견들만 취하는 오류를 범하기도 한다. 나도 가끔 무심코 그런 함정에 빠져드는 자신을 발견하고 놀랄 때가 있다. 환자의 증상과 검사소견이 잘 부합하지 않을 때가 특히 그렇다. 환자의 증상이 모호한 경우에 증상을 더 깊이 파고들어 분석하기보다 증상을 영상소견에 맞추려는 유혹을 느낀다. 수술하기로 결정하면 거기에 합당한 소견들만 눈에 보이기도 한다.

사람들은 선택의 기로에서 최종결정에 이르기까지 많은 정보를 모으고 깊이 고민한다고 생각한다. 그러나 실은 마음 가는 쪽으로 이미 결정해놓고 그 결정에 합당한 이유들만 찾고 있었을지도 모른다. 우리가 믿고 싶은 것만 눈에 보이기 때문이다.

자기합리화는 대부분 무의식에서 일어난다. 그래서 우리는 우리 자신이 합리화를 위해 거짓말을 하고 있는지 자각하지 못하는 경우가 많다. 합리화와 거짓말은 또 다른 합리화와 거짓말을 낳고 우리는 점점 더 진실에서 멀어지게 되는 것이다.

그렇다면 우리가 선택한 것을 합리화할 때 두뇌 속에서는 어떤 일이 벌어지는 것일까? 믿음과 행동이 일치하지 않을 때, 매리언 키치의 신도들처럼 새로운 이야기를 지어내는 뇌의 메커니즘은 무엇일까? 다음 세 가지 뇌의 신비로운 현상을 들여다보며 설명해보기로 하자.

왼손이 한 일을 오른손이 모를 때

호두 모양으로 생긴 우리 뇌는 앞뒤로 길쭉한 홈에 의해 좌우 두 개의 반구hemisphere로 나뉘어져 있다. 각각을 좌뇌와 우뇌라 부른다. 그 둘은 쌍둥이처럼 닮았고 구조적으로도 서로 대칭을 이룬다.

좌뇌와 우뇌의 기능이 서로 다르다는 사실은 1861년 프랑스 신경학자 폴 브로카Paul Broca의 발견에서 처음으로 주목받게 되었다. 그는 '탄'이라 불리는 남자 환자를 연구하고 있었는데, 유심히 관찰하여 그에게 언어장애가 있음을 알아냈다. '탄'이라는 말은 그가 발음할 수 있는 몇 안 되는 단어 중 하나였는데, 그 이유로 사람들은 그를 '탄'이라는 별명으로 불렀다. 오래지 않아 탄은 사망했고 브로카는 부검을 통해 그의 병변을 확인할 수 있었다. '탄'의 언어장애는 전두엽의 일부에서, 그것도 특히 좌뇌 부위에서 발견되었다. 그 후 여러 연구들에 의해 인간의 언어능력이 우뇌가 아닌 좌뇌에 주로 편재되어 있다는 사실이 확인되었고, 좌뇌와 우뇌가 서로 하는 일이 다르다는 인식이 더욱 확산되었다.

좌뇌와 우뇌는 뇌량corpus callosum에 의해 서로 연결되어 있다. 1960년대 일부 뇌전증epilepsy(간질) 환자들은 아무리 약을 써도 쉽사리 경련이 조절되지 않아, 최후의 수단으로 뇌량을 절제하는 수술을 받기도 했다. 한쪽 뇌에서 일어난 경련이 반대쪽 뇌로 넘어가지 못하도록 하기 위해서였다. 이 수술은 1940년, 뉴욕주 로체스터의 신경외과의사 윌리엄 반 와거넌William Van Wagenen에 의해 고안되었다. 당시에는 좌뇌와 우뇌가 뇌량을 통해 서로 교통할 것이라고 생각은 했지만, 그 연결이 끊어졌을 때 실제로 어떤 일이 벌어질지는 예상하지 못했다. 따라서 상당히 모험적인 시술이었다.

좌뇌와 우뇌를 연결하는 교량인 뇌량을 절제하면 분할 뇌$^{split\ brain}$가 된다([그림1]). 분할 뇌를 집중적으로 연구한 신경학자가 바로 캘리포니아 공과대학의 로저 스페리$^{Roger\ Sperry}$ 교수였다. 그는 당시 그의 학생이었던 마이클 가자니가$^{Michael\ Gazzaniga}$(지금은 스승만큼 유명한 신경학자)와 함께 열 명의 분할 뇌 환자들을 대상으로 다양한 실험을 수행했다. 이 실험은 그 후 아주 유명해졌는데, 로저 스페리

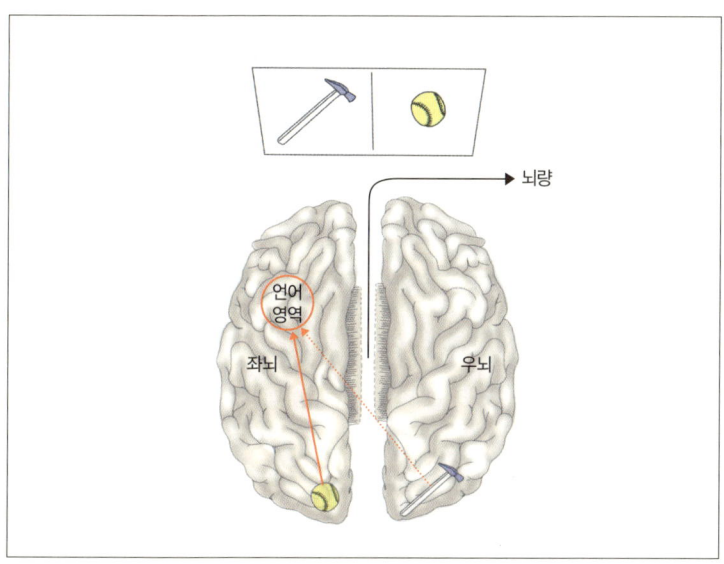

[그림1] 분할 뇌. 좌뇌와 우뇌를 연결하는 뇌량이 절제되어 있다.

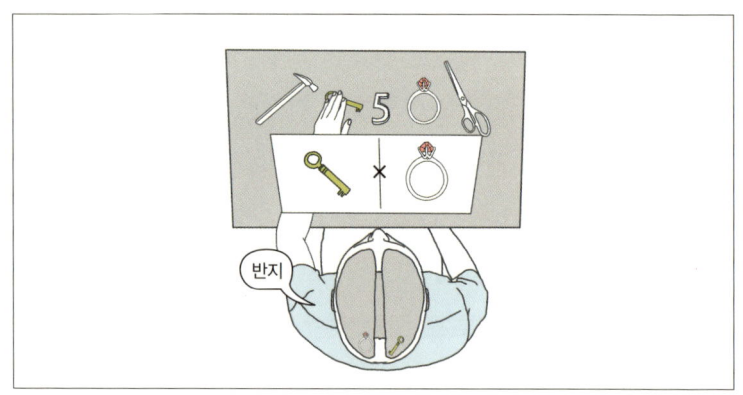

[그림2] 분할 뇌 실험

교수는 다름 아닌 바로 이 실험을 바탕으로 1981년 노벨 의학상을 수상하게 되었다.

[그림2]처럼 분할 뇌 환자에게 앞의 X자 표시를 주시하게 하고 오른쪽 시야와 왼쪽 시야에 각각 물건들을 보여주며 무엇이 보이느냐고 질문한다. 오른쪽 시야의 정보는 좌뇌 시각피질(후두엽)에서, 왼쪽 시야의 정보는 우뇌 시각피질(후두엽)에서 각각 처리된다. 따라서 오른쪽 시야에 반지를 보여주면 그 정보는 좌뇌 후두엽으로 입력된 후 언어기능을 맡는 좌뇌 앞쪽으로 전송되어 환자는 '반지'라고 대답한다.

다음에는 왼쪽 시야에 열쇠를 보여준다. 열쇠는 우뇌 후두엽에서 제대로 인식된다. 그러나 그 정보가 뇌량을 통해 언어영역인 좌뇌로 전해지지 못하고 우뇌에서만 머물러 있으므로 환자는 '아무것도 안 보여요.'라고 대답한다. 우뇌는 열쇠를 보았지만, 좌뇌는 열쇠를 보지 못한 것이다. 그러나 방금 본 것을 왼손으로 집어보라고 하면 왼손은 열쇠를 제대로 집어낼 수 있다. 우뇌 후두엽으로 들어간 열쇠 정보가 우뇌 운동피질로 전해져 왼손이 열쇠를 집을 수 있기 때문이다. (왼쪽 팔다리의 운동 및 감각기능은 우뇌가, 오른쪽 팔다리의 운동 및 감각기능은 좌뇌가 맡는다.)

이번에는 분할 뇌 실험 중 가장 놀라운 결과를 보여주는 실험이다([그림3]). 분할 뇌 환자에게 자기 앞에 보이는 정중앙의 검은 점

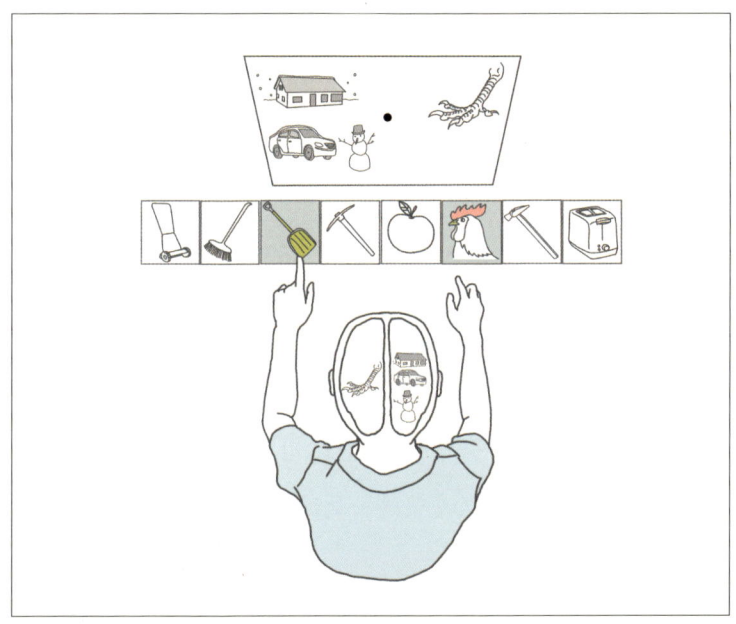

[그림3] 분할 뇌 실험

을 바라보게 하며 양쪽 시야에 각각 독특한 장면을 보여준다. 그런 다음 그 장면과 가장 부합하는 사진을 아래에서 고르게 한다. 먼저 오른쪽 시야에 닭발을 보여주면, 그 정보는 분할 뇌 환자의 좌뇌로 가고 좌뇌가 담당하는 오른손은 닭머리 사진을 가리킨다. 다음, 왼쪽 시야의 눈 덮인 풍경은 우뇌로 전달되고 우뇌가 지배하는 왼손은 눈을 치우는 데 사용하는 삽 그림을 가리킨다. 이제 분할 뇌 환자에게 "왜 닭머리 사진과 삽을 골랐느냐"라고 물어본다. 환자는 대답한다. "아, 그야 간단하죠. 닭발이 보이니까 닭머리를 골랐죠. 그리고 삽은 닭장을 치우기 위해 집었어요."

언어를 담당하는 좌뇌는 눈 덮인 풍경을 보지 못했다. 좌뇌가 본 것은 닭발이고, 좌뇌가 가리키라고 지시한 것은 닭머리다. 그리고 자신의 왼손이 삽을 가리켰다는 사실을 연구자로부터 들었다. 분할 뇌 환자는 생각한다. '어, 나의 왼손이 왜 삽을 가리키고 있지?' 자신이 한 행동과 믿음이 일치하지 않는다. 그러나 좌뇌는 자신이 그렇게 행동한 데는 그럴만한 이유가 있을 것이라고 생각한다. 좌뇌가 알고 있는 맥락에서 가장 그럴 듯한 이야기는 '닭장을 치우기 위해 삽을 집었다'이다. 여기서 궁금증이 생긴다. 도대체 왜 우리의 좌뇌는 삽을 고른 이유에 대해 '잘 모른다'라고 하지 않고, 굳이 '닭장을 치우기 위해서'라고 그럴 듯하게 둘러내는 것일까?

아버지로 변장한 사기꾼

서른 살 된 브라질 출신 남성이 교통사고 후 3주간 혼수상태에 빠졌다가 겨우 의식을 회복했다. 사고 당시 그는 우측 두개골이 골절되는 중상을 입었다. 그 남성은 의식을 차린 후 서서히 언어기능과 인지지능을 되찾아갔다. 그러던 중 그의 부모가 이상한 점을 발견하고 아들을 UC샌디에이고대학 빌라야누르 라마찬드란Vilayanur S. Ramachandran 교수에게 데려왔다. 자기 아들이 자신들을 부모의 얼굴로 변장한 사기꾼이라고 생각한다는 것이었다.

그 브라질 남성의 의식과 지능은 정상이었다. 히스테리나 불안도 보이지 않았다. 다만, 그는 자신의 부모를, 특히 아버지를 사기꾼이라 여겼다. 왜 아버지를 사기꾼이라 생각하느냐는 질문에 그는 이렇게 말했다. "저 사람은 아버지와 똑같이 생겼어요. 그렇지만 아니에요. 친절하고 좋은 사람 같긴 합니다. 그러나 결단코 내 아버지는 아닙니다." 다음은 의사와 남자의 이어지는 대화다.

의사 : "그런데 왜 저 남자가 아버지인 척하는 걸까요?"
남자 : "그게 저도 모를 일입니다. 도대체 왜 아버지로 변장해서 아버지 흉내를 내는 걸까요? 아마도 내 진짜 아버지가 저 사람을 고용해서 나를 돌보라고 했을지도 모르죠."

이 신비로운 현상은 1923년 프랑스의 정신과 의사 조제프 카프그라$^{Joseph\ Capgras}$가 처음 발표했다. 그래서 그의 이름을 따서 '카프그라 증후군$^{Capgras\ syndrome}$'이라 부른다. 카프그라 증후군 환자는 부모, 형제, 친구의 얼굴은 알아보지만 그들을 복제된 사기꾼이라 부른다. 특히 감정적으로 유대가 강했던 사람들이 대상일 때 이런 현상이 강하게 나타난다.

몇몇 연구자들은 한 때 이 현상을 프로이트식으로 접근해서 다음과 같이 해석하기도 했다. 남자는 어릴 적에 어머니에게 성적인 욕구를 느끼고 아버지를 적으로 여기는 오이디푸스 콤플렉스를 가진다. 이 성적인 욕구는 사회적으로 용인될 수 없는 것이기에 무의식 속에 꼭꼭 가두어두게 되는데, 뇌 손상 후 갑자기 의식의 세계로 올라온다. 남자는 갑자기 어머니에게 성적인 욕망을 느끼며 생각한다. '이 사람이 내 어머니라면 내가 어찌 성적인 유혹을 느낄 수 있겠는가? 그러니 이 사람은 어머니로 변장한 사기꾼임에 틀림없어.'

여자가 가지는 엘렉트라 콤플렉스도 마찬가지다. 아버지에게 성적인 욕망을 느끼는 것을 받아들일 수 없기에 아버지를 가짜로 여기는 것이다. 그럴 듯한 설명이지만 이것은 모든 카프그라 증후군을 설명하지 못한다. 브라질 남성처럼 아버지를 사기꾼이라고 하는 남자 카프그라 증후군 환자도 있고, 어머니를 사기꾼이라 여기는 여자도 있기 때문이다. 심지어 자신의 애완견이 변장한 가짜 애완견에 의해 대체되었다는 환자도 있었다. 애완견에게 오이디푸스 콤플렉스나 엘렉트라 콤플렉스를 느꼈다는 것은 너무 억지스럽지 않은가.

카프그라 증후군의 신경학적 메커니즘을 설명하기 전에 우리가 타인의 얼굴을 어떻게 인식하는지부터 알아보자. 사람의 얼굴을 알아보는 뇌 부위는 측두엽^{temporal lobe} 의 한 부분인 방추형이랑^{fusiform gyrus}이다. 이곳이 손상되면 평소 잘 알고 지내던 사람의 얼굴을 알아보지 못하는 얼굴인식불능증^{prosopagnosia}이 생긴다. 미국의 신경학자 올리버 색스가 묘사하는 '아내를 모자로 착각한 남자'가 얼굴인식불능증 환자라고 할 수 있다. 카프그라 증후군은 상대방의 얼굴은 알아볼 수 있다는 점에서 얼굴인식불능증과는 다르다. 그들이 가진 문제는 좀 다른 종류의 것이다.

우리는 정서적으로 유대가 깊은 사람의 얼굴을 마주하면 특별한 감정을 느낀다. 사랑이나 증오와 같은 복잡한 감정 말이다. 이런 감정을 담당하는 곳은 편도체^{amygdala}이다. 편도체는 측두엽 안쪽 깊숙이 자리하고 있는 아몬드 모양의 구조물이다. 카프그라 증후군 환자에서는 뇌 손상으로 인해 얼굴을 인식하는 방추형이랑과 감정을 맡는 편도체와의 연결이 끊어졌다고 본다([그림4]). 그러니 아버지의 얼굴은 알아보는데 아버지에게 가졌던 감정들을 느낄 수 없는 것이다. 아버지가 남처럼 여겨진다. '저 사람은 아버지와 똑같이 생겼어. 그런데 아버지 얼굴을 보는데도 왜 나는 아무런 감정을 느낄 수 없는 걸까?' 얼굴은 아버지가 분명하다는 사실에 대한 인식과, 나의 아버지라면 내가 어떠한 감정을 느껴야 한다는 믿음이 서로 위배된다. 이 인지적 부조화를 어찌할 것인가? 이를 해소하기 위해 궁리해낸 해결방법은 상대방을 아버지로 변장한 사기꾼이라고

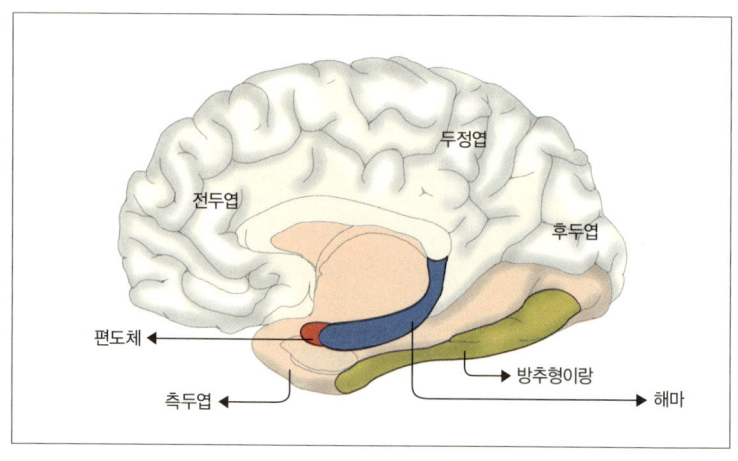

[그림4] 방추형이랑과 편도체

부르는 것이다. '그래, 저 사람은 아버지가 아냐. 아버지 얼굴로 변장한 사기꾼임에 틀림없어.'

혹시 카프그라 증후군 환자가 고의로 거짓말을 하는 것은 아닐까 하는 의문이 들 수도 있다. 그래서 브라질 남성에게 아버지가 직접 전화를 걸어보았는데 이번에는 아버지라고 인정했다. 그도 그럴 것이 목소리를 알아듣는 청각신경과 편도체와의 연결은 정상이었기 때문이다. 라마찬드란 교수는 카프그라 증후군에 감정이 중요한 역할을 할 것이라고 가정하고 이를 객관적으로 증명했다. 우리가 감정을 느끼면 피부는 나도 모르게 전도반응을 보인다. 그러나 카프그라 증후군 환자들은 자신들의 부모를 볼 때 이런 피부전도반응이 전혀 나타나지 않았다. 대신 그들이 전화로 부모의 목소리를 들었을 때는 피부전도반응도 정상이었다.

얼굴인식불능증은 이 점에서 카프그라 증후군과 정반대다. 얼굴인식불능증 환자들은 가족의 얼굴은 알아보지 못하지만 얼굴을 보았을 때 피부전도반응은 정상이었다. 아내의 얼굴은 못 알아보더라도 아내에 대한 감정은 자신도 모르게 느끼고 있었던 것이다.

분할 뇌 환자들은 자신의 왼손이 삽을 가리킨 이유를 좌뇌가 알고 있는 맥락 속에서 그럴 듯하게 이야기를 만들어냈다. 그런데 카프그라 증후군 환자들은 한술 더 떠 자신의 부모를 사기꾼이라고 몰아세운다. 이제 자신의 팔다리를 남의 것이라고 우기는 사람들을 보자.

이 팔은 당신 팔이야

뇌졸중은 뇌로 가는 혈관이 막히거나 터져 뇌가 손상되는 병이다. 손상된 뇌의 위치에 따라 다양한 증상이 발생하는데, 뇌졸중이 발생한 뇌의 반대쪽 팔다리가 마비되는 증상이 대표적이다. 즉, 우뇌에 뇌졸중이 생기면 왼쪽 팔다리, 좌뇌에 뇌졸중이 발생하면 오른쪽 팔다리에 마비가 온다. 그런데 우뇌 뇌졸중 환자에서는 1장에서 소개한 반측무시 증후군과 함께 매우 독특한 증상이 나타나기도 한다. 바로 질병인식불능증^{anosognosia}이다. 다음은 왼쪽 팔다리에 마비가 온 우뇌 뇌졸중 환자와 내가 나눈 대화다.

나 : "어디가 불편하세요?"

환자 : "아무데도 불편한 곳이 없는데요."

나 : "아, 그렇군요. 그런데 왼쪽 팔다리는 어떠세요?"

환자 : "괜찮아요."

나 : "한번 움직여보시겠어요?"

환자 : "……."

나 : "왜…… 잘 안 움직여지세요?"

환자 : "아뇨, 그냥 귀찮아요."

왜 환자는 왼쪽 팔다리가 마비된 것을 인정하지 않고 그냥 귀찮아서 움직이지 않는 것이라고 둘러대는 것일까? 이 환자들 중에는 좀 더 기이한 증상을 보이는 경우도 있다. 바로 신체인식불능증asomatognosia이다. 내가 이 환자의 마비된 왼쪽 팔을 들어 올려 환자의 눈앞에 대고 묻는다.

나 : "그런데 이 팔은 누구 팔이지요?"

환자 : "……의사 선생님 팔이잖아요."

뇌졸중 환자들을 셀 수 없을 정도로 많이 진료해왔지만, 나는 질병인식불능증이나 신체인식불능증을 볼 때마다 여전히 경이로움을 느낀다. 자신의 팔다리를 남의 팔이라고 우기는 신체인식불능증은, 부모를 사기꾼이라고 말하는 카프그라 증후군과 닮았다. 그래서 신체인식불능증을 '팔다리의 카프그라 증후군'이라고 부르기도 한다. 그렇다면 대체 왜 이들은 자신의 가족을 복제된 사기꾼이라 부르고, 자신의 팔다리가 마비된 사실을 부정하며 심지어 자신의 팔을 남의 팔이라고까지 하는 것일까?

스토리텔링 브레인

언어는 다른 동물들이 갖지 못한, 인간만이 지닌 고유 기능이다. 다른 동물에 비해 인간의 우월성을 보여주는 증거이기도 하다. 말하고 듣고 읽고 쓰는 기능은 대부분의 사람에서 좌뇌에 집중되어 있다. 오른손잡이는 말할 것도 없고 왼손잡이도 열의 아홉 이상은 좌뇌가 언어를 맡고 있다. 뿐만 아니라 가설을 세우고 추리하는 고차적인 사고작용도 좌뇌가 도맡아 한다. 이렇게 보면 인간의 지성은 모두 좌뇌에 몰려 있는 것 같다. 그러니 좌뇌를 우성반구dominant hemisphere, 우뇌를 열성반구non-dominant hemisphere라 부르는 것도 이해할 만하다. (나는 개인적으로 이 명칭을 좋아하지 않는다.)

좌뇌가 가설 세우기를 좋아한다는 사실은 확률을 추정하는 게임에서 잘 드러난다. 빨간 카드가 75장, 녹색 카드가 25장인 100장의 카드 집에서 다음에 나올 카드가 어떤 색인지 짐작해보자. 카드가 나오는 순서는 완전 무작위적이다. 이 과제를 수행할 때 다음 두 가지 전략을 쓸 수 있다. 하나는, 네 번 중 세 번의 비율로 빨간 카드라고 추정하고 나머지 한 번을 녹색 카드로 추정하는 방법이다. 또 다른 방법은 모두 빨간 카드라고 예측하는 것이다. 두 번째 방법은 적어도 75%의 성공률을 가져오지만 첫 번째 방법은 두 번째 방법보다 성공률이 낮은 경우가 많다. 대체로 인간은 첫 번째 방법으로 카드 색깔을 추측한다. 그에 반해 쥐나 금붕어 같은 동물들은 두 번째 전략을 쓴다. 따라서 이 실험에서 인간은 쥐나 금붕어보다 효율적이지 못하다. 그것은 카드 순서가 완전히 무작위인줄 알면서도 굳이 그 혼돈 속에서 패턴을 찾으려는 인간의 속성 때문이다. 이런 경우 분할 뇌 환자들은 어떤 행동을 보였을까? 분할 뇌 환자들의 좌뇌는 첫 번째 전략을 썼지만, 우뇌는 두 번째 전략을 이용했다. 그들의 좌뇌가 패턴이 존재하지 않는 무작위 속에서도 가설을 세우려고 노력하기 때문이었다. 그러니 실험결과로만 보면 좌뇌가 우뇌보다 더 똑똑하다고 장담하지 못한다.

1962년 하버드대학의 심리학자 스탠리 샥터Stanley Schachter 와 제롬 싱어Jerome Singer 는 그 유명한 에피네프린 실험을 발표했다. 에피네프린을 맞으면 교감신경계가 흥분되어 맥박이 빨라지고 손은 떨리며 얼굴이 붉어진다. 실험참가자들에게 에피네프린을 주사한 다음, 한 그룹에게는 약 효과에 대해 설명을 해주었고 다른 그룹에게는 설명하지 않았다. 그리고 실험참여자들을 화난 사람들과 만나게 했다. (화난 사람들은 사실 실험 공모자들이다.) 그랬더니 에피네프린의 효과에 대해 알고 있는 참가자들은 자신의 가슴이 쿵쾅쿵쾅 뛰는 이유를 약의 탓으로 돌렸지만, 그렇지 않은 참가자들은 가슴이 쿵쾅거리는 이유를 화난 사람들을 만난 상황 탓으로 돌렸다.

사람들은 자신에게 일어난 사건에 대해 가능한 한 그럴듯하게 설명하려는 경향이 있다. 그래서 이 실험에서도 자신이 흥분한 이유를 찾으려 한 것이다. 주사약의 효과에 대해 이미 알고 있는 사람들은 납득할 만한 설명을 쉽게 구했지만, 그렇지 않은 사람들은 억지로라도 이유를 만들어내야 했다. 우리의 두뇌는 쥐나 금붕어의 뇌에 비해 지적이다. 그 이유는 상당 부분 우리의 좌뇌가 지적이기 때문이다. 하지만 지적인 좌뇌가 가설을 세우고 추론해서 들려주는 이야기가 꼭 옳은 것은 아니라는 생각도 하게 된다.

좌뇌는 사건을 해석하고 그럴듯한 이야기를 만들어내는 재주를 가지고 있다. 좌뇌는 짐작하고 넘겨짚기를 잘한다. 어디선가 연기 냄새가 솔솔 나고 멀리서 사이렌 소리가 들리면 '불이 났구나.' 하고 추론한다. 흩어져 있는 단편 조각들과 단서들을 갖고 이야기를 만들어낸다. 대부분의 경우 좌뇌가 만드는 이야기는 진실에 다가가지만, 때때로 그 이야기는 진실에서 멀어져 왜곡되고 과장되며 심지어 없던 이야기가 만들어지기도 한다.

하나의 뇌, 두 마음

그런데 좌뇌는 또 불일치와 부조화를 받아들이기 힘들어한다. 나의 왼손이 삽을 가리켰다는데 영문을 모르겠다(분할 뇌). 아버지의 얼굴은 맞는데 아무런 감정을 느끼지 못하는 현실을 받아들일 수가 없다(카프그라 증후군). 나의 왼쪽 팔다리가 조금 전까지 멀쩡했는데 지금 움직여지지 않는다는 사실은 이치에 맞지 않다(우뇌 뇌졸중). 부조화를 견디기 힘들어하는 좌뇌는 혼돈 속에서 상황을 해석하려고 필사적으로 노력한다. 좌뇌는 타고난 해석자이기 때문이다.

한편 우리 두뇌는 좌뇌가 혼자 엉뚱한 상상에 빠져들지 못하도록 감시하는 능력도 가지고 있다. 그 일은 우뇌가 맡고 있다. 그런데 그 우뇌가 제 구실을 못할 때 심각한 문제가 발생하게 된다. 카프그라 증후군 환자는 신체인식불능증 환자처럼 우뇌에 병소가 있는 경우가 대부분이다. 우뇌의 감시로부터 자유로워진 좌뇌가 혼자 망상과 합리화, 거짓말을 하는 것이다. 카프그라 증후군과 마찬가지로 우뇌 뇌졸중 환자들도 인지부조화를 해소하기 위해 다음과 같이 합리화를 한다. '이 팔이 안 움직일 리가 없어. 조금 전까지만 해도 움직였잖아? 그러니 이건 내 팔이 아니야. 의사의 팔이지.' 다친 쪽은 우뇌지만, 이야기를 지어내는 쪽은 부조화를 견디지 못하는 좌뇌인 것이다. 우뇌의 견제를 벗어난 좌뇌는 마음껏 자신의 능력을 발휘하여 스토리텔러가 된다.

우리가 보이는 자기합리화는 분할 뇌, 카프그라 증후군, 우뇌 뇌졸중 환자들의 그것과 닮았다. 앞선 장에서, 정상인의 뇌도 큰 블라인드 스팟을 갖고 있고 실수와 부주의를 피할 수 없다는 점에서, 우리 뇌도 병든 뇌와 다를 바 없다는 걸 보지 않았는가. 또 그 블라인드 스팟을 우리 뇌는 주변 배경이나 맥락으로 덮는 현상을 보인다

(※108쪽 참조). 분할 뇌, 카프그라 증후군, 우뇌 뇌졸중 등을 통해 보았을 때, 인지부조화를 견디지 못하고 자기합리화를 하는 우리들은 좌우 뇌의 소통이 원활하지 못했거나 우뇌가 제 기능을 못했을 가능성이 크다.

스탠리 큐브릭 감독의 영화 '닥터 스트레인지러브'의 스트레인지러브 박사는 자신의 손을 통제할 수가 없다. 그 손은 자신의 목을 조르기까지 한다. 환자들 중에 가끔 자신의 손이 통제불능이라고 호소하는 이들이 있다. 특히 오른손이 하려는 일을 왼손이 방해한다. (달리 표현하자면, 좌뇌가 하려는 일을 우뇌가 방해하는 것이다.) 오른손이 무엇을 집으려고 하거나 옷 단추를 채우려 하면 왼손이 오른손을 치며 방해한다. 뇌량에 뇌졸중과 같은 병변이 생겨도 분할 뇌 현상을 보일 수 있다. 이런 환자들은 옷 하나 제대로 입기 어렵다. 심지어 운전 중에 왼손이 오른손을 핸들로부터 떼어내려 하기도 한다. 통제가 안 되는 왼손은 별개의 마음을 갖고 있는 것처럼 행동한다. 보통 오른손잡이는 손으로 작업할 때 오른손(좌뇌)이 주도권을 잡고 왼손(우뇌)이 협조한다. 그러나 좌우뇌의 소통이 원활하지 않으면 두 손(뇌)이 서로 주도권을 잡으려 다투게 된다. 두 뇌가 서로 소통하지 않을 때 벌어지는 현상이다. 그래서 이 현상을 외계인 손alien hand 증후군 또는 닥터 스트레인지러브 증후군이라 부른다.

분할 뇌 환자들에게 좌우 시야에 각각 다른 모양의 여러 그림들을 보여주고 기억하게 했다. 그 후, 그와 일치하거나 비슷한 그림들을 다시 보여주어 처음 제시된 그림들과 동일한지 맞추게 했다. 우뇌는 처음 제시된 그림과 얼핏 비슷하게 보이지만 실제로는 다른 그림을 정확히 가려낸 반면, 좌뇌는 대충 비슷하기만 하면 앞서 나온 그림이라고 잘못 인식하기 일쑤였다. 좌뇌가 갖고 있는 '도식'에 들어맞기만 하면 앞에서 본 그림이라고 인식하는 것이다. 그것은 우뇌가 사건에 대해 사실적으로 정확한 기록을 간직하고 있는데 반해, 좌뇌는 정확한 기억보다는 주로 해석하고 추론하는 일을 맡고 있다는 점과 관련이 깊다. 해석과 추론은 인식의 틀, 즉 도식에 크게 의존하기 때문이다.

평범한 대부분의 사람들은 분할 뇌 환자도 아니고 우뇌가 손상된 환자도 아니다. 하지만 누구나 가끔 좌뇌와 우뇌의 소통이 단절되는 경험을 한다. 우뇌가 뭔가를 분명히 느끼기는 하는데 좌뇌가 그걸 딱 부러지게 설명하기 곤란한 경험 말이다. 때때로 순간적으로 설명할 수 없는 묘한 감정에 휩싸일 때가 바로 그런 경우다. "그 일은 왠지 하기 싫어. 이유를 대라면 딱히 할 말은 없지만……." 어느 날은 무작정 어떤 음식이 당길 때가 있다. 그 음식이 '그냥' 먹고 싶을 때가 있다. 모두 우뇌가 하는 일을 좌뇌가 설명하기 어려운 경우다.

분할 뇌를 통해 우리는 하나의 뇌 안에 실제로 두 '마음'이 존재한다는 사실을 알게 되었다. 그 두 마음은 뇌량을 통해 정보를 주고받고 소통하며 비로소 하나의 뇌, 하나의 마음으로 균형을 잡는다. 좌뇌와 우뇌가 건강하여 서로 조화롭게 도울수록 우리는 사물을 조금 덜 왜곡하고 세계를 조금 더 객관적으로 해석할 수 있고, 우리의 생각과 행동은 그만큼 균형감각을 유지할 수 있다. 그러나 우뇌가 다쳐 좌뇌를 감시하지 못하거나 좌우 뇌의 소통에 심한 장애가 있을 때, 우리는 균형감을 잃은 채 사물을 왜곡하고 엉뚱한 이야기를 만들 가능성이 높아진다.

자기합리화를 넘어

페스팅거의 연구를 보면, 사람들은 자기합리화의 늪에서 빠져나올 수 없는 약하디약한 존재처럼 보인다. 그렇다면 사람들은 인지부조화 상황에 놓이면 언제나 예외 없이 자신을 합리화하고 거짓말을 하는가? 페스팅거는 이 질문에 대해 분명한 답을 주지는 않았다.

매리언 키치 사건을 돌아보자. 그 당시 현장에 있던 모든 신도들이 종말론을 옹호하며 세상을 상대로 거짓말을 했을까? 아마도 신도들 중에는 종말론이 거짓임을 알고 곧바로 그 집단을 떠난 경우도 있었을 것이다. 그리고 자신이 구입한 비싼 물건을 어떤 잡지에서 혹평했을 때, 자신의 선택에 잘못은 없었는지 따져보는 사람도 꽤 여럿 있을 것이다. 그렇다면 왜 누구는 쉽게 자기합리화를 하고, 누구는 기존의 생각을 의심하고 바꾸는 것일까? 우리는 또 왜 언제는 쉽게 자기합리화를 하고 언제는 자기합리화에 저항하며 비판적으로 되는 것일까? 의문들이 꼬리를 문다.

매리언 키치의 남은 광신도들 중 그 후에라도 다시 태도를 바꾼 이들은 없었을까? 나는 아마 상당수의 사람들이 신념을 바꾸고 집단을 떠났으리라 생각한다. 우뇌에 큰 뇌졸중을 가진 환자들의 대부분도 몇 주 지나면 질병인식불능증과 신체인식불능증을 보이지 않는다. 뇌졸중에서 어느 정도 회복된 우뇌가 좌뇌를 감시하기 때문인 것으로 생각된다. 그러니 자기합리화의 함정에 빠졌다고 해서 영원히 구제불능인 것은 아니다. 자기합리화의 메커니즘과 함께 그 함정에서 헤어날 수 있는 긍정성의 메커니즘 역시 우리의 뇌 속에 들어 있다고 나는 믿는다.

그런데 이런 의문이 들 수도 있다. 과연 자기합리화는 언제나 옳지 않은 것일까? 우리 삶에 꼭 부정적인 기능만 하는 것일까? 물론 아니다. 자기합리화의 심리를 잘 이용하면 적을 친구로 만드는 데 도움을 받을 수도 있다.

A는 나의 호의를 받은 적이 있고, B는 나의 부탁을 들어준 적이 있다. 그럼 A와 B중에서 다음에 나에게 친절을 베풀 가능성이 높은 사람은 누구일까? 사람마다 다르겠지만 나는 당연히 A라고 생각했다. 은혜는 주고받는 게 인지상정이라고 생각하기 때문이다. 그런데 실제로는 과연 어떨까?

벤저민 프랭클린은 정적을 친구로 만든 일화를 그의 자서전에 이렇게 소개하고 있다.

나는 그를 잘 대접해서 환심을 사려는 행동 따윈 하지 않았다. 오히려 난 다른 방법을 썼다. 언젠가 그가 매우 귀한 책을 소장하고 있다는 소문을 들었다. 그래서 그에게 그 책을 정독하고 싶으니 며칠만 빌려달라는 부탁의 편지를 보냈다. 그랬더니 놀랍게도 그는 주저하지 않고 즉시 책을 보내주었다. 난 일주일 뒤 책을 돌려주면서 그의 친절에 깊이 감사한다는 편지를 보냈다. 그 뒤 의사당에서 그를 만났을 때 그가 먼저 정중하게 내게 말을 걸었다. (그 일이 있기 전에는 한 번도 그런 적이 없었다.) 그 후로도 그는 모든 일에 나를 기꺼이 도와주었다. 우리는 멋진 친구가 되었고 우정은 평생 계속되었다. '내 신세를 진 사람보다 내게 친절을 베푼 사람이 그 다음에도 친절을 베풀 가능성이 크다.'라는 옛말이 진실이었음을 배웠다.

프랭클린의 정적은 적대관계에 있는 프랭클린에게 자신의 귀한 책을 빌려주는 호의를 베풂으로써 결과적으로 인지부조화를 초래했다. 책을 빌려준 행동을 정당화하기 위해서 그는 프랭클린에게 호감을 갖고 있다고 스스로에게 주문을 걸어야 했다. 그 후 정적은 줄곧 프랭클린을 정중하게 대했고 그 둘은 친구가 되었다. 그럴듯한 해석 아닌가?

적을 내 친구로 만들고 싶은가? 그럼 그에게 호의를 베풀기보다 그에게 작은 부탁을 해보자. 그가 한번 부탁을 들어주면 그는 내게 계속 친절을 베풀 가능성이 높아진다. 그런 관계가 시작되면 어느새 적과 나는 친구가 되어 있다. 호의를 베푼 사람이 계속 베풀게 되는 이 패러독스를 '벤 프랭클린 효과^{Ben Franklin effect}'라 부른다.

현대판 벤 프랭클린 효과가 '집 안에 한 발 들여놓기 기법^{foot-in-the-door technique}'이다. 말 그대로 집 안에 들어가기 전에 문틈으로 발 하나만 들이미는 것이다. 큰 부탁을 하기 전에 부담 없는 작은 부탁부터 들어주게 하여 상대를 설득하는 기법이다. 실험대상은 캘리포니아의 주부들이었다. 주부들에게 전화를 걸어 집에서 사용 중인 가전제품에 대한 몇 가지 간단한 질문을 했다. 3일 뒤 다시 전화를 걸어 이번에는 가전제품 목록을 자세히 조사하기 위해 남자 대여섯 명이 집을 2시간 정도 방문해도 되겠느냐고 물었다. 이 부탁은 정말 큰 부탁이다. 그런데 사전에 전화 설문 없이 곧바로 큰 부탁을 받은 주부들보다 처음 간단한 전화 설문에 응한 주부들이 2시간 조사에 대해서 2배 이상 더 많이 수락했다. 큰 부탁을 하기 전에는 이렇게 작은 부탁부터 하는 것이다. 벤 프랭클린 효과, 집 안에 한 발 들여놓기 기법 모두 인지부조화를 이용한 설득 심리학의 좋은 예들이다.

건강한 합리화

우리는 현실에서 일어나는 여러 가지 문제들로 인해 불안을 경험한다. 이때 우리는 자아 존중감을 유지하면서 그 불안과 긴장을 해소하려는 노력을 무의식적으로 하게 된다. 프로이트는 이를 방어기제라 불렀다. 그런 관점에서 보면 자기합리화는 방어기제 중 하나라고 할 수 있다. 하지만 프로이트는 승화^{sublimation} 외의 모든 방어기제는 바람직하지 못하다고 했다.

그렇다면 자기합리화 역시 건강하지 못한 행동인 것일까? 다시 이솝 우화, '여우와 신 포도'로 돌아가보자. 만약 여우가 포도를 끝까지 포기하지 않고 매달린다면? 돌아서면서도 못 따먹은 포도에 계속 집착한다면 어떻게 될까?

살다보면 꼭 갖고 싶은 것, 꼭 이루고 싶은 일이 있다. 반드시 성취하고 싶은 목표도 있다. 그러나 모든 욕구가 충족될 수는 없다. 올해는 꼭 승진하고 싶지만 뜻대로 안 될 수 있다. 이번에는 꼭 합격하고 싶었는데 아쉽게 낙방할 수 있다. 이때, 실패한 모든 원인을 자신에게 돌리며 자책하면서 억울한 마음에 잠 못 이루고 괴로워할 것인가. 아니면, '그래, 위로 올라가면 골치만 아프지. 오히려 잘 된 거야. 현재 일에 충실하자.'라며 자기 마음을 다독일 것인가. 이런 상황에 닥치면 마음대로 잘 안 되는 일이지만, 어차피 지금 당장 가질 수 없는 것이라면 합리화를 통해 불안을 해소하고 자존감을 유지하는 것이 정신건강에 더 이로울 수 있다. 당장은 눈앞이 캄캄하지만 늘 그렇듯이 세상은 돌고 기회는 또 오기 마련이다.

선택 후의 합리화도 마찬가지다. 이미 내린 결정을 바꿀 수 없다면, 그 선택을 합리화하고 긍정적으로 생각하는 것도 나쁘지 않다. 가지 않은 길에 대한 후회와 미련만 안고 살아가는 낭비적 삶의 기간을 줄일 수도 있다.

이 장의 앞부분에 소개한 선택맹 연구결과, 즉 자신이 처음 선택했던 여성은 기억하지 못하고, 현재 눈앞에 보이는 여성에게서 매력을 발견한다는 실험결과는 연인들이나 부부들에게 시사하는 바가 있다. 결혼은 평생 같이 지낼 것을 굳게 다짐하는 언약이다. 일단 결혼을 했으면 가능한 한 배우자의 좋은 점을 찾아내고 배우자에 만족하려고 애쓰면서 결혼하길 잘했다고 믿는 것, 그것이야말로 건강한 합리화다.

실패의 아픔을 평생 곱씹으며 행복하게 살아갈 수 있는 사람은 이 세상 어디에도 없다. 문제를 회피하기 위해 남용되지만 않는다면 자기합리화도 건강하게 쓰일 수 있다. 자기합리화도 현명하게 잘만 활용한다면 우리에게 득이 된다.

몰두하기보다 의심하자

나는 몇 해 전 〈스트로크Stroke〉라는 국제학술지에 투고한 논문이 '보완 후 재심사'까지 갔다가 마지막 관문에서 게재를 거부당한 적이 있었다. 심사위원들도 호평했으나 편집장이 특별한 이유 없이 최종게재를 거부한 것이다. 그 연구는 가설을 미리 세우고 시작한 전향적 연구로서 결과물도 가설에 잘 부합했다. 그러나 우리는 그 후 추가연구를 진행하면서 애초에 세운 가설이 잘못되었음을 깨닫게 되었다. 하마터면 완전히 틀린 이론을 학술지에 실을 뻔한 아찔

한 사건이었다.

　이 사건은 내게 큰 교훈을 주었다. 대부분의 연구자들은 가설을 먼저 세우고 연구를 시작하는 것이 정석이라고 알고 있다. 논문이나 초록의 채택율을 높이기 위해서 그렇게 하는 것이 권장되기도 한다. 명확한 가설을 세우고 실험을 통해 그것을 입증하고 결과를 해석해나가는 것이 표준적이고 매력적인 연구방식이다. 그러나 그 경우는 미리 설정한 가설을 증명하기에 유리한 연구방법을 설계할 가능성이 있기 때문에 가설에 부합하는 결과만 얻는 오류를 범할 수 있다. (이것은 결과를 조작하는 것과 다르다. 결과를 왜곡하지 않고 있는 그대로 해석하지만 방법적 틀이 잘못됐을 수 있다는 것이다. 앞선 나의 연구도 이런 오류를 범했다.)

　사람들은 보통 자기가 세운 가설이나 판단을 직접적으로 증명하려고 애쓴다. 그래서 자신의 가설을 긍정적으로 뒷받침할 증거들을 찾는 것이 최선의 방법이라고 여긴다. 그러나 오히려 자신의 가설을 반증하려고 애쓰는 것, 자신의 판단이 틀렸음을 입증하는 부정적 근거를 찾는 것이 진실을 추구하는 좀 더 현명한 방법일지도 모른다. 반증이라는 사고 방법을 폭넓게 활용한다면, 우리는 자신의 생각을 직접적으로 증명하는 데 골몰하지 않고, 오히려 자신의 생각이 완전히 틀릴 수도 있다는 입장을 취함으로써 역으로 자신의 생각이 옳았음을 증명하는 한 차원 높은 경지로 나아갈 수 있다.

내면의 목소리에 귀 기울이자

일상을 살아가면서 인지부조화를 겪는 일은 수도 없이 많다. 그런데 인지부조화라는 것을 아예 경험조차 못하는 사람들이 있다. 예를 들어 상사가 일을 지시하면 아무 생각 없이 무조건 '예'라고 대답하는 사람들이 있다. 이들은 자기 생각이 없기 때문에 상사의 어떤 지시에도 마음의 갈등을 일으키지 않는다. 일부러 거짓 예스맨 행세를 하는 게 아니라면, 이런 사람들의 마음속에서 인지부조화로 인한 긴장이나 갈등은 찾아보기 어렵다. 당장은 상사나 자신 모두 편할지 모른다. 하지만 차이나 대립에서 오는 긴장이 없는 만큼 새로운 시도나 변화도 만나기 힘들다. 위계질서가 심한 조직일수록 흔히 나타나는 현상이다.

인지부조화와 모순을 느끼는 것은 때때로 바람직하며 어떤 경우에는 반드시 필요하기도 하다. 부조화의 인식은 새로운 발견의 시작이 될 수 있다. 문제는 인지부조화와 마주쳤을 때 어떻게 반응하느냐이다. 우리는 다수의 생각과 다른 목소리를 내기 힘든 문화에 살고 있다. 특히 윗사람과 다른 견해를 말했다간 권위에 저항한다고 여겨진다. 그러다 보니 다수의 의견에 반박해서 물의를 일으키기보다는 자기 생각을 접는 것이 더 편하다. '경험과 지식이 많은 저분 말이 맞겠지.' '책에 나온 말이잖아.' '난 아직 모르는 게 많아.' 이렇듯 모순을 견디기 힘들어 자기합리화라는 쉽고 빠른 방법으로 긴장을 해소할 것이냐, 아니면 모순을 극복하기 위해 기존의 관습

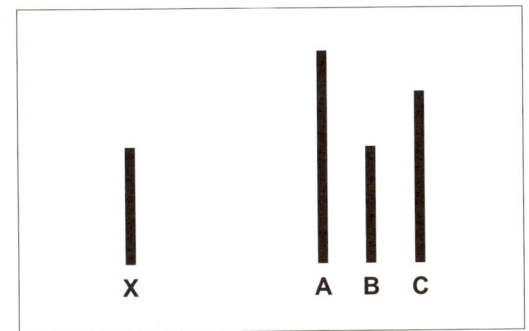

[그림5] 솔로몬 애쉬의 동조실험

과 믿음을 의심할 것이냐. 이것은 우리의 선택에 달려 있다.

솔로몬 애쉬Solomon Asch 의 그 유명한 동조실험을 보자([그림5]). 선분 A, B, C 중에서 X와 길이가 같은 선분은 어느 것인가? 답은 B다. 그런데 여섯 명의 가짜 실험참가자가 미리 짜고서 모두 C라고 대답하면서 한 명의 진짜 참가자를 빤히 쳐다본다면? 무려 75%에 가까운 참가자가 그 압력을 견디지 못하고 C라고 답했다. 단 25%의 참가자만이 동조압력에 굴복하지 않았다.

나의 생각이 집단의 의견과 다를 때 우리 뇌는 위기감을 느끼고, 이와 관련하여 입쪽 대상회rostral cingulate cortex 가 흥분한다. 위기감을 극복하기 위해 우리는 집단 의견에 동조하고, 이때 안도감을 느낀 뇌에서는 보상에 관련된 측좌핵nucleus accumbens 이 활성화된다.

결국 틀린 답인 줄 뻔히 알면서도 동조하는 이유는, 집단으로부터 고립될지 모른다는 위기감 때문이다. 이것은 우리가 어릴 적부터 어른이 시키는 대로 고분고분 살아야 한다고 교육받은 탓도 있다. 대부분의 부모들이 생각하는 착한 아이란 어른 말을 잘 듣는 아이다. 자기주장이 강한 아이는 버릇없고 못된 아이로 인식된다. 집단 의견에 동조하는 현상도 인지부조화의 일종이다. 나의 생각이 남과 다를 때 우리는 인지부조화를 경험한다. 그런데 나의 생각을 아직 입 밖으로 꺼내놓지 않은 상황이라면? 가장 손쉽게 인지부조화를 해결하는 방법은 바로 타인의 의견을 따르는 것이다.

브레인스토밍이 아이디어를 창출하는 효과적인 방법으로 기대를 모았으나 다양성의 나라 미국에서도 오히려 창의성을 방해한다는 연구결과가 있다. 텍사스 A&M대학 니콜라스 콘 교수는 연구 참여자들에게 브레인스토밍을 하게 하고 그 내용을 분석해보았다. 그런데 참여자들의 아이디어가 하나의 생각에 고정되는 현상이 나타났다. 다른 사람의 의견을 자신도 모르게 받아들여 그 생각과 유사한 방향으로 흘러버린 것이다. 오히려 참가자들에게 각자 생각할 시간을 주자 아이디어의 양과 다양성이 늘어났다고 한다. 문화에 관계없이 누구든 동조의 영향으로부터 자유롭기는 어려운 것 같다.

연구자로서 나도 인지부조화와 마주칠 때가 있다. 기존 논문이나 교과서의 내용과는 상반되는 연구결과를 얻었을 때가 그렇다. 기대했던 바와 다른 데이터를 얻었을 때 우리의 실험과정이 잘못되었을 거라고 무시해버리고픈 충동을 느끼기도 한다. 그러나 엉뚱해 보이는 데이터에 진실이 숨어 있을 수 있다. 그래서 나는 그럴 듯한 설명으로 특이한 데이터를 무시하려는 좌뇌를 잠재우고 이미 알려진 믿음과 가설을 의심해본다. 실험과정을 되짚어보고 결과의 원인을 찾아본다. 이러한 '의심'이 창조의 시작이 된다. 무수히 많은 창조적 산물이 실수를 통해서 또는 처음 생각한 방향과 다른 엉뚱한 곳에서 태어나지 않았던가.

다수의 의견이란 무엇일까? 그것의 다른 이름은 아마도 고정관념, 관습, 도식, 도그마일 것이다. 고정관념에 기반한 가설은 '이것은 아마도 이럴 것이다'라는 선입견에 불과한 경우가 많다. 물론 가설 그 자체는 새로운 것일 수 있다. 그러나 대부분의 가설은 다수가 만들어놓은 관습적인 틀을 크게 벗어나지 않는다. 한마디로 말이 되는 그럴듯한 이야기다. 가설은 사회가 용인하는 틀을 가진 색안경과 비슷하다. 색안경을 쓰고 사물을 볼 때 사물의 진정한 본연의 모습을 보기 어렵다.

많은 위대한 발견들이 가설로부터 출발하지 않았다. 파블로프의 조건반사, 플레밍의 페니실린 발견 등은 참으로 우연히 이루어졌다. 그들은 그냥 무심코 스쳐 보낼 수도 있는 발견들을 예사로 넘기지 않았다. 종을 든 자신을 보고 개가 침을 흘리는 것을 파블로프는 무심코 지나치지 않았다. 가설은 그 발견 뒤에야 비로소 덧붙여졌다. 스토리텔링 브레인이 그때서야 작동한 것이다. 우연한 발견으로부터 연구자들은 상상의 나래를 폈으며 위대한 스토리를 창조했다.

고정관념에 휩쓸리지 않으려면 어떻게 해야 할까? 나 홀로 생각할 시간을 가지는 것이다. 자신의 내면으로 들어가 거기서 먼저 답을 구해보는 것이다. 가장 창조적인 CEO로 꼽히는 스티브 잡스는 스탠포드 대학 졸업식 축사에서 이렇게 말했다. "남의 인생을 사느라 여러분의 삶을 낭비하지 마십시오. 다른 사람들이 생각해낸 결과인 도그마에 갇히지 마십시오. 다른 사람의 의견이 여러분 내면의 목소리를 잠식하도록 놔두지 마십시오. 그리고 가장 중요한 것은 이것입니다. 여러분의 마음과 직관을 따를 용기를 가지십시오."

고정관념, 가설, 믿음에 의심을 가지는 것이 바로 파격의 정신이다. 세상을 바꾼 이들은 다른 사람들이 당연시하는 사실에 끊임없이 의심을 품은 '왕따'들이었다. 그들은 고정관념에 저항하여 사물을 있는 그대로 바라보았다. 아이들은 어른들이 당연하다고 여기는 모든 것에 '왜'라고 묻는다. 의심은 호기심에 가득 찬 아이의 눈으로 세상을 바라보는 것과도 같다. 의심은 내면에서 조용히 울리는 목소리다.

3. 왜곡하는 뇌

왜곡의 두 얼굴, 거짓과 긍정

기억의 왜곡은 부정적인 기능만 할까?

어떤 이는 병이라는 불청객을 만나 속절없이 무너지는데,
왜 어떤 이는 그 병과 더불어 살며 행복을 느끼는 것일까?
세상을 왜곡하는 기억도 우리 뇌의 산물이듯,
불행을 행복이라 여기는 긍정도 바로 우리 뇌의 작품이다.

　　　　　　1967년 8월 18일 보스턴의 펜웨이파크 경기장. 보스턴 레드삭스의 젊은 강타자 토니 코니글리아로가 타석에 들어섰다. 상대 투수 캘리포니아 앤젤스의 잭 해밀턴이 포수와 사인을 주고받은 후 강속구를 뿌렸다. 그러나 공은 궤도를 이탈하여 코니글리아로를 향했다. 미처 피하지 못한 그는 얼굴을 공에 맞았고 코와 입에선 피가 솟구쳤다. 광대뼈는 부러지고 턱은 탈구되었다. 코니글리아로는 겨우 목숨은 건졌으나 시력 장애로 1년 반을 쉬어야 했다. 2년 뒤 그라운드에 복귀했으나 예전의 그가 아니었다. 미국 프로야구 역사상 최대 비극 중 하나로 꼽히는 이 사건으로 토니 코니글리아로는 결국 야구선수로서의 생활을 일찍 마감하게 되었다.

　　23년 뒤 코니글리아로가 세상을 떠났을 때, 뉴욕 타임즈의 스포츠 기자 데이브 앤더슨이 잭 해밀턴을 찾았다. 그는 미주리에서 식당을 운영하고 있었다. 해밀턴은 그 사건을 비탄하며 말했다. "정말로 그를 맞히려고 한 건 아니었어요. 6회였고 스코어는 2대 1이었습니다. 토니는 8번 타자였죠. 그를 향해 위협구를 던질 이유가 하나도 없었어요. 사고가 난 그날 오후 늦게 아니면 이른 저녁이었을 거예요. 그를 면회하려고 병원을 찾아갔지만, 가족이 아니라고 병실 안으로 들여보내주지 않았어요."

그러나 해밀턴의 기억은 상당부분 틀렸다. 사고가 난 것은 6회가 아니라 경기 초반인 4회였고, 스코어는 0대 0이었다. 코니글리아로는 8번 타자가 아니라 6번 타자였다. 더구나 그는 강타자였다. 그는 그 시즌에 이미 스무 개의 홈런과 예순일곱 개의 안타를 쳐낸 상태라 해밀턴이 그에게 위협구를 던졌다 해도 크게 놀랄 일이 아니었다. 또한 그 경기는 야간에 열렸기 때문에 해밀턴은 실제로 그 다음 날이 되어서야 병원을 방문했다. 해밀턴에게 이 사건은 잊힐 수 없는 일이었겠지만, 그의 기억은 사건의 핵심 사항에서조차 틀렸다. 해밀턴의 이 일화는 매우 흥미롭다. 많은 기억들이 그 진위를 가리기 어려운 경우가 흔한데, 이 사건은 정확한 기록이 남아 있어 해밀턴의 회상을 직접 비교할 수 있었기 때문이다.

우리의 기억은 믿을 만한가?

심리학자들은 좀 더 체계적으로 기억의 왜곡 현상을 실험하고 싶었다. 1986년 1월 28일 아침, 챌린저호가 공중 폭파하는 사건이 발생했다. 이런 충격적인 사건에 대한 기억을 '섬광기억$^{flashbulb\ memory}$'이라고 한다. 섬광기억은 사건에 대한 강렬한 감정 때문에 더 뚜렷이 기억되는 경향이 있다. 미국 에모리대학의 심리학자들은 사고

당일 아침, 대학생 마흔네 명에게 '챌린저호 참사소식을 어떻게 처음 알게 되었는지' 물었다. 그리고 2년 반 뒤인 1988년 가을, 같은 학생들에게 똑같은 질문을 했다. 그 결과 3분의 1의 학생에서 두 기억 간에 큰 차이가 있었다. 또 기억의 정확도와 자기확신 간에 상관계수도 0.29로 낮았다. (상관계수의 범위는 -1에서 1까지이며, 양의 상관계수는 0에서 1까지다.)

다음은 한 학생의 응답이다.

사고 당시 응답: "나는 종교학 강의실에 앉아 있었는데 사람들이 들어오더니 사고소식을 말하기 시작했어요. 자세한 건 몰랐지만 캠퍼스 내 사람들은 모두 슬픈 표정이었어요. 수업 후 방으로 가서 TV를 보았고 그제야 자세한 내막을 알 수 있었습니다."

2년 반 뒤 응답: "기숙사에서 룸메이트와 TV를 보면서 처음 폭발 소식을 알게 되었어요. 뉴스를 통해 본 광경은 충격적이었습니다. 나는 정신을 못 차릴 지경이었고, 2층으로 올라가 친구와 이야기를 나눈 후 부모님과 통화했어요."

내게도 비슷한 경험이 있다. 2003년 미국 연수시절, 아내와 함께 라스베이거스를 여행한 적이 있다. 당시 우리는 메인 스트리트에 있는 트레저 아일랜드라는 호텔에 묵었다. 4년 뒤, 다시 라스베이거스를 방문할 일이 있어 호텔을 예약하려는데, 골든 너겟이라는 호텔이 저렴한 가격에 올라와 있었다. 골든 너겟 호텔은 천장 레이저 쇼로 유명하다. 나는 그 호텔이 분명 메인 스트리트에 있거나 바로 옆 블록에 있다고 기억했다. 골든 너겟으로 예약하려다 무언가 꺼림칙해 메인 스트리트의 다른 호텔로 예약하고 라스베이거스로 떠났다. 여행 중 나는 메인 스트리트 근처에서 골든 너겟 호텔을 찾아보았지만 찾을 수 없었다. 그런데 나중에 우연히 골든 너겟 호텔을 발견하고는 깜짝 놀랐다. 골든 너겟은 메인 스트리트 근처에 있기는커녕 고속도로를 20분가량 달려야 하는 곳에 위치해 있었던 것이다. 만약 나의 기억만 믿고 골든 너겟으로 예약했더라면 우리 가족은 여행 중에 상당한 시간과 택시비를 낭비했을 것이다.

어떻게 나의 기억이 그렇게 틀릴 수 있었을까?

방금 본 사건에 대한 기억은?

그렇다면 바로 이전에 일어난 일에 대한 기억은 어떨까? 오래전 일은 잘못 기억되기 쉽다 치더라도 바로 최근의 일은 왜곡으로부터 자유로울 수 있지 않을까? 기억의 왜곡현상이 흘러간 시간에 비례하는 것이라면 말이다.

월터 롤리 Walter Raleigh (1552~1618) 경은 엘리자베스 시대 영국 최고의 모험가였다. 그러나 엘리자베스 여왕이 죽고 제임스 1세가 즉위하자 대역죄에 몰려 런던타워에 수감되었다. 옥중에서 그는 전

세계의 역사를 집대성하겠다는 원대한 포부를 가지고 세계사를 집필하기 시작했다. 그러던 어느 날, 롤리 경은 창밖에서 벌어지는 큰 싸움을 목격하게 되었다. 그는 싸움을 처음부터 끝까지 자세히 지켜보았다. 그러나 다음 날, 그는 자신이 관찰한 것과 전혀 다르게 싸움 상황을 묘사하는 다른 목격자의 이야기를 듣게 되었다. 순간 월터 롤리는 세계사를 기술하겠다는 야심 찬 꿈에 대해 회의감이 들었다. 자신이 방금 본 사실을 그대로 기록한다 하더라도 자신이 보고 싶은 것과 볼 수 있는 것만 기록할 뿐이다. 도대체 무슨 수로 먼 옛날의 진실을 왜곡 없이 제대로 알아낼 수 있단 말인가. 이렇게 생각한 그는 결국 원래 십 수 권으로 계획했던 세계사의 제 1권만 쓰고는 집필을 중단하고 말았다.

구로사와 아키라 감독의 영화 '라쇼몽羅生門'은 어여쁜 아내를 말에 태우고 여행을 하던 어느 무사의 죽음을 두고, 그와 관련된 사람들에게 증언을 듣는 방식으로 이야기가 전개된다. 무사를 죽인 산적, 산적에게 겁탈을 당한 무사의 아내, 죽은 무사(무녀가 대신함), 그리고 사건을 목격한 나무꾼의 순서로 사건을 증언한다. 그런데 네 명의 목격담을 하나씩 차례로 들어갈수록 사건이 풀리기는커녕 오히려 더 깊은 미궁 속으로 빠져든다. 동일한 사건인데도 불구하고 그 사건을 목격한 사람들의 증언이 모두 다르기 때문이다. 물론 이 영화는 인간들의 나약함과 그것을 감추기 위한 위선과 허위를 폭로한 것이다.

그러나 동시에 이 영화는 객관적 인식이 가지는 인간적 한계에 대한 진지한 물음을 던지고 있기도 하다. 사건에 관련된 네 사람의 진술이 완전히 다르다. 도대체 어떻게 그럴 수 있을까. 그것은 사람들은 제각기 인식의 틀이 서로 다른데, 사건을 목격한 사람들이 자신의 틀로 사건을 재구성했기 때문이다. 우리가 경험하는 세계는 나의 인식주관 즉, 인식의 틀이라는 조건을 벗어날 수 없다. 이러한 보편적 주제를 강간과 살인이라는 극적인 스토리에 엮어 영상화한 이 영화는 서구 지성계의 극찬을 받으며 1951년 동양 최초로 베니스 영화제 그랑프리를 수상한다. 그런데 굳이 영화 속에서가 아니라도 우리는 같은 사건을 보고도 그 사건에 대해 전혀 상반된 진술을 하는 경우를 종종 목격한다.

영국의 프레데릭 바틀렛 경이 수행한 '유령들의 전쟁 이야기' 실험은 우리가 어떤 과정을 거쳐 이야기를 각색하는지를 자세히 보여준다. 유령들의 전쟁 이야기는 인디언들 사이에서 구전으로 전해지는 설화인데, 사실 앞뒤가 잘 맞지 않는 이상한 이야기다. 내용을 요약하면 다음과 같다.

어느 날 밤, 에굴랙에서 온 두 명의 청년이 물개 사냥을 하러 강으로 내려갔다. 그러던 중 안개가 끼고 조용해지더니 전사들의 울부짖음이 들렸다. 그들은 생각했다. '아마 전투가 벌어지고 있나 보군.' 그들은 강기슭을 벗어나 나무 뒤에 숨었다. 이때 카누가 나타났고 노 젓는 요란한 소리가 들렸다. 그중 한 척이 그들에게 다가왔다. 카누에는 다섯 명의 남자가 타고 있었는데, 그들이 말했다.

"우리는 강을 거슬러 올라가 전쟁을 하려 하네. 자네들과 함께 가고 싶은데, 어떤가?"

두 청년 중 한 명이 말했다. "난 화살이 없소."

카누에 탄 사람들이 말했다. "화살은 카누에 있네."

청년이 다시 답했다. "나는 따라가고 싶지 않소. 내가 죽을지도 모르고, 만약 그렇게 되면 친척들이 내가 어디로 갔는지 모르게 되오." 그리고 옆의 친구를 돌아보며 말했다. "하지만 자네는 가도 될 거야." 그래서 한 청년은 그들을 따라갔고, 다른 청년은 집으로 돌아갔다.

전사들은 강을 거슬러 올라가서 칼라마의 맞은편에 있는 마을로 쳐들어갔다. 그 마을 사람들도 강기슭으로 나와 싸우기 시작했다. 많은 사람들이 죽었다. 그러다 그 청년은 전사들 중 한 명이 이렇게 말하는 것을 들었다. "서둘러! 집으로 돌아가자. 이 청년이 화살에 맞았어." 그제야 청년은 깨달았다. "아, 이들은 유령들이구나." 청년은 아픔을 느끼지 못했는데, 전사들은 그가 화살에 맞았다고 말했다.

결국 카누는 에굴랙으로 돌아왔고, 청년은 강가에 있는 자기 집으로 돌아가 불을 피웠다. 청년은 모든 사람들에게 말했다. "나는 유령들과 함께 전투에 참가했어. 우리 편이 많이 죽었고, 적들도 많이 죽었어. 그들은 내가 화살에 맞았다고 했는데 나는 아프지 않아."

이야기를 마치자 그는 조용해졌다. 해가 뜨자 청년은 쓰러졌다. 무언가 시커먼 것이 그의 입에서 흘러나왔다. 그의 얼굴이 일그러졌다. 사람들이 펄쩍 뛰어 일어나며 울었다. 청년은 죽은 것이다.

실험참가자들에게 그 이야기를 두 번 찬찬히 읽게 하고 그것을 다시 말로 풀어 놓게 했다. 15분 뒤에 그리고 몇 주 뒤 기회가 있을 때마다, 어떤 참가자는 6년이 지난 뒤에 회상하게 했다. 그런데 참가자들이 기억하는 이야기는 거의 다 원래 이야기보다 짧았다. 일부 디테일은 실종되었고, 새로운 디테일이 첨가되기도 했으며, 스토리의 순서가 바뀌기도 했다. 이야기에서 구사된 단어들은 좀 더 친숙하고 평범한 것으로 대체되었다. 그것은 참가자들이 이야기를 단어로 기억하기보다는 이미지로 기억하고 있고, 기억된 이미지를 바탕으로 원래 이야기를 자신의 이야기로 다시 '재구성'하기 때문이었다.

부서진 헤드라이트를 보았나요?

직접 목격한 일이라도 그 기억이 왜곡되기 쉽다는 사실은 도대체 목격자 증언이라는 것이 얼마나 정확할 수 있는가, 라는 현실적인 의문을 제기한다.

엘리자베스 로프터스 Elizabeth Loftus 교수는 사람들의 기억이 놀라울 정도로 취약하다는 사실을 밝히는 데 인생 대부분을 바친 사람이다. 시애틀의 워싱턴대학 재직 시절, 그녀는 질문의 형태나 내용에 따라 목격자의 기억이 달라질 수 있는지에 대해 관심을 가졌다. 실험에 들어간 로프터스 교수는 학생들에게 교통사고 비디오를 보여주었다. 자동차가 우회전하여 교통량이 많은 큰 길로 들어서는데 차들이 갑자기 멈춰서고 다섯 대의 차들이 충돌하는 장면이었다. 학생들에게 두 종류의 질문을 던졌다.

"Did you see <u>a</u> broken headlight?"
"Did you see <u>the</u> broken headlight?"

첫 번째 질문에는 7%가, 두 번째 질문에는 17%가 부서진 헤드라이트를 보았다고 대답했다. 그러나 실제로 비디오에 부서진 헤드라이트는 없었다. 답변에 차이가 나는 이유는, 정관사 the가 부서진 헤드라이트가 존재함을 은연중에 암시하기 때문이었다.

다음에는 참가자들에게 자동차가 '멈춤' 사인을 막 통과한 후 사고가 나는 비디오를 보여주었다. 그리고 로프터스 교수는 참가자들에게 그 차가 '양보' 사인을 지나쳤다고 설명해주었다. 후에 참가자들에게 '멈춤' 사인을 보았는지 '양보' 사인을 보았는지 물었을 때 60% 가까이가 '양보' 사인을 보았다고 대답했다. 교수의 설명 덕분에 그들은 모두 틀린 답을 말한 것이다.

이번에는 자동차가 달리다가 사고를 일으키는 비디오를 보여준 후, 두 집단에게 각각 다음과 같이 다른 질문을 했다.

"아까 본 필름에서 흰색 스포츠카가 시골길을 시속 몇 km로 달렸습니까?"

"아까 본 필름에서 흰색 스포츠카가 시골길을 달리는 중 창고 앞을 지날 때 시속 몇 km로 달렸습니까?"

실제로 실험참가자들이 본 비디오에는 창고가 없었다. 그리고 나서 일주일 후, 두 집단에게 "지난주 비디오에서 창고를 보았습니까?"라고 질문했다. 창고에 대한 정보가 없었던 첫 번째 질문 집단에서는 3%만이 "보았다"고 대답한 반면, 두 번째 질문을 받은 집단은 17%가 "보았다"고 답했다.

로프터스 교수는 또 다른 실험에서 교통사고 비디오를 보여주며 "자동차들이 서로 '부딪쳤을 때' 차들은 얼마나 빨리 달리고 있었나?"라고 질문했다. '부딪치다'라는 의미로 hit, smash, collide, bump, contact라는 동사를 각각 썼을 때, 응답자의 대답은 hit일 때 속도가 가장 낮았고, smash일 때 가장 높았다.

이러한 연구결과들은 질문의 내용이나 형태 속에 숨어 있는 암시가 사람들의 기억을 왜곡시킬 수 있음을 보여준다. 사건이 일어난 후 잘못된 정보를 접한 것만으로도 기억은 바뀔 수 있다. 사람들은 사건을 회상할 때 있지도 않았던 물건을 보았다고 진술할 수도 있다. 따분하고 졸리는 상황에서 기억은 틀리기 쉽다. 그러나 사건이 너무 강렬한 경우에도 기억의 정확도는 떨어진다. 범인이 권총을 들고 있었다면 목격자의 기억은 더 희미하다. 공포의 순간에 목격자가 무기에 집중하는 현상(weapon focusing) 때문이다.

로프터스 교수 자신도 기억의 왜곡을 경험한 적이 있었다. 그녀는 열네 살 때 어머니가 풀장에서 익사하는 충격을 겪었다. 그로부터 30년 후, 자신의 마흔네 살 생일 축하 가족 모임에서였다. 삼촌은 그녀가 어머니의 시신을 처음 발견했다고 알려주었다. 그때까지 그녀는 어머니의 죽음 자체에 대해서 별로 기억하는 것이 없었다. 삼촌의 말을 듣자 갑자기 그녀는 열네 살 때로 돌아가 어머니의 시신을 처음 발견한 기억을 생생히 떠올리기 시작했다. 며칠 뒤 그녀의 오빠가 삼촌이 실수한 것이라고 알려주었다. 어머니의 시신을 발견한 사람은 로프터스가 아니라 그녀의 숙모였다고. 따라서 그 며칠간 회복된 기억은 완전히 거짓이었다. 로프터스 교수는 말했다. "은연중에 나 자신이 내가 수행해온 실험의 피험자가 된 것이죠."

채워 넣는 뇌

그렇다면 우리가 기억을 왜곡하게 되는 메커니즘은 무엇일까? 왜 목격자마다 사건에 대한 기억(또는 진술)이 달라지는 것일까?

1장 '실수하는 뇌'에서 우리는 우리 뇌 속에 존재하는 인지적 블라인드 스팟을 살펴보았다. 우리 뇌는 눈앞의 모든 대상에 주의를 기울일 수 없다. 그러니 우리는 보고 싶은 것, 볼 수 있는 것만 본다.

프란시스 베이컨이 말했듯이 "우리는 믿고 싶은 것만 보는 경향이 있다." 이렇듯 우리가 보는 것은 우리의 마음 상태에 달려 있다.

그렇다면 우리 뇌는 우리가 보지 못한 부분, 즉 블라인드 스팟을 어떻게 처리할까? [그림1](a)는 우리가 이미 1장에서 실험한 것이다. 왼쪽 눈을 가리고 십자가를 쳐다보며 가까이 다가가다 보면 15cm 정도 떨어진 지점에서 오른쪽 점이 보이지 않는다. 그런데 오른쪽 검은 점은 그저 사라진 것일까? 아니면 다른 무언가로 채워진 것일까?

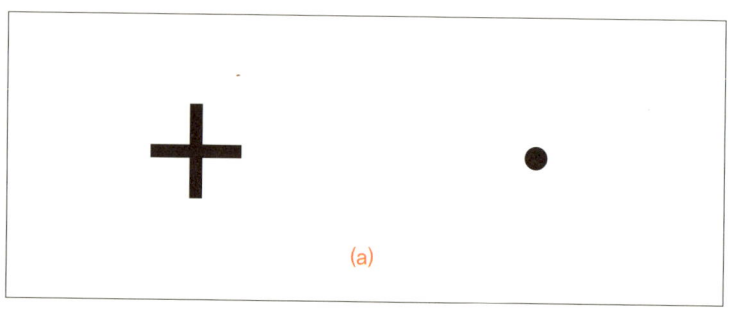

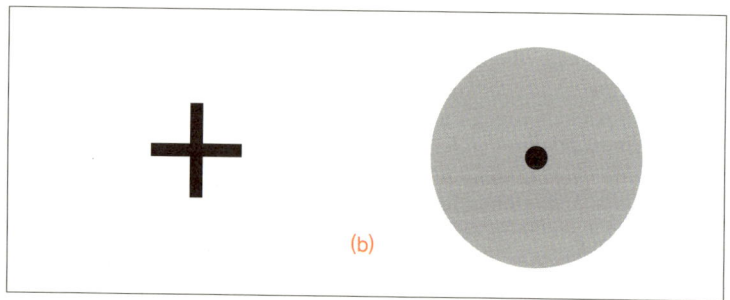

[그림1] 뇌의 채워 넣기 기능을 알아보는 실험

시각과학자들은 영리하게도 [그림1](b)와 같은 실험을 했다. 검은 점 주위에 회색 배경을 설치해놓은 것이다. 다시 왼쪽 눈을 가리고 십자가에 다가가보자. 어떤가? 이제 검은 점이 회색 배경으로 채워지는 것을 알 수 있다. 뇌의 이러한 채워 넣기 기능은 일상생활에서도 발견할 수 있다. 우리의 안구는 1초에 5회 정도 도약 운동을 한다. 그런데 우리는 이런 미묘한 안구의 움직임을 제어하지도 알아차리지도 못한다. 우리가 사물을 볼 때도 안구의 널뛰기 때문에 불편을 느끼지는 않는다. 우리가 정지된 사물을 안정적으로 볼 수 있는 것도 바로 뇌의 채워 넣기 기능 때문이다. 영화를 볼 때도 마찬가지다. 우리가 보고 있는 것은 사실 단속된 영상이지만 뇌는 연속적인 영상으로 이해한다.

뇌의 채워 넣기 기능으로 인해 우리는 우리가 보지 못하는 부분을 우리가 알고 있는 배경으로 그럴듯하게 덮어버릴 수 있다. 우리가 알고 있는 믿음과 지식의 범주 안에서 단편적인 기억들의 구멍을 채워 넣고 사건을 재구성할 수 있는 것이다.

착각하는 뇌

그런데 우리는 과연 외부 세계를 왜곡 없이 있는 그대로 보고 있는 것일까? [그림2](a)를 보자. 두 세로선의 길이는 같은가, 다른가? 또 그림(b)에서 가운데 위치한 원은 크기가 서로 같은가, 다른가?

두 세로선의 길이와 두 원의 크기는 각각 동일하다.

이제 [그림2](c)의 카페 벽 착시를 보자. 이 그림은 영국 브리스톨대학의 유명한 시각연구자인 리처드 그레고리$^{Richard\ Gregory}$ 교수와 동료들이 어느 날 우연히 시내의 한 카페 벽에 걸려 있는 그림을 보고 착안한 것이다. 이 그림에서 긴 수평선들은 서로 평행한가, 평행하지 않은가? 이를 변형한 것이 그림(d)다. 여기서 보이는 수직

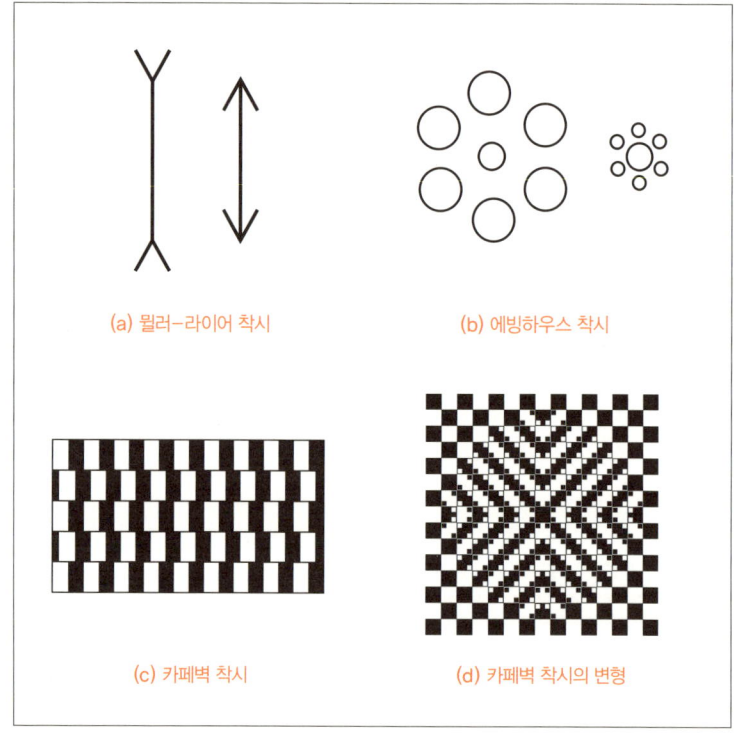

(a) 뮐러-라이어 착시 (b) 에빙하우스 착시

(c) 카페벽 착시 (d) 카페벽 착시의 변형

[그림2] 착각하는 뇌

(e) 카니자Kanisza 삼각형

선들과 수평선들은 각각 서로 평행한가, 그렇지 않은가?

정말 놀랍게도 모두 서로 평행하다. 믿기 어려우면 직접 자를 갖다 대어 확인해보기 바란다. 정말 신기한 것은 아무리 그 선들이 서로 평행하다고 생각하고 바라보아도 여전히 우리 눈엔 휘어져 보인다는 것이다.

그림(e)에서는 무엇이 보이는가? 검은색 원들 앞에 놓여 있는 흰색 삼각형이 보이지 않는가. 이것도 일종의 착시 현상이다.

화살표가 어느 쪽을 향하느냐에 따라 직선의 길이가 길어 보이기도 하고 짧아 보이기도 한다([그림2](a)). 주변의 원이 얼마나 큰가에 따라 가운데 원은 커 보이기도 하고 작아 보이기도 한다([그림2](b)). 흑과 백이 지그재그로 만들어내는 경계선이 직선을 굽은 선으로 보이게 만든다([그림2](c)(d)). 맥락과 배경을 그럴듯하게 설치해 놓으면 같은 크기의 원도 달라 보이고, 평행한 직선도 휘어 보이고, 없는 삼각형도 보인다. 사물을 왜곡해서 보게 만드는 이러한 착시 현상들의 공통점은 무엇일까? 무엇이 우리 뇌로 하여금 사물을 왜곡해서 보게 만드는 것인가? 바로 배경, 즉 '맥락'이다.

그런데 우리가 사는 세상은 간단한 도형의 착시 현상과는 비교할 수 없을 만큼 훨씬 복잡하다. 그리고 우리의 마음 역시 그 이상으로 다양하고 변화무쌍하다. 이들 사이에서 만들어지는 배경과 맥락은 또 얼마나 더 복잡 미묘할까. 그러니 같은 장면을 목격하고 나서도 제각기 갖고 있는 인식의 틀과 사물의 맥락에 따라 다르게 기억한다는 사실이 결코 이상하지 않다.

우리 뇌는 글을 읽을 때도 철자 하나, 단어 하나에 집중하기보다 맥락과 패턴을 본다. [그림3]처럼 '순'과 '눈', '라'와 '타'는 같은 모양이지만 어떤 글자와 조합되느냐에 따라 큰 어려움 없이 다르게 (제대로) 읽힌다.

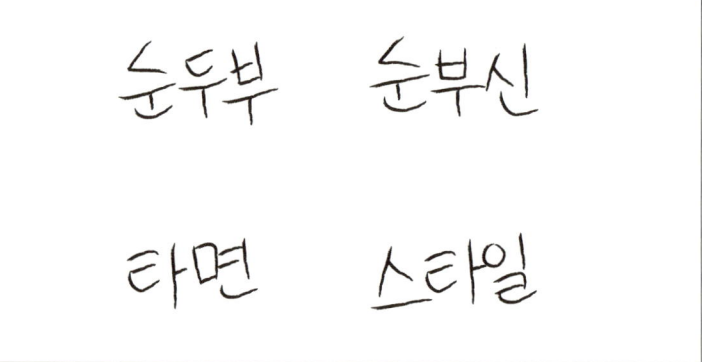

[그림3] 맥락에 따라 같은 글자를 다르게 보는 뇌

아래와 같이 철자가 뒤죽박죽인 단어를 읽을 때도 우리는 단어 묶음으로 읽기 때문에 큰 어려움 없이 의미를 이해할 수 있다. 바둑 기사들은 어지럽게 배열되어 있는 것처럼 보이는 바둑돌의 위치를 쉽게 외운다. 돌 하나하나의 위치를 외우는 것이 아니라 돌들의 위치를 패턴으로 인식하기 때문이다. 만약 바둑돌들이 패턴에 맞지 않게 제멋대로 놓여 있으면 프로기사도 일반인과 다를 바 없어진다.

> Aoccdrnig to a rscheearch at Cmabrigde Uinervtisy, it deosn't mttaer in waht oredr the ltteers in a wrod are, the olny iprmoetnt tihng is taht the frist and lsat ltteer be at the rghit pclae. The rset can be a toatl mses and you can sitll raed it wouthit porbelm. Tihs is bcuseae the huamn mnid deos not raed ervey lteter by istlef, but the wrod as a wlohe.

우리의 기억은 과연 맥락과 배경에 이렇게 취약할까? 실험참가자들에게 사무실에 잠시 머물러 있게 한 후 어떤 물건을 보여주면서 사무실에서 본 것인지 물어보았다. 참가자들은 그 물건이 사무실에 있을 법한 물건(예를 들어 프린터)이면 '있었다'라고 대답했다. (물론 프린터는 그 사무실에 없었다.) 가자니가 교수도 여러 단어들을 보여주고 기억하게 한 후 나중에 그 단어를 회상하게 하는 실험을 했다. '침대'라는 단어를 보았을 때, 맥락에 관여하는 뇌 영역들이 활동하면 후에 회상할 때 '베개'라는 단어를 보았다고 거짓 기억할 가능성이 높다. (실제로 '베개'라는 단어는 애초에 없었다.) 맥락을 인식하는 뇌 영역은 내측 전전두엽, 뇌량팽대뒤영역$^{retrosplenial\ region}$, 외측 두정엽$^{lateral\ parietal}$이다. 첫 기억과정에서 맥락을 인식하는 뇌 영역들이 활성화되면 기억의 왜곡이 일어나기 쉽다.

그렇다면 거짓정보나 암시에 의한 기억왜곡은 모두에게 일어나는 것일까? 로프터스 교수의 여러 실험에서도 틀린 기억을 하는 사람은 일부에 지나지 않았다. (물론 적은 수는 아니다.) 그렇다면 왜 누구는 왜곡된 기억을 하고 누구는 정확한 기억을 하는 것일까?

존스홉킨스대학의 크레이그 스타크$^{Craig\ Stark}$ 교수는 거짓정보가 기억을 왜곡시킬 때 우리 뇌에서 어떤 일이 일어나는지 관심을 가졌다. 그는 먼저 실험참가자들에게 하나의 스토리가 담겨 있는 사진들을 보여주었다. 그런 다음 얼마 후 다시 그 사진들을 보여주었는데, 그때는 사진 속의 일부 항목들을 살짝 바꾸어놓았다. 이를테면 사진 속 주인공이 손에 들고 있는 봉투의 모양이 바뀌었고, 주인공의 시선이 처음과는 반대방향으로 변했다. 실험참가자들은 처음 본 사진을 정확하게 기억하도록 주문받았다. 처음 본 사진이 사건 현장이라면, 두 번째 본 사진은 거짓정보나 암시가 될 수 있다. 실험참가자들은 처음 본 사진을 정확하게 기억한 사람들과 두 번째 사진을 정확히 회상한 사람들로 나뉘었다. 그들의 뇌는 서로 어떻게 달랐을까?

그들 간에는 명시기억$^{\text{declarative memory}}$을 담당하는 해마$^{\text{hippocampus, 海馬}}$가 활성화되는 시기가 달랐다. 이름 그대로 측두엽 안쪽에 길쭉하게 자리 잡은 해마는 기억의 저장소다. 첫 사진을 정확히 기억한 사람들은 첫 사진을 보았을 때 해마가 왕성히 활동했고, 거짓 사진을 기억한 사람들은 두 번째 사진을 보았을 때 해마가 활성화되었다.

다시 목격자 증언으로 돌아가보자. 목격자가 범죄를 목격한 후 다른 새로운 정보를 얻었다면, 새로 얻은 정보는 사건에 대한 기억에 영향을 줄 수 있다. 그러나 위 실험결과에 의하면 어느 시기에 해마가 활동하느냐에 따라 달라질 수 있다. 사건 현장을 보았을 때 해마가 잠자고 있다가 나중에 누군가가 어떤 암시를 주었을 때 해마가 활성화되면 그 암시에 의해 거짓 진술을 할 가능성이 있다. 부서진 헤드라이트를 보았다고 거짓 진술하듯이 말이다.

그런데 더 심각한 문제는, 잘못된 기억이라 할지라도 그 이야기를 되풀이할수록 스스로 점점 더 확신을 가지게 된다는 점이다. 캘리포니아주 클레어몬트대학원의 인지심리학자인 캐시 페즈덱$^{\text{Kathy Pezdek}}$ 교수는 목격자 진술이 변화하는 과정에 관심을 가지고 연구를 했다. 그에 따르면 목격자들은 처음엔 용의자를 보고 "저 사람인 것 같기도 하네요."라고 하다가 점점 "네, 저 사람이 확실해요."라고 자기확신이 강화되는 경향이 있다고 한다. 그러나 많은 연구결과에서 나타났듯이 기억에 관한 주관적인 확신과 그 기억의 정확도 간에는 상관관계가 거의 없다는 것이 정설이다.

20년 후 갑자기

기억은 이렇듯 불안정하고 부정확하며 왜곡되기 쉽다. 우리 뇌가 그렇게 생겨먹었기 때문이다. 그래서 일어나지도 않은 일을 일어났다고 믿는 경우도 있다. 실제로 존재하지도 않았던 일을 기억하는 것이 과연 가능할까?

1969년 9월 미국 캘리포니아주 포스터시. 아홉 살 난 수전 네이슨이 실종되는 사건이 발생했다. 수전은 실종 10주 뒤, 집에서 그리 멀지 않은 고속도로 옆 좁은 골짜기에서 죽은 채로 발견되었다. 이 사건은 20년간 해결되지 않은 채로 남아 있었다. 20년 후 1989년 11월, 에일린 프랭클린이라는 서른다섯 살 여인이 캘리포니아 산 마테오 카운티 검사를 찾아갔다. 그녀는 자신이 그 범죄현장에 있었던 기억이 오랫동안 잊혀 있다가 되살아났다고 주장했다. 더구나 에일린은 자신의 어릴 적 친구인 수전을 성폭행하고 살해한 범인으로 자신의 아버지를 지목했다. 에일린의 증언을 바탕으로 검찰은 그녀의 아버지인 조지 프랭클린을 1급 살인으로 기소했다. 배심원은 에일린이 범죄현장에 있어야만 알 수 있는 사실들을 알고 있다고 결론지었고, 그녀의 증언을 진실이라고 확신하게 되었다. 재판이 진행되는 동안 조지 프랭클린은 무죄를 주장했으나 받아들여지지 않았다. 1990년 그는 1급 살인에 대해 유죄를 선고받고 종신형에 처해졌다.

1980년대 미국은 아동학대 사건들로 떠들썩했다. 모든 사건들은 아이들의 증언을 토대로 기소되었다. 아이들은 처음에는 학대받은 사실을 기억하지 못한다고 했다가, 질문이나 암시에 의해 점점 소름 끼치도록 무서운 이야기들을 풀어놓기 시작했다. 칼로 위협받으며 성폭행을 당했다든지, 소변을 억지로 받아먹었다든지, 발가벗긴 채로 나무에 묶여 있었다든지 하는 기억들이었다. 대개 학대의 가해자는 부모나 보모였다.

이 악명 높은 사건들 후에 곧 제 2의 물결이 일었는데, 바로 어른들이 어릴 적에 학대받은 사실을 기억해내는 것이었다. 그들은 어린 시절에 학대받았던 사실들이 억압되어 있다가 이제 그 기억들이 회복되었다고 주장했다. 그에 따라 800건 이상의 소송이 제기되었는데, 조지 프랭클린 사건도 그중 하나였다.

'기억의 억압' 이론을 이루는 근간은 다음과 같다. 사람들은 심리적 외상을 기억하는 일이 너무나 두렵기에 그 기억을 의식으로부터 지우게 된다. 이것이 프로이트가 말한 '억압 repression'이다. 원치 않는 기억을 뇌의 지하납골당 같은 곳에 묻어놓으면 잊을 수 있다는 것이다. 그리고 잊힌 경험은 통상적인 방법이 아닌 특별한 기술로만 회상될 수 있는데, 이 기술은 '기억회복치료 recovered memory therapy'라고 불렸다. 그런데 이렇게 회복된 기억은 상당히 정확해서, 수년이나 수십 년 후에도 억압되었던 기억을 원래 그대로 회복할 수 있다. 따라서 심리적 외상을 가진 사람들의 잊힌 경험을 파헤치고 되살리는 것이야말로 그들을 치유하는 길이다. 이런 식으로 기억의 억압 이론에 대한 믿음이 당시 미국의 심리치료사들 마음속에 뿌

리내리고 있었다. 그 믿음은 확고했다. 만약에 문제가 있었다면 이 이론의 문제가 아니라 어설픈 심리치료사들이 기억회복치료를 시행했다는 데 있을 뿐이었다. 그런데 혹시 어설픈 심리치료사들의 어떤 암시가, 일어나지도 않은 일에 대한 거짓기억을 불러일으킬 가능성은 없었을까.

로프터스 교수는 조지 프랭클린 사건의 변호 자격으로 법정에 출두했다. 당시 기억의 왜곡 실험으로 유명했던 로프터스 교수는 법정에 자주 불려 다녔다. 그녀는 자신의 실험에서 발견한 기억의 왜곡 현상들을 보여주며 과거 사건에 대한 기억은 틀리기 쉽다는 사실을 강하게 주장했다. 그러나 검사는 이렇게 대응했다. "당신이 주장하는 대로 기억이 불안정하다고 칩시다. 있었던 사실이 조금 왜곡되게 기억될 수는 있겠지요. 하지만 그렇다고 해서 없었던 사실까지 기억한다는 말은 아니지 않습니까? 이 사건이 일어났다는 사실에는 변함이 없습니다."

그렇다. 로프터스가 그동안 밝힌 것은 과거 기억이 왜곡될 수 있다는 것이지, 없던 사실이 기억될 수 있다는 것을 보여준 건 아니었다. 기억의 왜곡은 없던 일까지 만들어 기억하는 정도까지 가능한 것인가. 전혀 일어나지 않았던 일이 거짓기억으로 뇌에 기록되는 일이 과연 가능한가?

거짓기억 이식하기

야구선수 잭 해밀턴의 일화가 기억의 왜곡을 보여주는 대표적인 사례라면, 거짓기억이 심어질 가능성에 대해 생각해보게 하는 흥미로운 사례는 아동심리학자 장 피아제Jean Piaget의 이야기다.

피아제는 자신이 두 살 때 납치당할 뻔한 사건을 기억하고 있다고 했다. 당시 유모가 납치범과 맞서 용감하게 싸워 유괴를 가까스로 모면했다고 피아제는 철석같이 믿고 있었다. 그러나 피아제가 열다섯 살 되던 해, 유모는 자신의 거짓말을 고백하는 편지와 함께 당시 보답으로 받은 시계를 돌려주었다. 즉, 피아제가 두 살 때 유괴당할 뻔했다고 기억하고 있는 사건은 사실이 아니었던 것이다. 그 에피소드는 유모가 꾸민 거짓이었음이 드러났다. 피아제는 어릴 적 그 이야기를 가족으로부터 여러 번 들음으로써 그 사건이 실제로 일어났다고 기억하고 있었던 것이다. 이렇게 보면 '넌 다리 밑에서 주워 왔다'는 농담을 자주 들은 아이들은 정말 그렇게 믿을 수도 있다. 거짓기억으로 남을 수도 있다.

그런데 피아제가 두 살 때 일어난 사건을 생생하게 기억하고 있었다는 사실은 신경학적 관점으로 볼 때도 그 가능성이 희박하다. 우리는 태어난 후 첫 2~3년 동안 일어난 사건이나 경험을 기억하지 못한다. 이러한 현상을 '유아 기억상실증infantile amnesia'이라 부르는데, 이는 기억을 장기적으로 보관할 수 있는 저장소인 대뇌피질cerebral cortex이 이 시기에는 미처 성숙하지 못했기 때문이다.

로프터스 교수는 실제로는 일어나지 않았던 일이 거짓기억으로 머릿속에 심어질 수 있는지 밝히고 싶었다. 먼저 그녀는 크리스라는 열네 살 소년을 상대로 실험했다. 크리스에게 다섯 살 때 일어난 네 개의 사건들을 기술한 내용을 주고 5일 동안 매일 쓰게 했다. 그중 세 개는 진짜였고 나머지 하나는 가짜 사건이었다. 가짜 사건의 내용은 이렇다. '나는 다섯 살 때 쇼핑몰에서 길을 잃었는데 심하게 울었고 어떤 노신사가 구해주어 가족과 만났다.' 크리스는 5일 동안 사건들을 쓰면서 '쇼핑몰' 사건에 대해 점점 더 많은 것을 기억해 냈다. 그를 구해준 신사를 정말 멋진 사람으로 기억했다. 가족을 다시 만나지 못할까봐 무서웠으며, 엄마에게 혼났다고까지 이야기했다. 몇 주 후 크리스에게 자신의 기억이 얼마나 명료한지 점수를 매기게 했다. 1점(전혀 명료하지 않음)에서 11점(매우 매우 분명함)까지. 그는 세 개의 진짜 사건에 대해 1점, 5점, 10점을 주었고, 한 개의 가짜 사건에 대해 8점을 주었다. 쇼핑몰 사건에 대해 다시 기억해보라고 했을 때, 그는 훨씬 더 풍부한 이야기를 만들어냈다. 길을 잃은 장난감 가게에 대해서도 자세히 묘사했다. 자신을 구해준 노신사가 푸른 셔츠를 입고 있었고 머리가 약간 벗겨졌다고까지 말했다.

소년 크리스와의 경험을 바탕으로 로프터스 교수는 좀 더 체계적으로 '쇼핑몰에서 길을 잃다 lost in a mall' 실험을 계획했다. 대상은 시애틀의 워싱턴대학 학생들로 이루어진 스물네 명의 참가자들(연령 18~53세)이었다. 그들에게 각각 다섯 살 때 일어났던 세 개의 진짜 사건과 하나의 가짜 사건을 기록한 소책자를 나누어주었다. 사건들은 각 페이지마다 한 문단으로 간단히 요약했고, 아래 빈 공간에 참가자들이 자신이 기억하고 있는 내용을 기술하도록 했다. 기억나지 않을 때는 공란을 비워놓을 수 있게 했다. 결과는 어떻게 나왔을까? 스물네 명의 참가자들은 일흔두 개의 진짜 사건 중 마흔아홉 개(68%)를 기억해냈다. 그리고 그중 여섯 명(25%)은 가짜 사건에 대해서도 진짜 사건처럼 실제로 존재했던 것으로 기억하고 있었다.

이 실험에 대해 사람들은 이렇게 반박할 수 있다. 어릴 적에 쇼핑몰에서 길을 잃는 경험은 흔히 일어나는 일이므로 암시에 의해 거짓으로 기억되기가 쉬울 것이다, 라고. 그렇다면 쇼핑몰에서 길을 잃는 경험보다 좀 더 특별한 사건들을 기억하게 하는 것은 가능할까? 예를 들어, 결혼 피로연에서 실수로 신부 어머니에게 주스를 엎지른 일, 식료품 가게 천장에 있는 물뿌리개가 작동되어 대피한 일처럼 말이다. 이 사건들도 모두 다섯 살 때 일어났다고 꾸몄으며, 실제로 일어나지 않았음은 실험참가자들의 부모에게서 확인했다. 이 연구에서도 참가자들의 25%는 두 번째 인터뷰에서 가짜 사건들을 기억해냈다.

1999년 캐나다의 스티븐 포터Stephen Porter 교수가 수행한 연구도 결과는 비슷하다. 그는 77명의 대학생을 대상으로, 병원에서 치료 받은 일, 길을 잃어버린 일, 친구에게 맞아 심하게 다친 일, 동물로부터 심한 공격을 당한 일, 집 안팎에서 심한 사고를 당한 일 등의 거짓기억들을 참가자들의 머리에 심을 수 있었다. 26%의 실험참가자는 크리스처럼 거짓경험을 완벽히 기억해냈고, 참가자의 30% 정도는 거짓기억의 일부분을 회상할 수 있었다.

다시 조지 프랭클린 사건으로 돌아가보자. 배심원들은 현장에 있어야만 알 수 있는 정보를 에일린이 알고 있다고 믿었다. 그러나 나중에 밝혀진 바로는 에일린의 기억은 오류였다. 사건 당시 TV와 신문은 피해자 수전이 낀 반지의 위치와 모양을 실수로 잘못 보도했었는데, 에일린이 기억한 것은 TV와 신문에서 본 잘못된 정보 그대로였다. 에일린은 방송에서 본 것을 실제 목격한 것으로 혼돈했던 것이다. 에일린에게는 어떻게 거짓기억이 심어졌을까? 어릴 적 친구의 죽음으로 인한 정신적 충격과 폭력적인 아버지에 대한 분노가 에일린의 마음 밑바탕에 깔려 있었다. 그러던 중 어설픈 심리치료사의 최면에 의해 과거의 단편적 기억들이 재구성되면서 아버지를 범인으로 하는 새로운 이야기가 탄생한 것이다.

정보는 기억하는데 그 정보의 출처가 기억나지 않는 경우를 '출처 기억상실증source amnesia'이라 한다. 에일린의 경우는 자신이 기억하고 있는 정보를 언제 어디서 습득했는지를 기억하지 못했던 것이다. 출처 기억상실증은 암시를 받으면 거짓기억으로 활성화될 수 있다. 에일린처럼 TV에서 본 정보를 실제 목격한 것으로 믿게 되는 것이다. 그런데 이러한 출처 기억상실증은 전두엽의 손상과 관련이 있다. 전두엽이 국소적으로 손상되면 해마가 손상되는 것처럼 심한 기억상실증을 유발하지는 않는다. 그 대신에 전두엽의 손상은 사건의 시간적 순서 같은 회상을 방해한다. 전두엽은 서서히 성숙되는 경향이 있으면서 또한 노화에는 취약하다. 따라서 출처 기억상실증은 상대적으로 어린이와 노인에서 더 빈번하게 나타난다.

호주의 증인 진술 전문가인 도널드 톰슨은 어느 날 TV 생방송에 출연하여 '목격자 기억의 신빙성'이라는 주제로 토론 중이었다. 그런데 얼마 후 그는 강간피해자에 의해 범인으로 지목되어 체포되었다. 강간이 일어났던 시간에 톰슨은 TV 출연 중이었으므로 알리바이가 명백함에도 불구하고 경찰은 이를 무시했다. 결국 피해자가 강간을 당하고 있을 때 TV에 나온 톰슨을 지켜보았음이 드러났다. 그 여인은 강간범의 얼굴과 TV에서 본 얼굴을 혼동했던 것이다. 출처 기억상실증의 한 예다.

내가 라스베이거스의 골든 너겟 호텔이 메인 스트리트(혹은 그 바로 옆 블록)에 있다고 잘못 기억한 것도 이와 유사하다. 나는 왜 골든 너겟이 메인 스트리트에 있다고 기억했을까? 그 일이 있은 뒤 곰곰이 생각해보았다. 2003년에 실제로 난 골든 너겟에 가보지 않았다. 천장 레이저 쇼도 보지 않았다. 그럼에도 난 호텔과 레이저 쇼를 본 기억이 난다. 그것도 아주 가까이서. 바로 TV 속에서였다. TV를 통해 골든 너겟 호텔과 천장 레이저 쇼를 보았던 일이 메인 스트리트 근처 어디에서 본 듯한 착각을 불러일으킨 것이다.

우리의 뇌가 알고 있는 지식의 출처를 정확하게 회상하지 못할 때 기억은 쉽게 왜곡될 수 있다. 그 사건이 실제로 일어났는지, 아니면 상상 속에서만 일어났는지, 또는 타인의 암시에 의해 그 사건이 일어났다고 착각하는 것인지 구분이 안 되기 때문이다. 우리 뇌는 상상한 사물과 실제 본 사물을 구분하지 못한다. 실제 사물을 보았을 때와 그 사물을 상상했을 때 같은 뇌 영역이 활성화되기 때문이다. 따라서 전두엽 기능이 떨어져 있으면 실제 사건과 상상된(또는 암시된) 사건을 혼동할 수 있다. 전두엽 기능저하와 관련된 이 출처 기억상실증 현상이 거짓기억을 이해하는 단서를 제공한다고 볼 수 있다.

미국 지방법원은 조지 프랭클린 사건을 재검토했다. 그리고 이전의 재판 기간 동안 조지 프랭클린의 권리가 침해되었다고 판단하여 평결을 뒤집었다. 1996년 여름, 산 마테오 카운티 지방검사는 이 사건을 재판에 다시 회부하지 않기로 결정했다. 조지 프랭클린은 마침내 석방되었다.

그러나 원치 않는 기억이 억압되어 있다가 그 기억이 정확하게 재생되는 일이 불가능한 것은 아니다. 아동에 대한 성폭행과 학대는 지금도 곳곳에서 일어나고 있다. 심리치료를 받고 회복한 기억이 진실이었다는 일화도 있다. 어린 딸과 근친상간을 해온 아버지가 임종을 앞두고 딸에게 죄를 자백하며 용서를 구한 일도 있었다. 그 딸은 아버지로부터 받은 성폭행을 기억하지 못했다. 심리치료를 받고서야 억압된 그 기억을 되살릴 수 있었다.

다만, 나는 지금까지 기술한 일련의 실험과 사례를 통해 우리의 기억이 쉽게 왜곡될 수 있음을 보여주고자 한 것이다. 기억 왜곡은 분명 존재한다. 아니 기억은 쉽게 왜곡될 수밖에 없다. 거짓기억도 얼마든지 심어질 수 있다. 억압도 존재하며, 억압으로부터 기억이 회복될 수 있는 사례도 우리는 보았다. 그런데 정말 중요한 문제는 '거짓기억 하는 사람과 그렇지 않은 사람이 어떻게 다른가'이다. 거짓기억 하는 뇌 속에서는 어떤 일이 일어나고 있었을까?

거짓기억의 뇌 메커니즘

과거 기억의 회복이 억압의 해방인지 거짓기억이 심어진 것인지의 논란은 현재진행형이다. 프로이트가 말하는 방어기제 억압은 과연 존재하는가? 그 기제를 설명할 만한 과학적 근거는 있는가? 《심리실험 45가지》의 저자 더글라스 무크는 다음과 같이 말했다. "정신분석이론은 엄청난 불안이나 죄의식 때문에 어떤 기억을 억압한다고 주장하는데, 이를 뒷받침할 증거는 전혀 없는 상태다. 억압이라는 프로이트 학파의 개념은 통제된 조건에서는 지금까지 증명된 적이 한 번도 없다."

지금까지 한 번도 증명된 적이 없다는 억압의 메커니즘을 밝히려고 나선 한 과학자가 있었다. 오레곤대학 심리학 교수 마이클 앤더슨$^{Michael\ Anderson}$은 안식년을 스탠포드대학에서 보내면서 다음과 같은 실험을 했다. 스물네 명의 실험참가자에게 두 단어가 짝을 이룬 서른여섯 쌍의 단어들을 제공하고 이를 외우게 했다. 이를테면

'ordeal^{시련}-roach^{바퀴벌레}', 'steam^{증기}-train^{기차}', 'jaw^턱-gum^{잇몸}' 등이다. 서른여섯 쌍을 세 세트로 무작위로 나누어 참가자들에게 제공했다. 첫 세트의 한 단어가 제시되면 참가자들은 그와 짝을 이룬 단어를 기억하게 했고, 두 번째 세트의 단어를 보고는 그와 짝인 단어를 떠올리지 않도록 지시받았다. 연구결과, 원치 않는 기억을 억제할 때 배외측 전전두엽^{dorsolateral prefrontal cortex}의 활동이 증가하고 해마의 활동이 감소했다. 배외측 전전두엽은 이성적인 의사결정 등에 관여하는 곳이다. 2004년 〈사이언스〉에 실린 이 논문은 억압의 과학적 메커니즘을 밝힌 연구로 큰 주목을 받았다.

그러나 이 연구에 대해 나는 이런 의문이 든다. 원치 않는 기억을 (의식적으로) '억제'하는 것과 충격적인 사건을 무의식의 구석에 쑤셔 넣는 '억압'이 같은 개념일까? 심리적 상처와는 거리가 먼 작위적인 단어들을 의식적으로 떠올리지 않게 하는 이 실험이 과연 억압의 비밀을 밝혔다고 할 수 있을까?

억압의 뇌 메커니즘에 대한 또 다른 설명이 있다. 정신적 충격에 빠져 있을 때 해마가 작동하지 않고 그 대신에 기억을 담당하는 다른 부위들이 활동하면, 그 기억은 의식이 아닌 무의식의 세계에 저장될 수 있다는 것이다. 최근 연구는 성폭행과 같은 유아기적 충격이 명시기억을 주관하는 해마에 영향을 미친다고 보고 있다. 어릴 적 성폭행을 당한 사람들의 해마가 정상인에 비해 더 작았다. 심리적 충격이 뇌의 크기에까지 변화를 초래한 것이다. 커다란 정신적 충격은 해마의 작동을 위축시키고 두뇌의 다른 부위를 활성화시킬 수 있다. 뉴욕대학의 조셉 르두$^{Joseph\ Ledoux}$ 박사는 해마와는 상관없이 편도체가 공포와 같은 원시적인 감정 정보를 저장하고 있다고 말한다.

이제 거짓기억의 뇌 메커니즘을 살펴보자. 이번엔 실험참가자들에게 다양한 컬러 도형들을 보여주며 기억하게 했다. 얼마 후 다시 컬러 도형들을 보여주며 첫 기억과정에서 본 것인지 확인하게 했다. 두 번째 보여준 도형들은 세 부류로 나뉘는데, 처음에 나왔던 도형과 동일한 것, 비슷한 것, 전혀 다른 것이었다. 첫 도형과 동일한 것은 '참기억'이고, 비슷하긴 하지만 일치하지 않는 것은 '왜곡된 기억', 전혀 다른 도형은 '거짓기억'이라 할 수 있겠다.

참된 기억을 할 때나 왜곡된 기억을 할 때에 활성화되는 뇌의 영역은 주로 전전두엽, 두정엽, 해마였다. (이 장의 앞부분에 소개된 연구에서는 해마의 활성화 시기가 달랐다.) 흥미로운 사실은 두 경우 모두 같은 영역이 활성화되었다는 점이었다. 이는 우리가 회상을 할 때 그것이 참기억인지 왜곡된 기억인지 기능적 자기공명영상으로도 구분할 수 없다는 의미이기도 하다. 그에 반해서 거짓기억을 할 때는 활성화되는 뇌의 영역이 달랐다. 뜻밖에도 좌뇌의 언어영역이 활성화되었던 것이다. 이러한 현상은 2장에서 다룬 '인지부조화'와 비슷하다.

새로운 도형을 보며 실험참가자는 이렇게 생각할 수 있다. '내 기억엔 파란 별 모양의 이 그림을 본 적이 없어. 그런데 이 사람은 내가 그걸 본 것처럼 말하네. 어쩌지?'라고 마음속에 인지부조화가 일어난다. 이런 부조화 상태를 해소하기 위한 손쉬운 방법은 합리화하는 것이다. '그래, 내 기억이 틀렸을 거야. 자세히 보니 아까 본 그림 같네.' 이렇게 자신의 기억을 믿지 못하고 실험자가 암시한 대로 그 그림을 보았다고 거짓으로 진술하게 된다. 이 경우 그럴 듯하게 합리화하고 이야기를 지어내는 뇌는 좌뇌다. 그렇다면 거짓기억 하는 뇌와 인지부조화를 해소하기 위해 거짓말하는 뇌는 서로 닮은꼴인 셈이다.

'쇼핑몰에서 길을 잃다' 실험과 그와 비슷한 후속연구들에서 대략 실험참가자의 4분의 1이 거짓기억을 했다. 네 명 중 한 명꼴은 많다고 할 만하지만 그래도 나머지 75%의 기억은 건강했다. 거짓기억을 한 사람과 참된 기억을 한 사람 간의 차이는 무엇일까? 지금까지 연구결과를 종합하면, 그들 간에는 좌우 뇌의 균형과 전두엽의 기능에 차이가 있다. 좌우 뇌의 불균형으로 인지부조화를 극복하지 못한 상태에서 언어를 맡은 좌뇌가 득세할 때 거짓기억이 일어나기 쉽다. 또 전두엽의 기능이 떨어져 출처 기억상실증이 생기면 실제와 암시를 구분하지 못한다. 따라서 좌우 뇌가 균형을 이루면서 전두엽이 건강할수록 거짓기억을 하지 않을 가능성이 높다고 볼 수 있다.

기억에 대한 두 가지 견해

1980년, 엘리자베스 로프터스 교수는 일반인과 심리학과 졸업생 169명을 대상으로 다음과 같은 설문조사를 한 적이 있었다.

"기억에 대한 다음 두 가지 설명 중 어느 것이 옳다고 생각합니까?"

1. 우리가 습득한 모든 것은 우리 마음에 영원히 저장되어 있다. 물론 아주 세부적인 것들은 가끔 기억나지 않을 때가 있다. 그러나 최면과 같은 특별한 방법을 쓰면 이런 세부 사항들도 기억될 수 있다.

2. 우리가 습득하는 것들 중 어떤 것들은 기억에서 영원히 사라질 수도 있다. 그런 세부적인 기억들은 최면이나 다른 특수한 방법을 동원하더라도 결코 기억되지 못한다. 왜냐하면 그것들이 더 이상 뇌 속에 남아 있지 않기 때문이다.

설문조사 결과는 어떠했을까? 심리학과를 졸업한 학생들의 84%와 일반인의 69%가 1번을 선택했다. 그보다 더 최근에 645명의 의료인, 사회사업 종사자들, 심리학자를 대상으로 한 설문에서도 3분의 2에 가까운 사람들이 1번을 골랐다. 당신은 어떤가?

1번 견해는 도서관 모델이다. 이 모델에 따르면 기억은 서고에 저장된다. (시대에 따라 서고는 양피지, 비디오 테이프, DVD, 타임캡슐 등으로 대체될 수 있다.) 뇌는 어떤 사건에 대한 기억을 책에 기록해놓고 있는 것과 같아서 회상할 땐 서고를 검색하여 해당되는 책을 찾아 그 내용을 의식으로 불러오면 된다. 따라서 사건이 일어난 뒤 몇 분 후나 20년, 30년 후라도 모든 사건은 처음과 변함없이 회상이 가능하다. 타임캡슐을 열거나 비디오테이프를 재생하는 것과 마찬가지로 말이다. 이런 식으로 우리 뇌의 어딘가에 특정 사건에 대한 기록이 그대로 남아 있다는 이론이다. 마치 '제니퍼 애니스톤 세포'가 있어서 그 신경세포를 자극하면 제니퍼 애니스톤이 떠올려지는 것과 마찬가지다. 이 견해에 따르면 기억은 언제나 정확하다. 충격적인 기억도 뇌의 깊숙한 어디에 무의식적으로 묻어 두었다가 한참 뒤 비디오테이프 재생하듯이 원래 그대로 되살릴 수 있다.

2번 견해는 범죄현장 모델에 가깝다. 범죄현장에는 단서가 될 만한 조각들이 여기저기 흩어져 있다. 현재 우리의 의식에도 단편적인 기억들만 남아 있을 뿐이다. 기억의 회상은 현재 남아 있는 기억의 조각들을 바탕으로 추론에 의해 새롭게 짜 맞추는 것이다. 이는 범죄현장에서 발견한 단편적인 단서들을 바탕으로 범죄를 재구성하는 것과 유사하다. 제니퍼 애니스톤을 인식하는 것은 특정 세포에서 할지 몰라도, 그녀와의 에피소드, 관계 등은 뇌의 여러 곳에 흩어져 있다.

당신에게는 기억에 대한 두 견해 중에서 어느 것이 더 그럴 듯해 보이는가?

시간은 쌓여간다

우리의 기억이 비디오테이프를 재생하듯이 늘 선명하다면 어떻게 될까? 우리 뇌가 과거의 불행했던 사건들을 늘 원래 그대로 생생하게 재현한다면? 아마도 평생 동안 괴로움, 두려움, 죄책감과 공포에 휩싸여 살아야 할지 모른다. 하지만 기억은 시간이 지나면서 흐려지고 변형된다. 다행이 아닐 수 없다. 그런 차원에서 보면 기억의 왜곡이 부정적인 기능만을 가지는 것은 아니다. 오히려 우리 자신을 방어하기 위한 두뇌의 기제일 수도 있다.

기억을 회상하는 행위는 과거에 한 번 찍은 비디오 원판 그대로를 재생하는 것을 의미하지 않는다. 기억은 시간이 지나면서 원판이 흐려지고 변색될 뿐만 아니라 변형되고 왜곡되는 과정을 겪는다. 디테일은 점점 희미해지고 사건에 대한 나의 주관적 인상들이 남게 된다. 그래서 기억을 회상하는 과정은 비디오를 단순히 재생하는 것이라기보다는 원래의 이야기를 바탕으로 각색하여 새로운 드라마를 구성하는 것에 더 가깝다.

그렇다면 아주 오래전 사건이 우리 뇌에서는 어떤 메커니즘을 거쳐 각색되는 것일까?

신경 네트워크는 진짜 뇌가 작동하는 방식을 컴퓨터 시뮬레이션 한 것이다. 먼저, 고전적인 신경 네트워크부터 살펴보자([그림4] (a)). 이 네트워크는 입력층과 출력층 그리고 그 사이에 있는 잠복층으로 이루어져 있고, 그 층들을 이루는 뉴런들이 고도로 상호 연

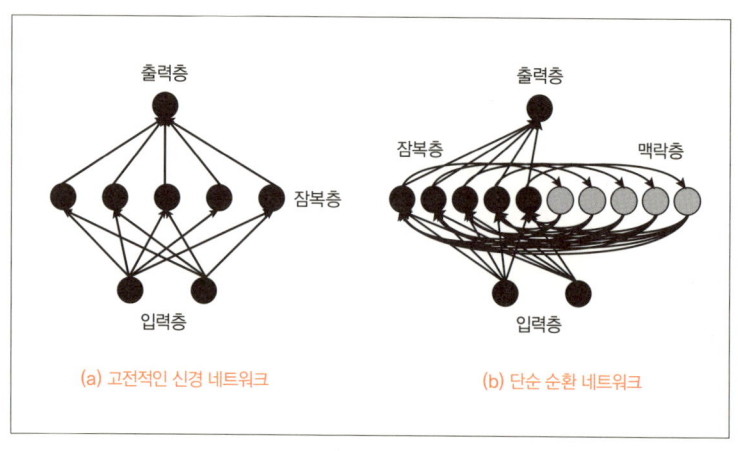

[그림4] 신경 네트워크

결되어 있다. 입력층으로 수집된 정보들은 잠복층을 거쳐 출력층으로 결과물이 되어 나온다. 그런데 이 네트워크 모델에 의하면 서로 다른 시점에 출력되는 결과물은 서로 개별적이고 독립적이다. 과거와 현재는 그저 서로 다른 한 점일 뿐이다.

1990년 샌디에이고 캘리포니아대학의 심리학과 제프리 엘먼 Jeffrey Elman 교수는 이 세 층에다 '맥락층context layer'을 추가한 새로운 형태의 네트워크를 제안한다. 이것이 바로 '단순 순환 네트워크 simple recurrent network'다([그림4](b)). 잠복층은 입력층으로부터 받아 처리한 정보를 출력층으로 보내면서 동시에 그 옆에 존재하는 맥락층(회색 원)에다 그대로 복사한다. 이 맥락층은 복사본을 갖고 있다가 다음 입력 정보가 들어올 때 복사본을 다시 잠복층으로 보낸다.

따라서 잠복층은 현재 입력된 정보와 더불어 바로 이전의 복사본까지 받아들인다. 이런 방식으로 되풀이되는 네트워크는 과거의 모든 정보를 감싸 안게 된다. 마치 러시아 '마트로슈카' 인형처럼, 현 시점의 정보와 겹겹이 중첩된 과거들이 함께 모여 현재를 이룬다. 현재는 과거의 시점들과 동떨어진 독립된 어느 한 점이 아니다. 과거의 사건은 사라지지 않고 현재에 연결되어 있으며 시간 속에서 사건은 이어진다. 그렇다면 시간은 그냥 흘러간 것이 아니라 우리 뇌 속에 이렇게 쌓여왔던 것이다.

기억의 소재는 과거의 사건이지만, 기억하는 행위는 지금 이 순간 이루어지는 '추론'의 과정이다. 기억은 사건을 능동적으로 '해석'하는 과정이다. 과거의 사건을 '지금 여기서' 내가 어떻게 바라보고 있느냐 이다. 기억은, 내가 평소에 스토리는 어떤 식이어야 한다고 품고 있던 생각, 즉 인식의 틀이라는 '도식'에 의존한다. 영화 '라쇼몽'에 등장하는 네 명의 인물을 기억하자. 기억은 현재 내가 갖고 있는 생각과 그동안 경험한 것들에 의해 윤색된다. 기억은 매일 새로이 태어나는 '창조'의 과정이기도 하다.

우리를 행복 또는 불행하게 하는 것은 과거의 사건, 에피소드 그 자체가 아니라 그것에 대한 현재 우리의 태도와 해석이다. 영화 '메멘토'의 기억상실증 주인공이 괴로워했던 것도 '기억상실' 그 자체가 아니라 과거의 '아픈 기억'이었다. 같은 일을 겪더라도 그것을 해석하는 것은 우리의 몫이다. 무엇을 보고 무엇을 머리에 담을 것인가도 우리의 선택에 달려 있다.

그렇다면 우리는 과거를 어떻게 기억해야 할까? 어떻게 기억하고 해석하는 것이 바람직할까? 기억에 대한 어떤 태도가 우리를 행복하게 할까?

끝이 좋으면 좋다

먼저 우리가 고통스러웠던 과거를 어떻게 기억하는지부터 보자. 토론토의 도널드 레델마이어Donald Redelmeier 교수와 프린스턴 대학의 대니얼 카너먼Daniel Kahneman 교수는 대장내시경 검사를 받는 154명의 환자로 하여금 실시간으로 고통의 정도를 평가하게 했다. 검사를 모두 마친 후에 실험참가자들이 회상한 전반적인 고통의 정도는 고통의 최고점과 마지막 3분 동안의 고통과 비례했다. 반면에 내시경 시술이 이루어진 시간의 길이는 고통의 정도와는 무관한 것으로 나타났다.

레델마이어와 카너먼은 후속실험으로 682명의 실험참가자를 두 그룹으로 무작위로 나누어 대장내시경 검사를 했다. 1번 그룹은 27분 동안 통상적인 검사를 했고, 2번 그룹은 통상적인 검사 27분에다가 3분간 더 내시경 기구를 가만히 대장 속에 두었다. 실시간 평가한 고통의 정도는 두 그룹 간에 비슷했지만, 검사를 마친 후에 회상했을 때는 2번 그룹이 덜 고통스러운 것으로 느꼈다. 시술시간보다 마지막에 덜 고통스러웠던 경험이 전반적인 고통의 정도를 결정하는 중요한 요소였다. 끝이 좋으면 모든 것이 좋다. 카너먼은 이를 '피크-엔드Peak-End 법칙'이라 불렀다.

이번에는 우리가 타인의 행복과 불행을 어떻게 받아들이는지 보자. 일리노이대학 심리학과 에드워드 디너Edward Diener 교수는 200여 명의 대학생과 일반인들에게 젠이라고 불리는 한 여성이 얼마나 행복한 삶을 살았는지를 평가하게 했다. 젠이라는 여성은 아이 없는 미혼 여성인데, 어느 날 갑작스런 교통사고를 당해 고통을 느낄 겨를도 없이 사망했다. 평가자들에게 제시된 '젠의 인생' 버전은 다음 두 가지였다.

'젠의 인생' 1번 : 젠은 정말로 행복한 삶을 살았다. 직업도 좋고 직장도 즐거웠으며 주위에 소중한 친구들도 있었고 여가를 즐기기도 했다.

'젠의 인생' 2번 : 젠은 1번의 경우보다 5년을 더 산다. 물론 그 5년도 즐거운 삶이긴 했지만 이전보다는 덜 행복한 삶이었다.

두 가지 '젠의 인생' 중에서 사람들은 어떤 쪽이 더 행복했다고 평가했을까? 당신이라면 어느 쪽을 택하겠는가? 실험참가자들은 수명은 짧지만 행복한 삶 후에 요절하는 1번 삶에 더 많은 점수를 주었다. 이 여인이 서른 살에 죽든 예순 살에 죽든 관계없었다. 즉, 인생의 길이보다 그 인생이 어떻게 끝을 맺었는지를 더 중요하게 생각한다는 것이다. 이렇듯 사람들은 최고의 순간에 갑자기 끝나는 인생을 더 좋게 여기는데, 이를 디너 교수는 최고의 인기를 누리다 20대에 오토바이 사고로 요절한 배우의 이름을 따서 '제임스 딘James Dean 효과'라 불렀다.

그렇다면 이번에는 불행한 삶에 대해서는 어떤 결과가 나오는지 알아보자.

'젠의 인생' 3번 : 젠은 매우 우울한 삶을 살았다. 직업도 따분하고, 가까운 친구도 없고, 혼자 TV 보는 것이 유일한 낙이었다.

'젠의 인생' 4번 : 젠은 3번 인생보다 5년을 더 사는데, 약간은 덜 우울한 삶을 살았다.

실험참가자들은 4번의 인생에 더 높은 행복도 점수를 주었다. 사람들은 온갖 고생을 겪다가 일찍 끝을 맺는 인생보다 조금이나마 덜 불행한 삶을 지속하는 것이 더 낫다고 평가했다. 디너 교수는 이 현상에도 '알렉산더 솔제니친Alexander Solzhenitsyn 효과'라는 이름을 붙였다. 솔제니친이 구소련에서 감옥살이를 한 후, 우울증에 시달리긴 했지만 말년을 서구에서 보냈다는 데서 착안한 것이다.

결국 우리는 전반적으로 행복한 삶을 살았든 불행한 삶을 살았든 '끝'이 좋으면 긍정적으로 평가한다. 끝은 언제인가? 바로 '지금'이다. 그러니 지금 즐겁고 행복해야 한다. 내가 지금 행복하다면 힘들였던 과거도 '행복했노라고' 미화될 수 있다. 내가 '지금 그리고 여기서' 긍정적으로 살면 인생 전체가 행복해진다.

긍정심리학

긍정심리학의 대부 격인 미국의 심리학자 마틴 셀리그먼 Martin Seligman 교수는 워낙 '학습된 무력감 learned helplessness' 실험으로 유명했다. 실험실의 바닥에는 전기충격이 가해지도록 설계되어 있고, 실험실 가운데에는 개가 뛰어넘을 수 있을 정도의 벽이 설치되어 있다. 실험실 한쪽에만 전기충격을 가하면 개는 벽을 넘어 쉽게 충격을 피한다. 그러다 실험실 바닥 전체에 전기충격을 가하면, 개는 아무리 노력해도 충격을 피할 수 없다는 사실을 알게 되고 점점 무력감에 빠진다. 그 후 다시 한쪽 바닥에만 전기충격을 주어도 그 개는 그대로 전기충격을 받는다. 심지어 충격을 피할 수 있다는 사실을 알고도 그대로 주저앉는다. 우울증도 학습된 무력감의 일종이다.

그런데 셀리그먼 교수는 왜 비단 무력감만 학습되는지 의문을 가졌다. 또 그는 심리학 학문이 왜 그동안 불안, 우울, 공포, 분노 등 부정적인 정서에만 몰두했는지 회의를 느끼기 시작했다. 그는 낙관주의도 학습될 수 있으며(learned optimism), 심리학도 이제 지혜, 용기, 인간애, 정의와 같은 긍정적인 정서를 연구해야 한다고 말한다. 이것이 '긍정심리학 positive psychology'의 출발점이 되었다.

이제 당신이 얼마나 긍정적인 사람인지 한번 알아보자. 다음 네 문제는 셀리그먼 교수가 제안한 긍정심리 지수 네 가지 척도에서 하나씩 따온 것이다. 당신은 각각의 사건을 어떻게 해석하겠는가?

당신이 주최한 만찬을 성공리에 마쳤다.
A. 내가 그날따라 매력적으로 보였다.
B. 나는 언제나 손님 대접을 잘한다.

당신이 당신을 좋아하는 누군가로부터 꽃을 받았다.
A. 나는 그 사람에게 매력적인 사람이다.
B. 나는 인기가 많은 사람이다.

당신이 배우자의 생일을 깜빡 잊었다.
A. 나는 생일을 잘 기억하지 못한다.
B. 나는 다른 일 때문에 정신이 없었다.

당신이 중요한 약속을 어겼다.
A. 나는 가끔 약속을 잊어버린다.
B. 나는 가끔 수첩 확인하는 것을 잊어버린다.

긍정적인 마인드를 가진 사람은 좋은 일이 일어났을 때는 그 일을 영속적이고 보편적인 것으로 여기는 경향이 있다. 내가 주최한 만찬을 성공리에 마쳤다면 나는 언제나 손님 대접을 잘한다고 생각하고, 내가 누군가로부터 꽃을 받았다면 나는 항상 인기가 많은 사람이라고 여긴다. 대신 나쁜 일이 일어났을 때는 그 사건을 일시적이고 특수한 것으로 여긴다. 배우자의 생일을 깜빡 잊었다면 그날따라 다른 일 때문에 정신이 없었고, 내가 중요한 약속을 어겼다면 어쩌다 그날 수첩 확인하는 것을 잊어버린 것이다. 시험에 실패했을 때도 '난 시험 운이 없나 봐.'라고 생각하지 않고 '그땐 바빠서 준비를 못했어.'라고 자신을 위로한다. 또 누군가 내게 언짢은 말을 했다면 '그 사람은 늘 상대를 배려하지 않고 함부로 말한다.'라고 판단하지 않는다. 대신 '그 사람이 그때 기분이 나빠 내게 화풀이를 했나봐.'라고 넘긴다.

긍정심리학은 지나간 사건에 대해 중립적인 태도를 취하라고 말하지 않는다. 대신 내게 좋았던 일은 '항상, 언제나, 모든 경우에' 일어난다고 해석하고, 내게 일어난 나쁜 일은 '그때뿐'인 일시적이고 특수한 이유 탓으로 돌리라고 말한다. 이렇게 보면 긍정심리학도 과거를 왜곡하여 해석하는 것이다.

불행했던 과거도 행복이라 여기자

나는 뇌졸중 환자를 치료하는 신경과 의사다. 뇌졸중은 사람들이 가장 두려워하는 병 중의 하나다. 그 병은 어느 날 갑자기 찾아와 자신뿐 아니라 가족의 삶 전체를 송두리째 흔들어놓는다. 많은 환자들이 회복되어 일상으로 돌아가지만, 다른 많은 환자들은 여전히 말을 못하고 팔다리는 마비되어 주위의 도움에 의지하며 살아간다. 정말 건강을 잃으면 모든 것을 잃는 것처럼 보였다. 그것도 한순간에.

그러나 그 후 1년, 2년, 3년…… 환자와 가족들을 외래진료실에서 만나면서 난 조금씩 그들의 얼굴에서 어떤 변화가 일어나는 것을 느꼈다. 그것은 바로 안정감이었다. 폭풍이 휘몰아치고 지나간 후 다시 제자리를 찾은 안정감. 그리고 그 뒤의 미소. 그들의 얼굴에 피어난 평화를 나는 비로소 느낄 수 있었다. 나는 몇몇 환자들에게 감히 용기를 내어 물어보았다. "지금 행복하세요?"라고. 나도 그땐, 건강하지 못하면 당연히 불행할 것이라는 편견을 갖고 있었던 것이다. 내 질문에 그들은 지금의 상황과 자기 자신에 만족하고 행복하다고 말한다. 여전히 마비된 팔다리를 지팡이나 휠체어에 의지하면서도 말이다.

우리는 똑같은 상황을 겪고도 행복한 사람과 불행한 사람으로 나뉜다. 어떤 이는 인생의 도정에서 병이라는 불청객을 만나 속절없이 무너지는데, 왜 어떤 이는 그 병과 더불어 살며 행복을 느끼는 것일까? 이 의문은 내가 의사로서 또 심리학을 공부하는 학생으로서 갖게 된 화두 중 하나다.

영화 '백 투 더 퓨처'의 마이클 제이 폭스는 전성기를 구가하던 서른 살에 파킨슨병을 앓기 시작했다. 파킨슨병은 주로 노인의 병이지만 드물게 3, 40대의 젊은 사람에게 찾아오기도 한다. 손은 떨리고, 몸은 뻣뻣하게 굳어 느려지고, 보폭은 짧아져 넘어지기 일쑤다. 자기 몸 하나 제대로 가누지 못한다. 신경세포가 서서히 파괴되는 이 퇴행성 질환은 난치병이다. 그러나 지금 그는 자신을 찾아온 파킨슨병을 '축복'이라 부른다.

사람들은 그가 파킨슨병과 용감히 맞서 싸워 이겼다고 생각할지 모르겠다. 물론 처음엔 그도 어떻게든 증상을 감춰보려고 안간힘을 썼다. 그러나 그가 지금의 행복한 삶을 성취하기 시작한 것은 파킨슨병에 '두 손을 들고(surrender)' 나서였다. 현실을 있는 그대로 담담히 받아들이고 나서부터였다. 그가 파킨슨병 환자라는 사실은 어찌해도 바꿀 수 없다. 대신 그는 자기 자신에게로 눈을 돌렸다. 내가 지금 할 수 있는 일은 무엇인가, 남은 인생을 어떻게 살 것인가에 초점을 맞추었다. 파킨슨병을 계기로 그는 더 나은 사람이 되고자 노력하게 되었다. 그래서 그는 그 병을 하늘이 준 선물이라 여긴다.

크고 작은 불행은 언젠가는 우리 곁을 찾아오기 마련이다. 그러나 외부로부터 온 사건이 우리의 행복과 불행을 결정짓지는 않는다. 행복한 사람들은 나쁜 일이 생겼을 때 그 상황을 부정하거나 극복해야 할 대상으로만 보지 않고, 있는 그대로 긍정하면서 받아들인다. 불행한 사건을 계기로 자신의 내면 깊숙한 곳을 들여다본다. 어느새 더 나은 사람이 되어 있다. 그래서 불행했던 과거도 행복이었다고 말할 수 있다. 이런 심오한 긍정은 바로 우리의 마음속, 우리의 뇌 속에서 싹트기 시작해 서서히 여물어간다. 세상을 왜곡하는 기억도 우리 뇌의 산물이듯, 불행을 행복이라 여기는 긍정도 바로 우리 뇌의 작품이다.

4. 망각하는 뇌

기억과 망각의 이중주

기억력이 나쁜 사람은 불행할까?

우리가 불행한 이유는 잘 기억하지 못해서가 아니라
잘 잊지 못해서다. 그런 의미에서 망각은
건강한 삶을 위한 우리 뇌의 노력이고,
낙서를 지우는 능동적이고 지혜로운 메커니즘이다.

　　1952년, 서른네 살의 브렌다 밀너^{Brenda Milner} 박사는 캐나다 맥길대학의 도널드 헵^{Donald Hebb} 기억연구실에서 박사후과정 연구원으로 일하고 있었다. 당시 그녀는 뇌전증 수술로 한쪽 해마를 절제한 후 심한 기억장애를 보이는 두 명의 환자를 경험하게 되었다. 보통은 한쪽 해마를 절제해도 반대편 해마가 남아 있으므로 이 환자들이 보인 심한 기억장애는 전혀 예기치 못한 것이었다. 하지만 몇 년 후 밀너 박사는 두 환자의 절제되지 않은 반대편 해마 역시 비정상이었음을 부검을 통해 확인할 수 있었고, 두 환자의 증례를 1955년 미국신경학회에서 발표했다.

　　얼마 후 두 환자의 수술을 담당했던 와일더 펜필드^{Wilder Penfield} 박사가 코네티컷 하트포드에 있는 신경외과의사 윌리엄 스코빌^{William Scoville}로부터 한 통의 전화를 받았다. 스코빌은 자신이 수술한 환자 중에도 비슷한 기억상실증을 보이는 환자가 있는데, 그 환자는 양쪽 해마를 모두 절제했다고 했다. 펜필드 박사로부터 스코빌 환자의 이야기를 전해 들은 밀너 박사는 흥미를 느끼고 곧장 하트포드행 비행기에 몸을 실었다. 평생을 기억연구에 바친 신경과학자와 이제는 웬만한 신경과학자보다 더 유명해진 기억상실증 환자 HM

의 50년 동안 지속된 만남은 이렇게 시작되었다.

아무것도 기억하지 못하는 남자

HM은 일곱 살 때 자전거에서 떨어져 머리를 다쳤고, 열 살 때부터는 약한 경련을 시작했으며, 열여섯 살 이후로는 심한 경련을 했다. (자전거에서 떨어진 것이 아홉 살이라는 기록도 있다.) 한때 조립공장에서 일하기도 했지만, 고질적인 경련은 점점 심해져 아무리 약을 써도 수그러들지 않았다. 급기야 1953년, 그의 나이 스물일곱 살이 되어서는 정상생활을 거의 영위할 수 없을 정도로 경련이 심해지는 지경에 이르렀다. 그러자 HM을 맡은 신경외과의사 윌리엄 스코빌은 경련을 잠재울 목적으로 당시로선 실험적인 수술을 HM과 가족들에게 제안하게 되었다. 그가 과거에 조현증 환자에게 시도해본 적이 있는 양쪽 해마 절제술이었다.

밀너 박사가 HM을 처음 만났을 때 HM은 더 이상 경련을 보이지는 않았다. 그의 지능과 지각, 성격도 모두 그대로였다. 얼핏 보면 그는 예전과 다름없었다. 그러나 그의 기억장애는 예상을 뛰어넘을 정도로 심각했다. HM은 방금 전 일을 돌아서면 잊어버렸다. 그에게 숫자 하나를 불러주고 기억하라고 한 다음 몇 분 지나 물어보면, 숫자뿐 아니라 기억하라고 주문한 사실조차 잊어버렸다. 그는 조금 전 인사한 사람 이름과 얼굴을 바로 잊어버려 늘 사과했다. 밀너 박

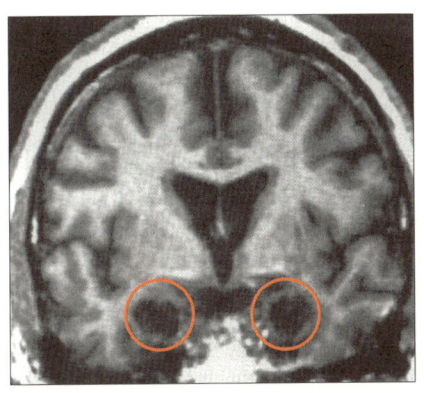

(출처 : Corkin et al. The Journal of Neuroscience 1997;17:3964-3979)

[그림1] HM의 MRI 사진. 해마가 절제되어 그 부위가 비어 있다.

사는 HM을 만나는 50년간 만날 때마다 자신을 소개해야 했다. 그의 기억은 20초에서 30초 정도 유지될 뿐이었다.

상상해보라. 이제 잠에서 막 깨어났는데 여기가 어딘지 모른다. 이부자리, 벽에 걸린 그림들과 커튼이 낯에 익지만 내가 정확히 어디 있는지 알 수 없다. 몇 분 후, 잠에서 막 깰 때와 비슷한 느낌이 다시 오는데 이번에는 옷장 앞에 서 있다. 티셔츠와 청바지를 입고 있는데 왜 그걸 입었는지 기억나지 않는다. 마치 영화 속의 정지화면을 보는 것 같다. HM은 이렇게 말했다. "꿈속에서 막 깨어난 것 같아요. 매일매일이 고립된 섬들 같아요."

밀너 박사는 HM에게 여러 과제를 수행하게 해보았다. 그러다 '거울 속 추적mirror tracing' 과제를 시키면서 이상한 점을 발견했다.

이 과제는 거울을 보며 별 모양 그림을 따라 그리는 것이다. 거울은 실제 상을 거꾸로 비춰주기 때문에 처음 하는 사람에겐 결코 쉽지 않다. 익숙해지려면 연습이 필요하다. 그런데 보통 사람과 마찬가지로, HM에게 이 과제를 매일 연습하게 했더니 실력이 나날이 향상되어갔다. 그러나 정작 그는 이 과제를 수행한 사실을 전혀 기억하지 못했다. HM은 늘 처음 해보는 일인 양 호기심 어린 표정을 지었다. 거울 속 추적 과제뿐 아니라 시각운동기술을 이용한 과제들은 모두 마찬가지였다. 이것은 밀너 박사가 HM을 연구하면서 얻은 발견들 중 가장 의외의 것이었다.

그 과제를 연습한 사실을 전혀 기억하지 못하면서도 과제의 수행 능력이 향상되는 이유는 무엇일까? 이러한 학습은 해마가 아닌 다른 곳에 저장되어 있는 것일까? 혹시 인간은 한 종류의 기억이 아니라 여러 종류의 기억을 갖고 있는 것인가?

우리는 살면서 많은 사실을 기억한다. 태국의 수도가 방콕이고, 백두산의 높이가 해발 2,744m라는 사실들을 기억한다. 또한 우리는 살아가면서 경험하는 사건들도 기억한다. 어제 저녁으로 김치찌개를 먹었다든지, 작년 여름에 제주도에서 휴가를 보냈다든지 하는 기억들이 그것이다. 이렇듯 사실과 사건에 대한 기억을 명시기억이라고 한다. 이 기억이 우리가 통상 정의하는 기억이기도 하다.

그러나 우리는 명시기억 외에도 다른 많은 것들을 기억하고 있다. 피아노를 치고, 구두끈을 매고, 수영을 하는 따위의 기억들 말이다. 이처럼 기술이나 습관, 행동에 대한 기억을 '절차기억 procedural memory'이라 부른다. 종소리를 듣고 침을 흘리는 파블로프의 개의 경우에도 종소리와 연관된 음식을 기억하는 것이다. 이것은 '고전적 조건반사classical conditioning'인데, 이처럼 우리도 무언가를 볼 때 그것에 연관된 것을 기억한다. 그런가 하면 뱀을 볼 때 공포감을 느끼는 정서반응도 역시 기억의 한 종류다. 절차기억, 고전적 조건반사, 정서반응들을 모두 '암묵기억non-declarative memory'이라 부른다.

명시기억은 의식적으로 회상할 수 있지만, 암묵기억은 그렇지 않다. 습관이나 공포감은 의식적으로 회상하지 않고도 자연스럽게 작동한다. 운전할 때 의식하지 않고서도 가속기와 브레이크를 밟을 수 있는 것도 이 때문이다. 또 명시기억은 의식적인 노력을 통해 얻어지고, 암묵기억은 직접 경험하여 얻는다. 명시기억은 쉽게 형성되고 쉽게 잊히는 반면, 암묵기억은 습득하는 데 상당기간 반복과 연습을 필요로 하지만 쉽게 잊히지 않는다.

명시기억은 해마에 저장된다. 그러나 암묵기억은 해마가 아닌 다른 곳에 저장된다. 절차기억은 기저핵basal ganglia의 일부인 선조체striatum에, 조건반사는 소뇌cerebellum에, 공포를 느끼는 감정반사는 편도체에 저장되어 있다. (기저핵은 뇌의 중심부에 숨어 있는 회색질의 큰 덩이로, 선조체와 담창구pallidum로 이루어져 있다. 소뇌는 대뇌의 아래, 뇌줄기의 뒤쪽에 위치한다. 기저핵과 소뇌는 운동기능을 부드럽고 섬세하게 조절하는 역할도 한다.)

나이가 들면 구체적인 사실이나 사건은 잊어도 기술이나 습관은 비교적 잘 유지되는데, 그 이유도 이들이 서로 다른 뇌에 저장되기 때문이다. 나이가 들어도 자전거 타는 법은 잊지 않는다. 혼자서 두 발 자전거를 처음 탄 날이 언제인지는 기억하지 못하지만(이것은 명시기억이다), 우리 뇌는 자전거에 올라타는 순간 무엇을 해야 하는지 여전히 잘 기억하고 있다(이것은 암묵기억 중 절차기억이다).

HM이 거울 속 추적 검사를 기억하진 못했지만 과제수행능력이 향상되었던 것은 바로 해마만 절제되었으므로 명시기억만 상실되고 암묵기억들은 잘 유지되었기 때문이다. 우리는 HM을 통해 기억은 여러 종류가 있으며 각 기억들은 뇌의 서로 다른 부위에 저장된다는 사실을 알게 되었다.

그렇다면 HM은 과거의 모든 사건을 다 잊어버렸을까? 아니다. 신기하게도 그는 수술 3년 이전의 사건들은 그대로 기억하고 있었다. HM에게 1920년에서 1970년 사이에 유명해진 인사들의 얼굴을 알아보는지 시험해보았다. 예상대로 해마 절제술 이후 시기의 유명인사들의 얼굴은 알아보지 못했다. 그러나 수술 이전 시기의 유명인사들은 오히려 같은 나이 또래보다 더 잘 기억하는 경향을 보였다. 새로운 사건은 전혀 기억하지 못하고 과거 일만 기억하고 있으니, HM은 수십 년 동안 과거 속에 갇혀 지내온 것이다. 새로운 기억을 저장할 수 없음에도 불구하고 옛 기억은 자유롭게 끄집어낼 수 있다는 대비가 신비롭다. 왜 그럴까? 이는 해마가 기억을 저장하는 종착지가 아니라는 사실을 의미한다. 명시기억은 해마에 저장되지만 오래된 기억은 차차 해마로부터 독립되어 대뇌피질의 여러 곳으로 흩어진다. 그러다가 회상할 때는 전두엽이 활동하면서 기억이 되살아난다. 해마로부터 명시기억이 완전히 독립되는 데는 2년에서 3년 정도 걸린다. HM이 해마를 절제하고도 옛 기억을 유지할 수 있었던 이유다.

HM과 비슷한 사람이 또 있었다. 바로 음악가 클리브 웨어링^{Clive Wearing}이다. 1985년 헤르페스 바이러스 뇌염에 걸리기 전까지 그는 영국의 떠오르는 젊은 음악가였다. 그러나 뇌염으로 양쪽 해마가 심하게 손상되어 HM보다 더 심한 기억장애를 앓게 되었다. 그는 자기 주변 세계를 온전히 인식할 수 있었고, 읽고 쓸 수 있었으며, 대화도 해나갈 수 있었다. 그러나 그의 기억은 고작 7초만 유지되었다. 그의 아내 데보라 웨어링이 2005년에 출판한 책의 제목은 《영원한 오늘^{Forever Today}》이었다. 그의 기억은 항상 오늘 이 순간에 머물러 있었다.

클리브 웨어링은 발병 직전에 데보라와 결혼했는데, 기억상실증에 걸린 후 결혼한 사실 자체는 기억하지 못했으나 다행스럽게도 아내는 가까스로 알아보았다. 그는 아내가 병실을 방문할 때면 언제나 몇 년 만에 만난 것처럼 반갑게 맞이했다. 그러나 데보라가 병원에 있는 남편을 간호하고 집으로 돌아오면 전화 자동응답기에는 남편의 안타까운 목소리가 남겨져 있곤 했다.

"안녕, 여보. 나야, 클리브. 지금 4시 5분이야. 여기가 어딘지 모르겠어. 이제 처음으로 깨어났어. 아직 누구와도 말을 하지 못했어."

"여보, 나야, 클리브. 지금 4시 15분이야. 지금 처음으로 깨어났어. 모든 일이 바로 1분 전에 일어난 것 같아. 보고 싶어."

"여보? 나야, 클리브. 지금 4시 18분이야. 이제 일어났어. 아직 아무와도 말을 못해봤어. 당신과 대화하고 싶어."

그럼에도 클리브 웨어링은 음악가로서 지휘를 하거나 피아노 연주를 하는 데는 아무 문제가 없었다. 지휘나 피아노 연주는 자전거 타기나 수영과 같은 암묵기억에 속하기 때문이다. 물론 웨어링도 HM처럼 자신이 음악을 연주한 사실을 기억하지 못했다. 그는 말했다. "아픈 뒤로 한 번도 음악을 들어보지 못했어요. 이젠 음악을 연주하는 것이 어떤 것인지 모르겠어요."

뇌에 비타민 B1이 부족해서 발생하는 코사코프 증후군^{Korsakoff syndrome}도 심한 기억장애를 유발할 수 있다. 이 증후군에 걸려 심한 기억상실을 보인 여자환자 이야기도 있다. 이 환자도 HM처럼 방금 본 사람을 곧 잊어버렸다. 담당의사는 그녀를 만날 때마다 자기소개를 하고 악수를 해야 했다. 의사는 그녀에게 강한 인상을 주면 혹 자신을 기억하지 않을까 궁금했다. 그래서 어느 날, 손에 핀을 감추고 그녀와 악수를 했다. 다음에 만날 때 여자는 여전히 그 의사를 기억하지 못했지만, 악수만은 하지 않으려 했다. 그녀는 이유는 모르지만 악수하기가 두렵다고 했다. 명시기억은 손상되어 의사를 알아보지 못하지만, 악수할 때 핀에 찔린 공포기억이 편도체에 남아 있었기 때문이다.

HM은 개인으로서는 신경과학 역사에서 가장 많이 연구된 사람이다. HM은 경련을 조절할 수 있게 된 대신 기억상실이라는 대가를 치러야 했지만, 그는 우리에게 소중한 유산을 남겼다. HM에 관한 첫 논문이 1957년에 발표되었고, 이것은 신경과학분야에서 가장 많이(약 2,500회) 인용된 논문 중 하나가 되었다. HM은 그 후로도 2008년 12월, 82세의 나이로 사망하기까지 약 50년간 밀너 박사와 동료들에 의해 연구되었다. HM의 사례는 기억연구의 새 장을 열었다. 그 이전까지 학자들은 기억이 대뇌피질에 광범위하게 퍼져 있다고 믿었기 때문이다. HM 연구는 기억의 많은 신비를 벗겨냈고, 후속연구들을 촉발시키는 계기가 되었다.

모든 것을 기억하는 남자

1920년대 중반 어느 날, 러시아의 신경심리학자 알렉산드르 루리아^{Aleksandr Luria} 박사의 연구실에 30대의 젊은 남자가 찾아왔다. 그는 자신의 기억력을 검사받고 싶다고 했다. 그의 이름은 솔로몬 셰레셰브스키^{Solomon Shereshevskii}. S라고도 불리는 이 남자는 직업이 기자였는데, 기자회견장에서 연설문을 전혀 필기하지 않고도 나중에 단어 하나 틀리지 않고 정확히 기억해 주위사람들을 놀라게 했다. 편집장이 보기에 그의 기억력이 범상치 않아 루리아 박사를 찾아가보라고 권유했던 것이다. 루리아 박사와 S의 30년 만남은 이렇게 시작되었다.

S는 1차 세계대전 중 라트비아에서 자랐다. 당시 학교교육은 매우 엄했고 암기를 강조했다. 전쟁 중이라 종이가 매우 귀했기 때문에 학생들은 필기 대신 외워야 했다. 그런 상황에서 S는 나름의 특별한 암기법을 터득하게 되었다. S의 기억력은 대단했다. 그는 의미 없는 단어나 수열, 복잡한 수학공식, 심지어 외국어로 된 시들도 한 번 불러주면 정확히 기억해냈고, 목록을 역순으로도 기억했다. 글자나 숫자가 의미를 가지든 아니든, 읽어주든 글로 써주든, 길이에 상관없이 S가 기억해내는 데는 아무 문제가 없었다. 루리아 박사가 50개 단어 목록을 불러준 후 아무런 예고 없이 16년 뒤 다시 암기해보라고 했을 때도 S는 정확히 기억했다. 루리아 박사는 그의 기억용량이 '무한하다'는 터무니없는 사실을 인정할 수밖에 없었다고 했다. 그런데 정작 S는 자신의 기억력이 뛰어나다는 사실을 별로 특별하지 않게 생각하고 있었다. "아니, 남이 한 이야기를 고스란히 기억하는 게 뭐 그리 대단한 일이라고 그러십니까? 다른 사람들도 다 그렇게 하지 않나요?" 놀라운 기억력에도 불구하고 그의 지능은 평균 수준이었다.

루리아 박사는 S를 가까이서 세심하고 끈질기게 관찰하며 S의 내면세계까지 기록했다. 루리아 박사가 S를 30년 동안 연구해서 그의 기억, 마음, 정신을 기록한 책이 《모든 것을 기억하는 남자 The mind of mnemonist》이다. (루리아 박사의 기술방식은 미국의 저명한 신경학자이자 작가인 올리버 색스에게도 깊은 영향을 주었다.)

S의 첫 번째 비밀, 공감각

그렇다면 S가 가진 기억력의 비밀은 무엇이었을까?

S는 숫자들을 다음과 같이 묘사했다. "1은 뾰족한 숫자입니다. 2는 보다 납작하고 직사각형이고 색깔은 희끄무레하며 때로는 거의 회색처럼 됩니다. 3은 빙글빙글 돌아가는 뾰족뾰족한 톱니바퀴고요, 4 역시 사각형이고 뿌연 색입니다. 얼핏 보기엔 2와 비슷하지만 그보다는 좀 더 내용이 많고 오히려 두툼해 보이죠. 5는 아주 완벽한 동시에 일종의 원뿔이나 탑의 모습을 띠고 있습니다. 이 숫자야말로 가장 내용이 풍부하죠. 8은 어딘가 소박한 느낌을 주고, 마치 석회석처럼 우윳빛 도는 청색입니다." 그는 또 1은 자존심 강하고 당당한 남성, 2는 활기찬 여성, 3은 우울한 사람, 6은 발이 퉁퉁 부은 남자, 7은 콧수염을 기른 남자, 8은 매우 통통한 여인이 떠오르고, 87이란 숫자에서는 통통한 여인과 콧수염을 빙글빙글 돌리는 남자가 보인다고도 했다.

이렇듯 서로 다른 감각이 결합되는 현상을 '공감각synesthesia'이라고 한다. Synesthesia는 '함께'라는 뜻의 그리스어 'syn'과 '감각'을 의미하는 그리스어 'aisthesis'에서 온 용어다. 하나의 감각이 다른 감각을 불러일으키는 것이다. 공감각자들은 글자나 숫자(자소)에서

```
ABCDEFGHIJKLM
NOPQRSTUVWXYZ
0123456789
```

[그림2] 공감각자들이 보는 세상

 색깔을 보고, 색깔을 볼 때 음을 듣고, 음악을 들으면서 색깔을 본다([그림2]). 공감각자들은 말이나 글을 생생한 시각적 이미지로 받아들인다. S도 색깔을 '듣고' 음악을 '보고' 무언가를 만질 때 맛을 느꼈다. 하루는 S가 러시아의 심리학자 비고츠키^{Vygotsky}와 대화를 나누며 "당신은 바삭바삭하고 노란 목소리를 가졌군요."라고 말하기도 했다.

 이런 흥미로운 현상이 처음 과학계에 소개된 것은 1880년 프랜시스 골턴$^{Francis\ Galton}$에 의해서다. 그는 자소-색, 음-색 공감각자들을 〈네이처〉지에 발표하면서 유전되는 특질이 있다고 덧붙였다. 골턴의 발표 후 공감각은 과학계로부터 반짝 관심을 끌었지만, 공감각자 외에는 관찰할 수 없는 현상이어서 광기, 약물, 환각의 산물로 여겨졌다. 심지어 그 현상의 진실여부가 의심받기도 했다. 공감각이 신경과학의 세계로 다시 들어온 것은 1990년대다.

공감각은 실제로 존재하는 현상일까? 공감각자들이 스스로 지어낸 허구는 아닐까? 이를 알아보기 위해, 라마찬드란 교수는 매우 영리한 실험을 하나 고안했다. 라마찬드란 교수는 [그림3]의 왼쪽처럼 5의 더미 속에 2를 숨겨놓고 실험참가자들에게 2를 찾게 했다. 5와 2를 각 지게 써 놓으면 모양이 비슷해 찾기 어렵다. 일반인들은 5의 더미 속에서 애써 2를 찾아내야 한다. 그러나 오른쪽 그림처럼 5가 연두색이고 2가 빨간색으로 보인다면 어떨까? 2를 찾는 것은 식은 죽 먹기다. 이것이 바로 공감각자들이 보는 세상이다. 마치 흑백 TV와 컬러 TV의 차이처럼 뚜렷한 것이다.

공감각자의 발생 빈도는 2,000명 중 한 명, 또는 25만 명 중 한 명꼴로 흔치 않다. 특이한 것은 여자가 남자보다 여섯 배나 많다는 사실이다. 공감각의 형태는 다양하지만 글자나 숫자에서 색깔을 보

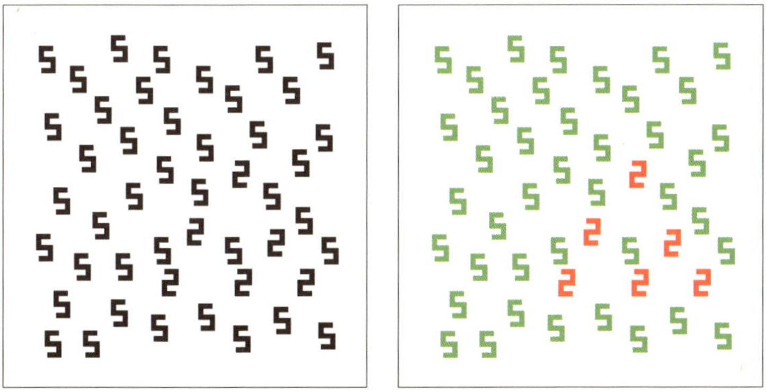

[그림3] 공감각자들이 보는 세상(오른쪽)

는 '자소-색 공감각'이 전체 공감각 유형의 3분의 2를 차지할 정도로 많다. 소리에서 색깔이나 맛을 느끼거나 글자나 감촉에서 맛을 느끼는 공감각도 있다. 어떤 이는 여인의 목소리에서 가늘고 구부러진 쇠막대를 보고, 어촌 판자집을 보면서 아이스크림 맛을 느끼기도 한다. 또한 글자나 숫자에서 색을 보는 공감각자들이라도 저마다 경험하는 색은 모두 다르다.

그렇다면 공감각자의 뇌와 일반인의 뇌는 어떻게 다를까? 이를 설명하기에 앞서, 우리 뇌가 시각정보를 어떻게 인식하는지부터 알아보는 것이 좋겠다. 시각정보는 망막으로 들어와 시신경회로를 통해 후두엽의 1차 시각피질로 전달된다. 시각정보는 대상의 색깔, 형태, 움직임 등으로 세분화되고, 각 정보는 해당 뇌 영역으로 투사된다. 이를테면 색깔을 담당하는 뇌 영역은 방추형이랑에 위치하는 V4이다. 그렇다면 글자나 숫자는 어디에서 담당할까? 글자나 숫자의 형태도 방추형이랑 속 V4에 인접한 곳에서 처리된다. 이런 근접성이 공감각의 발생기전을 설명하는 실마리를 제공한다. 공감각자들에게서는 이 두 영역 간에 모종의 교류(합선)가 일어난다고 본다. 이로써 글자나 숫자를 볼 때 색깔을 처리하는 뇌도 덩달아 활성화되는 것이다([그림4]).

왜 공감각자의 뇌에서는 서로 다른 감각을 담당하는 뇌 영역 간에 교류가 일어날까? 라마찬드란 교수는 신경세포의 '가지치기'로 이 현상을 설명한다. 신생아나 유아의 뇌 속 시냅스 수는 성인보다 훨씬 더 많다. 시냅스의 연결이 많다는 것은 그만큼 뇌의 분화가 덜 이루어졌다는 의미이기도 하다. 유아에게 성인보다 공감각이 흔한 이유다. 그러다 나이가 들면서 잘 쓰지 않고 쓸모없는 연결들은 가지치기를 당하고, 필요하고 자주 쓰는 회로들은 강화되는 과정을 겪는다. 이 과정에서 일부 연결들은 가지치기를 당하지 않고 살아남는데, 이 뜻밖의 선물이 공감각을 일으킨다. 공감각은 결국 뇌 영역간의 비정상적인 연결(합선)의 결과라고 본다. 암스테르담의 신경과학자들도 자소-색 공감각자들의 하부 측두엽 피질에서 신경회로연결성이 증가됐음을 발견했다.

이렇게 글자나 숫자에서 색깔이나 이미지를 자연스럽게 떠올리니까 기억에 저장되기 쉽다. 구체적 사물에 대해서도 S는 쉽게 시각

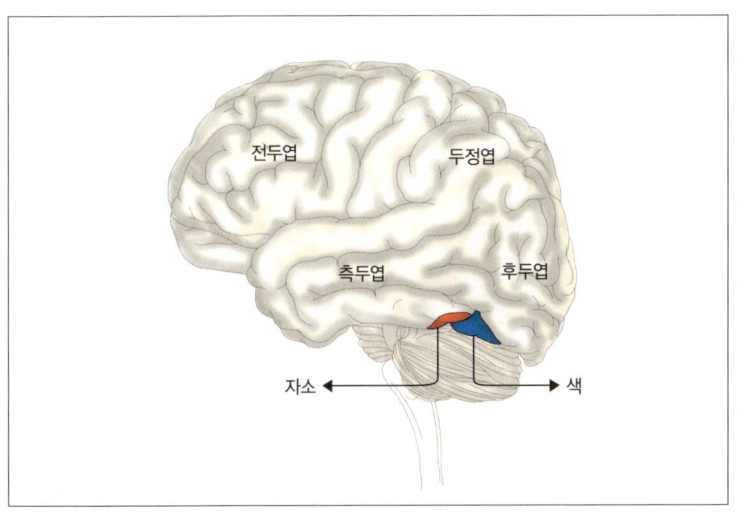

[그림4] 자소-색 공감각을 느낄 때 활성화되는 뇌 부위

적 이미지를 떠올릴 수 있었다. S가 가진 탁월한 기억력의 비밀 중 하나가 바로 이 공감각이다.

공감각은 창조성의 원천이 되기도 한다. 예술가들 중 공감각자의 비율은 일반인에 비해 일곱 배나 많다. 작곡가 드뷔시는 이렇게 말했다. "도대체 소리가 색을 가지지 않고, 색에 멜로디가 없고, 소리와 색에 뜻이 담겨져 있지 않다니 정말 놀라운 일이다." 물리학자 리처드 파인만도 등식에서 색깔을 보았고, 다른 사람과 대화할 때 베르누이의 함수가 보인다고 했다. 이들 외에도 현대 추상미술의 선구자인 칸딘스키, 음악가 프란츠 리스트 등도 공감각자들이었다. 감각들이 서로 연합되어 있다면 서로 무관해 보이는 현상들을 연결해서 새로운 의미를 창출할 수 있다.

S의 두 번째 비밀, 장소법

S가 단어를 읽을 때면 각 단어는 그에게 특정한 이미지를 불러일으켰다. 그런데 그 단어 열이 상당히 긴 경우, S는 이러한 시각적 이미지들을 자기가 잘 아는 거리를 떠올리며 차례대로 배치해두었다. '머릿속 산책'을 위해 선택한 거리는 숫자나 단어 열을 회상해야 할 때가 되면 순식간에 다시 나타났다. 그러니 며칠 뒤가 되었건 16년 후가 되었건 한 번 외웠던 숫자나 단어를 떠올릴 때는 산책한 길만 떠올리면 된다. 단어나 숫자목록을 역순으로 기억해낼 때는? 물

론 마음속 산책길을 거꾸로 걸어가면 된다.

이러한 식의 암기법을 '장소법 method of loci'이라고 한다. 기억력 향상법으로도 알려져 있는 장소법의 시작은 기원전 500년 그리스의 철학자이자 시인인 시모니데스 Simonides (BC556~BC468)로 거슬러 올라간다. 어느 날, 올림픽게임 레슬링 종목에서 우승을 한 그리스인을 축하하는 잔치가 열렸다. 시모니데스는 그 자리에서 레슬링 선수를 위한 축사를 했는데 연설을 마친 후 곧바로 그곳을 떠났다. 그런데 그가 자리를 떠나자마자 건물의 지붕이 무너져 그 안에 있던 모든 사람들이 얼굴을 알아볼 수 없을 정도로 심하게 신체가 훼손된 채로 죽었다. 그러나 시모니데스는 뛰어난 기억력을 발휘하여 누가 어느 자리에 있었는지 모두 알아냄으로써 사람들의 신원을 파악할 수 있었다. 시모니데스는 사물을 기억할 때에 실제나 혹은 상상 속의 장소를 이용했다고 한다.

장소법에는 해마가 관여하는 것으로 알려져 있다. 그래서인지 해마는 사건을 기억하는 일과 더불어 방향을 찾아가는 일에도 관여한다. 런던의 교통과 지리는 복잡하기로 유명하다. 따라서 길 찾는 능력이 웬만해서는 런던에서 택시기사 노릇하기 힘들다. 영국 런던, 엘리노어 맥과이어 Eleanor Maguire 교수의 연구에 의하면 런던 택시기사들의 해마가 일반인들보다 더 컸다. (물론 해마가 큰 사람들이 택시기사를 한 것인지, 택시기사를 하다 보니 해마가 커졌는지를 이 연구가 밝히진 못했지만 해마가 관여한다는 사실은 분명하다.)

맥과이어 교수는 또 기억경연대회에서 우승한 기억천재 열 명의 뇌와 일반인의 뇌를 비교해봤다. 기억천재들의 지능지수와 전체적인 뇌 구조는 일반인들과 다르지 않았다. 그런데 기억천재들이 공간학습전략spatial lear ning strategy을 사용해서 그런지, 공간기억에 필수적인 해마의 활성도가 일반인들에 비해 높았다. 이들의 공간학습전략은 S가 사용한 장소법과 맥을 같이한다.

기억 향상의 비밀, 결합과 맥락

S외에도 기억천재들은 더러 있다. 알렉산더 에이킨Alexander Aitken 교수도 그중 한 사람이다. 그는 뛰어난 수학자이자 암산가였다. 1차 세계대전 중에 있었던 일이다. 지휘관이 병사들의 명단을 통째로 잃어버린 일이 있었는데, 에이킨은 명단을 한두 번 보았을 뿐이었지만 이름과 군번을 정확히 기억해냈다. 그러나 그의 기억은 S처럼 완벽하지는 않았다. 1936년 그는 세 자리 숫자 열여섯 개를 네 번 듣고 정확히 기억했는데, 이틀 뒤 기억할 때는 숫자 하나가 틀렸고, 1960년에 다시 기억할 때는 여덟 개가 틀렸다. 에이킨이 사용한 기억전략은 기억해야 할 새로운 대상에서 자신이 이미 알고 있는 정보와 연결할 만한 단서를 찾는 것이었다.

또 다른 기억천재는 체스선수 VP이다. 그는 다섯 살 때 이미 자신의 고향인 인구 50만 명이 사는 도시 리가의 지도를 완벽하게 외울 정도로 비범했다. 그는 바틀렛 경의 '유령들의 전쟁 이야기'(※102쪽

참조)를 두 번 읽고 정확히 기억했으며, 1년 뒤 예고 없이 외워보라고 했을 때도 정확히 기억해냈다. 그도 새로운 정보를 기존 정보와 연결하는 전략을 썼다. 그는 또 여러 나라 언어를 알고 있었기 때문에 그 어떤 세 글자라도 의미 있는 단어와 연결할 수 있었다. 숫자판을 날짜로 기억하기도 했다.

  S와 에이킨 교수, VP의 공통점은 무엇일까? 그것은 바로 결합과 연결이다. 여러 감각이 결합되는 공감각, 사물과 장소를 결합시키는 장소법, 기존 정보와 새로운 정보를 묶는 연결법. 모두 결합과 연결을 통해 기억을 향상시키는 전략이다. 노래방 도전 1000곡에서도 그냥 가사만 외우라고 하면 절대 그만큼 잘 외울 수 없다. 노래의 음과 가사가 결부되었기 때문에 더 잘 외울 수 있는 것이다.

  결합과 연결의 또 다른 측면이 맥락이다. 맥락이 학습에 미치는 영향에 대한 연구에서, 한 그룹의 실험참가자는 마른 땅에서, 다른 그룹의 참가자는 물속에서 단어목록을 학습하게 했다. 학습 뒤 목록을 회상하게 했을 때, 훈련상황과 검사상황이 다른 경우보다 같은 경우 회상을 더 잘했다. (물속에서 연습한 사람은 물속에서 더 잘 회상했다.) 나의 연구실에는 책상과 의자, 컴퓨터가 두 대씩 있다. 한 책상에서는 주로 진료업무나 인터넷을 한다. 또 다른 책상에서는 책이나 논문을 쓰는 작업을 한다. 각 작업은 늘 하던 책상에서 할 때 가장 효과적으로 이루어진다. 시험장소에 미리 가보는 것, 발표장소를 상상하며 훈련하는 이미지 트레이닝, 발표현장에서 미리 연습하는 리허설이 효과적인 이유가 여기에 있다. 홈구장 선수들이

유리한 이유도 마찬가지다. 이렇듯 특정 장소가 학습능력을 향상시키는 것도 뇌 속에서 환경과 학습이 결합되어 있기 때문이다.

아무것도 잊지 못하는 여인

이제, 지금까지의 기억천재와는 다른 종류의 비범한 기억을 소유한 사람을 만나보자. 바로 질 프라이스$^{Jill\ Price}$라는 여인이다. 그녀는 자신의 과거를 기억하는 능력이 탁월했다. 프라이스는 날짜만 대면 그날 자신이 한 일, 겪은 일을 순서대로 정확히 기억했다. 그녀는 서른네 살에 신경학자들에게 알려졌는데, 열네 살부터 현재까지 자신에게 일어난 일들을 정확히 기억해냈다. 예를 들어, 1994년 4월 27일에 일어난 일을 기억하라고 하면(2005년에 테스트했다) 프라이스는 이렇게 대답했다.

"그날은 수요일이었어요. 나는 플로리다에 내려가 있었죠. 임종을 앞둔 할머니를 뵈러 간 것이었는데 할머니는 결국 사셨어요. 나는 월요일인 25일에 플로리다로 갔죠. 그전 주말에 닉슨 대통령이 사망했어요. 아빠와 엄마는 결혼식 참석차 뉴욕부터 들렀는데, 엄마는 결국 볼티모어에 있는 친정에 가셨고, 아빠만 26일 화요일 플로리다에 오셨어요. 그 주에 나는 집으로 돌아갔고, 아빠는 볼티모어로 가서 엄마를 만났어요."

기억이 정확한지는 그녀의 일기장을 통해 확인했다. 그녀는 정말 인간달력이라 불릴 만했다.

그녀는 끊임없이, 자동적으로, 또 강박적으로 자신의 과거를 회상했고 대부분의 시간을 그런 식으로 보냈다. 그녀는 "비행기에 갇혀 끝없이 되풀이되는 안전교육 비디오를 보는 것 같다."라고 했다. 누군가와 대화를 하고 있는 중에도 언제나 한편으로는 머릿속에서 과거에 일어난 일을 생각하고 있었다. 과거 사건이 마치 현재에 일어나는 것처럼 머릿속에서 재연된다고 했다. 마치 두 개의 분리된 스크린에서 현재와 과거가 동시에 상영되는 영화관 같다. 이렇듯 자신의 에피소드를 기억하는 것을 자전적 기억 autobiographical remembering 이라고 하는데, 프라이스의 경우 보통 사람들에 비해 매우 비범했다.

반면, 일반적인 기억천재인 S나 VP는 자전적 기억에서는 그리 뛰어나지 못했다. 의미 없는 단어나 숫자목록은 귀신같이 기억해냈지만 과거에 일어난 사건들에 대한 기억은 평범했다. 프라이스는 스스로를 평범하다고 생각했다. 자신의 기억이 뛰어난 줄도 몰랐다. S나 VP도 마찬가지로 동료들의 기억이 더 뛰어나다고 믿고 있었다.

그렇다면 프라이스의 비범한 자전적 기억력은 어디서 온 것일까? 프라이스는 다른 기억천재들과는 달리 공감각이나 장소법을 쓰지 않았다. (그런 능력이 없다고 보는 편이 맞을 것이다.) 프라이스의 자전적 기억은 거의 대부분 무의식적으로 이루어졌다. UC어바인대학의 제임스 맥고 James McGaugh 교수는 신경인지기능 검사 등을 통해 프라이스를 5년간 면밀히 관찰한 후 다음과 같은 결론을 내렸다. "프라이스에겐 기억 스위치를 끄는 것이 불가능하다." 프라이스는 전전두엽의 기능에 장애가 있었던 것이다. 전전두엽은 다른 뇌 기능을 통제하는 역할을 맡는다. 그녀에겐 기억하는 일을 억제하는 기능이 불가능했다. 그와 더불어 전전두엽의 다른 기능인 실행, 추상, 조직, 추론에도 어려움이 있었다. 끊임없이 과거를 회상해야 했던 프라이스의 강박증도 전전두엽의 장애 때문이었다.

프라이스는 자신과 관련된 사건은 정확히 기억하지만, 관련이 없는 사건에 대한 기억은 평범했다. 그녀가 S나 VP가 잘 수행했던 과제들을 기억할 때는 일반인 수준에 불과했다. 프라이스에게 VP가 잘 기억했던 '유령들의 전쟁이야기'를 암기해보라고 했다. 그녀의 대답은 "정말 지금까지 들어본 얘기 중에 가장 우스운 얘기군요. 전 이런 것 못해요."였다. 또 S가 3분 동안 완벽히 외운 4행 13열의 수열(쉰두 개의 숫자)도 프라이스는 웃으면서 자신은 불가능하다고 했다. 그녀는 겨우 일곱 개의 숫자만을 기억했다.

예상대로 프라이스의 기억력은 학업에 도움이 되지 못했다. 그녀는 현재와 미래에 초점을 두기보다는 과거를 회상하는 데 대부분의 시간을 보냈기 때문이다. 그녀의 기억은 축복일까, 저주일까? 그녀는 축복이자 저주라고 말했다.

"아름다운 과거를 기억할 수 있어 행복해요. 언제든 그날로 돌아가 그때의 일을 생생하게 떠올릴 수 있어요. 그러나 친구와 싸웠던 일 하나하나, 내가 저지른 멍청한 모든 실수, 내가 절망에 빠졌던 모든 순간들을 기억하는 것은 정말 괴로워요."

다시 HM과 S를 기억하며

HM은 불행한 사람이었지만 한편 행복한 사람이기도 했다. HM은 조용하고 유머감각이 있는 예의 바른 사람이었으며 자신의 상황을 제대로 인식하고 있었다. 그는 언제나 기꺼이 실험에 응했다. 그는 말했다. "저를 통해 얻은 지식이 남을 도울 것이고, 그래서 저는 기쁩니다." 그에게는 모든 것이 늘 새로웠다. 돌아가신 어머니 소식을 들을 때마다 그는 마치 처음 듣는 것처럼 또 다시 울음보를 터뜨렸다.

S는 기억술사로서 인생을 마쳤다. S의 공감각과 시각화는 기억하는 데는 큰 도움이 되었지만, 불필요하게 이미지와 감각을 불러일으키는 바람에 불편하기도 했다. 글을 읽을 때도 글자들이 색깔이나 이미지를 불러와 어려움을 겪었다. 책을 읽으면서 무언가를 먹을 때 사정은 더욱 나빠졌다. 일상생활에서도 종종 어려움을 야기했다. "하루는 아이스크림 가게에 갔어요. 점원에게 아이스크림 종류를 물었죠. 그녀가 '과일 아이스크림'이라고 말하는 순간 석탄과 검은 잿더미가 그녀의 입에서 쏟아져 나오는 거예요. 도저히 아이스크림을 살 수가 없었어요."

[그림5]의 순열을 기억해보자. 이런 단순한 순열도 S는 공감각과 장소법을

1	2	3	4
2	3	4	5
3	4	5	6
4	5	6	7

[그림5]

이용해 기억'해야만' 했다. 그러자면 숫자들과 연결된 이미지들에 정신이 팔려 정작 단순한 패턴을 찾을 수가 없었다. 또 그는 긴 단어목록은 잘 기억했지만, 목록 중에서 특정 범주(예: 과일 이름)에 속하는 단어만을 추출해내는 능력은 부족했다.

"단어 하나하나가 이미지를 불러일으키거든요. 너무 많아요. 서로 충돌하는 바람에 그야말로 혼돈의 도가니에요. 이래가지고는 아무것도 할 수가 없겠어요. 그리고 지금 읽어주시는 목소리 때문에…… 얼룩이 또 생겨나서…… 전부 뒤섞여버렸어요."

문장 속에 담긴 정보를 이해하는 것조차도 S는 힘들었다. 연달아 떠오르는 이미지들 때문에 책을 읽는 일은 정말 고통스러운 과정이었다. 공감각과 시각화는 S에게 기억의 도구였지만, 동시에 본질적인 것을 학습하는 데는 장애물이 되었다. 정말 아이러니하게도 그에게 가장 시급한 일은 망각하는 법을 배우는 것이었다. 망각이야말로 그에게는 축복이 될 것이었다.

건강한 망각

우리가 '기억'이라는 주제를 놓고 이야기할 때 그 중심에는 항상 '기억'이 있었다. 기억을 이야기할 때 굳이 망각을 언급하지 않았다. 나만 해도 HM을 아무것도 '기억'하지 못하는 사람, S를 모든 것을 '기억'하는 사람이라 불렀다. 많은 사람들은 이렇게 생각한다. '기억의 반대가 망각이다. 망각은 단순히 기억하지 못하는 수동적인 현상이다.' 기억 뒤에는 '력'이라는 글자를 붙여 '기억력'이라는 표현을 곧잘 쓴다. 기억은 일종의 능력을 나타내는 긍정적인 표현이다. 그러나 망각에는 부정적인 의미가 담겨 있다. 망각하는 '증세'라는 말은 흔히 쓰이지만, '망각력'이란 말은 어쩐지 어색하지 않은가.

나이가 들면서 내게도 건망증이 슬슬 나타나기 시작한다. 나도 한때 수십 명의 전화번호 정도는 거뜬히 외우고 다녔는데, 디지털 문명 탓인지 지금은 내 전화번호조차도 가끔 헷갈린다. 이게 바로 노화의 증거가 아닌가 걱정되기도 한다. 내가 근무하는 외래진료실에는 심한 건망증 때문에 치매가 아닌가 두려워하는 환자들이 많이 방문한다. 그러나 자신이 치매에 걸린 게 아닌가 걱정하는 사람은 치매 환자가 아니라는 말이 있다. 정작 치매 환자는 자신의 기억상실을 모르거나 부정하기 일쑤기 때문이다.

기억장애를 호소하며 병원에 찾아오는 분들의 대부분은 실제로 기억장애가 아니라 주의력에 문제가 있는 경우가 많다. 이것저것 신경 쓰는 일이 많으니 새로운 정보를 저장할 공간이 부족한 것이다. 나는 뇌의 작업기억 working memory 을 주로 책상에 비유하여 설명한다. 책상 위에 처리해야 할 것들로 이미 가득 차 있으면 새로운 정보를 어디에 놓아야 할지 막막하다. 어느 틈엔가 대충 쑤셔 넣지만 어느새 그 정보에 대한 기억은 가물가물해진다. 나이가 들수록 신경 쓸 일이 많아지다 보니 새로운 정보는 쉽게 기억에서 잊히는 것이다.

그런데 과연 망각은 단지 기억의 반대말일까? 망각은 기억의 적일까?

1973년 티머시 블리스$^{Timothy\ Bliss}$는 토끼 해마의 치아이랑$^{dentate\ gyrus}$을 고강도로 자극하면 시냅스 강도가 지속적으로 증가하는 현상을 처음으로 발견했다. 블리스가 발견한 이 과정은 장기증강$^{long\text{-}term\ potentiation}$이라 불리는데, 기억과 학습을 설명하는 매우 중요한 메커니즘이 되었다. 뉴런은 이웃 뉴런과 연결되어 있고, 한 뉴런이 자극되어 발화하면 이웃 뉴런에 영향을 준다. 이때 '세포접착제'가 관여해 뉴런과 뉴런 사이의 연결을 단단하게 한다. 그러므로 기억이 장기기억으로 남으려면 장기증상이라는 과정이 일어나야 한다.

그런데 장기증강은 시냅스 강도를 증가시키기만 한다는 데 문제가 있다. 시냅스 강도를 줄일 방안이 없다면 신경 네트워크는 곧 포화상태에 이르고 말 것이다. 인위적으로 장기증강을 포화상태로 만들면 새로운 기억을 저장하는 데 방해가 되는 것도 이 때문이다. 따라서 장기증강을 견제할 상대가 필요한데 그것이 바로 장기억제$^{long\text{-}term\ depression}$이다.

최근 연구에 의하면, 우리 뇌는 새로운 정보를 학습할 때 장기증강 과정을 거치면서 동시에 장기억제를 통해 오래된 기억을 제거하여 빈 공간을 확보하려는 노력을 한다. 장기억제를 통해 기존에 저장된 기억을 선택적으로 지움으로써 신경 네트워크가 포화상태에 이르는 것을 막는 것이다.

장기증강이 '기억'이라면 장기억제는 '망각'이라고 볼 수 있다.

망각은 우리 뇌가 기억의 저장 공간을 충분히 확보하려는 노력의 일환이다. 중요한 정보를 저장하기 위해 덜 중요한 전화번호 같은 건 쉽게 잊어버리는 것이다. 많은 일로 뇌가 복잡할 때 우선순위가 낮은 것을 잊어버리는 능동적인 행위가 망각이다. 망각은 우리가 정한 우선순위에 따르는 선택행위다. 그래서 건망健忘은 한자의 뜻 그대로 '건강한 망각'이다.

잘 잊어야 잘 기억한다

그런데 여전히 망각은, 기억이란 주인공이 뇌 속에서 활약할 수 있도록 자리를 만들어주는 조연 정도로 여겨진다. 망각의 역할이 기억을 위한 공간 확보 정도에 그치는 것일까? 여기서 이런 의문이 든다. 만약 우리의 기억용량이 무한해질 수 있다면? 마치 컴퓨터 하드디스크 용량 넓히듯이 우리의 기억용량을 마음대로 넓힐 수 있다면? 그렇다면 망각이 불필요하지 않을까? 우리가 얼마나 기억을 잘 할 것인가만 고민하면 됐지 망각이란 말은 잊어도 되지 않을까? 아니, 그렇더라도 망각은 우리에게 필요한 것일까?

파블로프의 개 실험이 고전적 조건형성의 시초라면, 미국 심리학자 에드워드 손다이크Edward Thorndike의 고양이 실험은 조작적 조건형성operant conditioning의 대표격이다. 손다이크의 퍼즐상자 속에 갇힌 고양이는 미로를 무사히 빠져나오면 상자 앞에 놓여 있는 먹이를 먹을 수 있다. 처음에는 고양이가 상자를 탈출하는 데 시간이 꽤 걸리지만 횟수를 거듭할수록 시행착오를 거치면서 더 빠르게 탈출하고 먹이를 얻는다. 고양이는 상자의 미로를 학습하고 그 환경에 조건화가 된 것이다. (손다이크의 고양이처럼 스스로 원해서 하는 수의적 행동을 '조작적 조건형성'이라 한다. 반면 파블로프의 개처럼 종소리에 본능적으로 침을 흘리는 불수의적 행동을 '고전적 조건형성'이라 한다.)

그런데 만약 음식이 놓인 위치가 바뀌면 어떻게 될까? 또는 미로의 형태가 바뀐다면 어떻게 될까? 조건화는 일종의 자동적인 반사와도 같다. 고양이는 옛날 방식대로 미로를 탈출하려 하고, 또 원래 있던 곳에서 음식을 찾으려 할 것이다. 우리 인간도 이 고양이처럼 바뀐 환경에도 불구하고 옛 방식을 그대로 반복하는 건 아닐까?

에이브러햄 루친스Abraham Luchins 의 '물 항아리' 문제를 풀어보자. 항아리 A에는 21컵의 물, 항아리 B에는 127컵의 물, 항아리 C에는 3컵의 물이 들어갈 수 있다. 어떻게 하면 항아리 하나에 정확히 100컵의 물을 담을 수 있을까? 답은 B-A-2C이다. B 항아리를 가득 채우고 A만큼 물을 빼고 C를 두 번 빼면 100컵의 물이 된다. 실험참가자들에게 이와 똑같은 패턴(B-A-2C)의 문제를 다섯 개 더 풀게 한 후 다음 문제를 풀게 했다. 항아리 A에는 14컵의 물, 항아리 B에는 36컵의 물, 항아리 C에는 8컵의 물이 들어갈 수 있다. 어떻게 하면 항아리 하나에 정확히 6컵의 물을 담을 수 있을까? 역시 B-A-2C로 풀 수 있지만, 이 문제는 A-C로 더 간단히 풀 수 있다. 그러나 대부분의 실험참가자들은 기존 방식(B-A-2C)으로 문제를 해결하려 했다. 그들은 이미 첫 문제의 패턴에 학습되어버린 것이다. (내가 실험한 다섯 명은 두 문제만으로도 기존 패턴에 학습되었다.)

손다이크의 고양이가 처음 먹이를 얻기 위해서는 기억과 학습learning이 중요했다. 고양이들이 미로를 터득한 것처럼, 조건화는 우리가 환경에 효과적으로 대처하며 살아가는 데 반드시 필요하다. 그러나 미로가 바뀐 상자에서 먹이를 얻기 위해서는 기존 방식을 망각하는 폐기학습unlearning이 필요하다. 다시 말해, 일반적인 학습은 조건화 과정을 통해 강화되지만, 새로운 환경에서의 학습이나 발견을 위해서는 폐기학습이 선행되어야 한다. 새 나무를 심으려면 오래된 나무를 뽑지 않을 수 없듯이, 신경망에 새로운 기억을 만들려면 옛 기억과 습관을 폐기학습 해야 한다.

기억이 장기증강이자 학습이라면, 망각은 장기억제이자 폐기학습이라고 볼 수 있다. 망각은 낙서를 지우는 능동적이고 지혜로운 메커니즘이다. 기능적 자기공명영상 연구에서도 중요한 단어 짝을 잘 기억하기 위해서는 그와 경쟁하는 단어들을 더 잘 잊어야 했다. 경쟁단어를 잘 망각하지 못하면 중요한 단어도 잘 기억하지 못했다. 잘 잊어야 잘 기억한다. 비워야 채울 수 있다.

수족관을 투명한 유리로 둘로 나누어 물고기들을 각 구역에 살게 했더니, 나중에 유리를 없애도 물고기들은 원래 있었던 곳에 주로 머문다고 한다. 우리 인간도 자신이 만든 상자 안에서 쉽사리 편안함을 느끼고 그 안에서만 머물려 하지는 않는가. 우리도 서서히 우리 주변에 손다이크의 '상자'를 만들고 거기에 적응하며 살아가고 있는지 모른다. 그러다 결국 우리가 상자 속에 있다는 것조차 잊고 살아가기도 한다. 우리가 손을 뻗어 상자 속에 있음을 지각하기 전까지는.

삶을 진정 생생하게 느끼기 위해서 우리는 계속 무언가 새로운 것을 배워야 한다. 그렇다면 우리는 어떻게 상자로부터 탈출할 것인가? 어떻게 기존의 패턴을 폐기학습하고 새로운 패턴을 개발할 것인가?

항공여행 중에 승무원의 비상사태 대처요령 안내에 주의를 기울이는 사람이 얼마나 될까? 늘 하던 것은 지루하다. 그러나 항공기에 심각한 엔진고장이 발생한다면, 모든 사람은 승무원의 말 한마디에도 집중할 것이다. 이렇듯 위기상황이 아니면 상자로부터 쉽게 빠져 나오기 어렵다. 위기상황이 아닌 경우에는 스스로 위기감을 불어넣는 것도 한 방법이다. 성공하는 기업이나 개인이 위기감을 조성하여 지속적인 혁신을 할 수 있는 것도 이 때문이다. 조건화된 사고의 틀 밖에 있는 가능성을 의식적으로 탐색하는 노력은 오래된 상자를 부수고 새로운 것을 창조하는 시작이 될 수 있다.

망각은 기억의 반대가 아니라 오히려 동반자다. 그러니 이제 망각이란 단어는 잊어버리자. 우리는 배운 것의 많은 부분을 망각할 수밖에 없다. 16년이나 18년 교육과정에서 얻은 지식 중 지금 기억하고 있는 것이 얼마나 되는가? 학교에서 배운 것은 대부분 잊어버리게 되는데 왜 그렇게 오래도록 학교를 다니는가? 학습한다는 것은 곧 '변화'한다는 것을 의미한다. 무언가를 배울 때마다 우리는 배운 지식을 다 기억하지 못하더라도 조금 다른 사람이 되어 있다. 비우고 채우는 과정을 되풀이하면서 조금씩 더 나은 사람이 되어가고 있다. 우리는 결국 망각하기 마련이지만, 우리가 잊어버린 기억들은 우리 뇌 어딘가 발자국을 남기는 것이다.

왜 나쁜 기억은 오래 남을까?

우리가 기억을 선택할 수 있다면, 우리는 좋은 일만 기억하고 불행하고 슬펐던 과거는 잊기를 원한다. 그런데 즐거운 기억들은 얼마 지나지 않아 곧 잊는다. 오죽하면 즐거웠던 기억을 목록으로 만들어놓고 자주 들여다보라고 조언하겠는가? 그러나 나쁜 기억들은 어디다 적어놓지 않아도 자꾸 떠오른다. 어떤 일들은 결코 그냥 잊히지 않는다. 그 일을 떠올릴 때마다 기억이 강화될 뿐 아니라 새로운 이야기가 추가된다. 나쁜 기억은 분노의 감정으로 이어지기도 한다.

왜 나쁜 일은 더 오래 기억에 남는 것일까? 내 마음을 아프게 했던 기억들, 분노, 마음의 상처 등은 해마와 이웃한 편도체에 기억된다. 사건 자체는 해마에 기억되지만, 사건에 관련된 감정은 편도체에 기억된다. 뉴욕시민들이 911 테러를 어떻게 기억하고 있는지를 살펴보면, 월드트레이드센터 가까이 살고 있었던 시민들은 사건 현장에서 좀 더 멀리 떨어진 시민들에 비해 그 사건을 더 생생하게 기억하고 표현했다. 그리고 현장에 더 가까이 있었던 시민들일수록 911 테러를 기억할 때 편도체가 더 활성화되었다.

우리는 즐거웠던 일에 대해서는 전반적인 인상을 기억한다. 그러나 부정적인 사건들은 세세한 부분까지 기억한다. 부정적인 사건을 조목조목 기억해내며 분석하려 든다. 나쁜 기억은 더 오래 살아남는다. 분노는 시간이 흐를수록 옅어지지 않고 더 생생해지고 증강된다. 서운한 일을 강박적으로 되씹고 반복하는 우리는 어쩌면 질 프라이스와 같을지도 모른다.

아름다운 망각

자다가 새벽에 벌떡 깰 정도로 누군가를 죽도록 미워해본 적이 있는가? 그 아픈 기억을 어떻게 잊을 수 있을까? 그 분노를 어떻게 지울 수 있을까? 마음의 고통은 쉽사리 잊히지 않는다. 화병으로 가슴을 쥐어짜는 환자들에게 이젠 그만 잊으라고 해도 그들은 "잊고 싶은데 잊히지 않는다.", "도저히 용서가 안 된다."고 말한다.

《치유하는 글쓰기》의 저자인 박미라 선생은 분노와 같은 부정적인 감정을 다음과 같이 '떠나보내라'고 말한다. 부정적인 감정은 쉽게 떠나지 않기 때문에, 그것을 끊거나 버리거나 죽이려고 하지 말아야 한다. 대신, 가만히 자신의 고통을 마주하고 거기에 귀를 기울여야 한다(직면). 그 고통이 어디서 비롯됐는지, 내가 무엇을 힘들어하는지 스스로 얘기해줄 때까지 말이다(공감과 경청). 그리고 세상에 대고 나의 고통에 대해 말해줘야 한다(발설). 고통이 하는 이야기를 들으면서 나는 삶의 지혜를 터득하게 될 것이고, 할 말을 다 마친 고통은 스스로 떠나갈 것이다. 아픈 기억을 폐기학습하는 과정은 그 기억을 불러내어 생생하게 체험한 뒤 떠나보내는 것이다. 그 기억에게 작별을 고하는 것이다.

용서에 이르는 첫 과정도 상처를 다시 기억해내는 작업이다. 용서는 분노가 저절로 잊히도록 그냥 내버려두는 수동적인 것이 아니다. 상처를 부인하지 말고 최대한 객관적으로 기억해내고 그것을 다시 해석하고 떠나보내야 한다. 용서는 나쁜 감정을 능동적으로 폐기학습하고 새로운 기억을 심는 작업이다. 그리고 가장 숭고한 형태의 용서는 아픈 기억이 떠나간 그 자리를 긍정적인 정서로 채우는 것이다. 분노, 적대감, 억울함 같은 부정적인 정서를 비우고, 그 자리를 연민, 동정, 공감, 사랑으로 채우는 행위야말로 가장 위대한 용서다.

미국 펜실베니아 주의 한 작은 마을 아미시^{Amish}. 이곳은 현대문명을 거부하고 전쟁과 폭력을 반대하는 기독교인들이 공동체를 이루고 사는 마을이다. 2006년 10월 2일, 평화로운 이곳에 믿을 수 없는 일이 일어났다. 인근 마을의 찰스 로버츠라는 남자가 총기를 들고 아미시 학교에 침입해 여학생 10명을 쏘아 5명을 숨지게 하고 자신도 자살하는 충격적인 사건이 발생했다. 사고가 난 지 불과 몇 시간 뒤, 마을 사람들은 아미시에서 수 킬로미터 떨어진 살해범 찰스 로버츠의 집을 방문했다. 로버츠의 가족을 위로하기 위해서였다. 그들은 마음의 깊은 상처를 겪었을 찰스 로버츠도 이 비극의 희생자로 여겼다. 어느 아미시 사람은 찰스 로버츠 아버지의 손을 잡고 이렇게 말했다. "로버츠씨, 우리는 당신을 사랑합니다." 며칠 뒤, 찰스 로버츠의 장례식이 열렸는데 그 사건으로 죽은 여학생들의 부모들도 참석해 살인자의 미망인을 위로했다. 살인범 찰스 로버츠의 장례식에 참석한 일흔다섯 명 가운데 절반 이상이 아미시 마을 주민이었다.

인간이 할 수 있는 가장 아름다운 망각이 바로 용서다. 아미시 사람들이 보여준 용서는 나 같은 보통사람들로서는 감히 범접조차 할 수 없을 정도로 숭고하다. 우리는 아미시 사람들의 용서까지는 실천하지 못하더라도, 분노를 떠나보내는 정도는 할 수 있지 않을까. 우리가 불행한 이유는 잘 기억하지 못해서가 아니라 잘 잊지 못해서다. 망각은 건강한 삶을 위해 우리 뇌가 적극적이고 능동적으로 기울이는 노력이다. 망각은 기억 못지않게 살아가는 데 필요한 동반자다. 때때로 아름다운 망각이 훌륭한 기억보다 훨씬 더 낫다는 생각을 한다. 나는 오늘도 기억과 망각의 아름다운 조화를 꿈꾼다.

5. 결정하는 뇌

이성과 감정의 줄다리기

감정적인 결정은 잘못된 것인가?

감정의 뇌가 없으면 이성적인 행동만 할 것으로
생각하기 쉽다. 그러나 현실에서의 의사결정 방식은
계산과 추론에만 의존하지 않는다. 이성과 감정의 균형이야말로
두뇌가 요구하는 합리적인 판단의 필수 조건이다.

　　　　1920년대 어느 날, 시카고에서 은행강도 사건
이 발생했다. 은행원 중 한 명이 야구방망이에 머리를 맞아 결국 사
망하는 일도 벌어졌다. 사건을 조사하던 검찰은 시카고 남부 갱단
의 두목 '스카 페이스' 알 카포네^Al Capone 와 그의 부하 클라이드^Clyde
를 강도와 살해혐의로 기소했다. 그런데 탈세에 대한 증거는 풍부
했지만 정작 그들이 살인을 했다는 명백한 증거는 없었다. 자칫하
다간 강도와 살인에 대한 증거 불충분으로 둘 다 풀어주어야 할지
모르는 상황이었다. 검찰은 두 사람의 진술에 기댈 수밖에 없었다.
　담당검사는 알 카포네와 클라이드를 각각 다른 방에 불러놓고 은
밀하게 거래를 제안했다고 한다. 카포네와 클라이드는 어떤 일이
있어도 강도와 살인혐의를 부인하자고 미리 약속했었다. 검사는 먼
저 카포네에게 말했다. "클라이드가 살해했다고 불어라. 만약 클라
이드가 침묵하면 그 친구만 유죄가 인정되어 30년형을 받고 너는
석방이다. 그런데 네가 침묵하고 클라이드가 너를 살인범으로 지목
하면 너만 유죄가 인정되어 30년형을 받는다. 만약에 둘 다 서로 상
대를 지목하면 둘 모두 10년형이다. 하지만 둘 다 침묵한다면 너희
모두 탈세혐의만 인정되어서 5년 정도가 구형될 것이다." 검사는

5. 결정하는 뇌　181

	클라이드 배신	클라이드 침묵
카포네 배신	카포네 10년, 클라이드 10년	카포네 석방, 클라이드 30년
카포네 침묵	카포네 30년, 클라이드 석방	카포네 5년, 클라이드 5년

[표1] 알 카포네와 클라이드가 검사로부터 받은 제안

클라이드에게도 똑같은 제안을 했다([표1]).

알 카포네의 딜레마

둘 모두를 위한 최선의 선택은 무엇인가? 약속한대로 둘 다 침묵하는 것이다. 탈세혐의에 대해 5년만 감옥살이를 하면 되니까 말이다. 운이 좋으면 가석방으로 일찍 나올 수도 있다. 그러나 만약 상대가 나를 범인으로 지목하고 나만 침묵한다면? 상대는 걸어 나가고 나만 감옥에서 30년을 썩어야 한다. 아무리 서로 배신하지 말자고 약속했다 하더라도, 결정을 내려야 하는 지금 혼자만 약속을 지키고 상대가 배신할까 두렵다. 그들은 서로 격리되어 의논을 할 수도 없다. 이런 상황에서 가장 합리적인 결정은 무엇일까?

배신과 협동, 어느 쪽이 더 유리한지 이제 계산을 한번 해보자. 카포네의 입장에서는 클라이드가 배신할 경우와 침묵하는 경우로 나누어 생각할 수 있다. 먼저 클라이드가 배신할 경우, 카포네는 침묵하는 것(30년형)보다 배신하는 것(10년형)이 더 유리하다. 클라이드가 침묵할 경우라도 카포네는 배신하는 것(석방)이 침묵하는 것(5년)보다 유리하다. 다른 계산 방법도 가능하다. 카포네가 배신하는 경우 그는 10년형을 받거나 석방되거나 둘 중 하나이므로 평균 5년 복역이다. 카포네가 침묵하는 경우 그는 30년형이나 5년형을 받으므로 평균 17.5년 복역이다. 배신하는 것이 산술적으로 12.5년 적은 형을 산다. 모두를 위한 최선의 선택은 협동이다. 그러나 개인에게 더 유리한 전략은 배신이다. 그들은 동료를 배신할 것인가, 아니면 동료를 믿고 침묵할 것인가? 이것이 그 유명한 '죄수의 딜레마 prisoner's dilemma'이다. (실제로 알 카포네는 1931년 탈세혐의로 11년 형을 선고받았다. 또한 수사과정에서 있었던 일이나 부하의 이름에 대해서는 자료에 따라 설이 다르다.)

죄수의 딜레마 게임은 사회 속의 인간이 어떻게 서로 협동하는지 알아보는 '사회적 딜레마 social dilemma' 게임의 하나다. 사회적 딜레마 게임 속에 숨은 묘미는 합리적 계산에 의한 결정(배신)이 비합리적 결정(협동)보다 결과적으로 더 나쁜 결과를 초래한다는 것이다. 만약 카포네와 클라이드가 계산을 할 줄 몰랐다면 둘 다 침묵했을지도 모른다. 그러나 시카고 갱단의 두목 알 카포네가 이런 계산에 미숙할 리가 없다.

그런데 죄수의 딜레마 게임에서 서로를 신뢰하고 침묵하는 것이 과연 비합리적인 결정이라고 쉽게 말할 수 있을까? 죄수의 딜레마 게임을 할 때 우리 뇌는 어떤 반응을 보일까? 에모리대학의 심리학

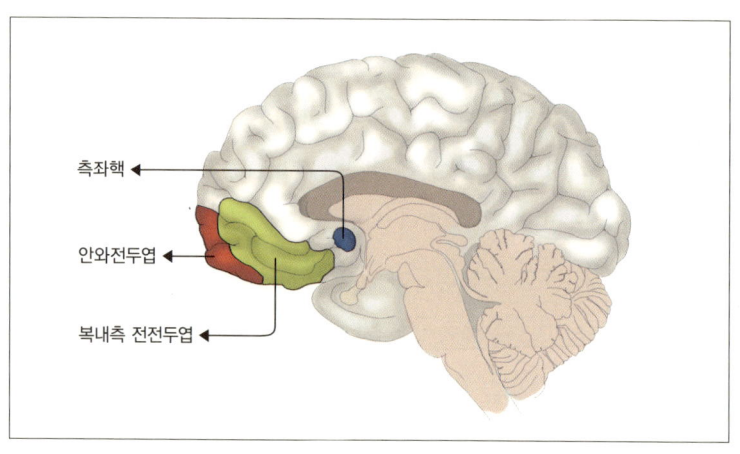

[그림1] 협동할 때 활성화되는 뇌 영역들

과 제임스 릴링$^{James\ Rilling}$ 교수는 실험참가자들이 이와 비슷한 결정을 하는 동안 기능적 자기공명영상을 촬영했다. 거래는 다음과 같았다. "두 사람이 협동하면 2달러씩 받는다. 상대만 협조하고 내가 배반하면 난 3달러를 받고 상대는 아무것도 못 받는다. 상대가 배반하고 나만 협조하면 상대만 3달러를 벌고 난 아무것도 못 받는다. 둘 다 배반하면 1달러씩 받는다." 두 사람이 서로 협동할 때 측좌핵, 복내측 전전두엽$^{ventromedial\ prefrontal\ cortex}$, 안와전두엽$^{orbitofrontal\ cortex}$ 등이 활성화되었다. 측좌핵은 보상에, 복내측 전전두엽과 안와전두엽은 감정에 관련된 뇌 영역들이다([그림1]).

 죄수의 딜레마와 같은 게임에서 어떤 결정을 내리는가는 많은 변수들에 의해 좌우된다. 나의 결정은 상대방이 누구냐에 따라, 또 상대방이 비슷한 상황에서 과거에 어떤 결정을 내렸느냐에 따라 달라질 것이다. 불행히도 카포네와 클라이드에겐 단 한 번의 기회밖에 없었지만, 실험참가자들이 죄수의 딜레마 게임을 여러 번 했을 때는 결과가 달랐다. 로버트 액설로드 Robert Axelrod 의 연구에 의하면, 실험참가자들이 처음에는 보통 협동하는 결정을 했고, 그 이후에는 상대방의 첫 태도에 따라 배신과 협동 여부를 결정했다. 형량이나 보상의 종류와 정도도 결정에 영향을 미칠 것이다. 릴링이 실험한 것처럼 고작 몇 천 원짜리 보상이 걸린 게임이라면 나는 얼마든지 상대에 협동할 용의가 있다. 나의 결정을 누군가는 지켜볼 것이고, 나는 적어도 배신자 소리는 듣지 않을 것이기 때문이다. 만약 내가 호감을 가지는 여성이 나의 결정을 지켜보고 있다면 말할 나위도 없다. 상대가 배신할 때 내가 협동하는 것이 당장은 손해인 듯 보이지만 결국 더 큰 심리적 보상을 안겨준다면 그것은 치밀한 계산에 의한 것일 수도 있다. 그런데 만약에 보상의 정도가 수천 원이 아니라 수억 원 대라면 어떻게 될까? 아마도 다른 결과가 나올지도 모른다.

이런 면에서 죄수의 딜레마 게임을 할 때 보상과 감정에 관련된 뇌 영역들이 흥분했다는 릴링의 실험결과는 타당하다. 합리적 계산으로 쉽게 결정할 수 있을 것 같은 죄수의 딜레마 게임에서조차 우리의 의사결정은 이렇듯 복잡하고 매번 달라질 수 있다. 그렇다면 우리는 어떻게 결정을 내리는 것일까? 의사결정 과정은 도대체 우리 뇌 어디의 작품일까?

수와 확률에 약한 뇌

이번에는 확률적으로 계산할 때 정답이 분명한 게임을 해보자.

당신 앞에 문이 세 개 있다. 그중 하나의 문 뒤에는 스포츠카가 있고, 나머지 두 개의 문 뒤에는 염소가 있다. 스포츠카를 기대하는 당신이 어느 문 하나를 선택하면, 내가 나머지 두 개의 문 중에서 염소가 숨어 있는 문 하나를 알려줄 것이다. 그리고 당신에게 선택을 바꿀 기회를 한 번 줄 것이다. 이때 처음 선택한 문을 그대로 유지할 것인가, 아니면 선택을 바꿀 것인가? 스포츠카를 갖기 위해서는 어느 편이 더 유리한가?

'몬티 홀Monty Hall 문제'라고도 불리는 이 게임의 답을 수학적으로 계산하여 증명하려면 여간 복잡하지 않다. 그러나 [표2]를 보면 선택을 바꾸는 것이 더 유리하다는 걸 알 수 있다. 세 문 중에 하나의 문 뒤에 스포츠카가 있으므로 표와 같은 세 가지 경우가 있다. 당신이 첫 번째 문을 먼저 선택했다고 치자.

'경우1'은 첫 선택을 바꾸지 않아야 스포츠카를 탈 수 있지만, '경우2'와 '경우3'은 모두 선택한 문을 바꾸어야 스포츠카를 탈 수 있다. 따라서 선택을 바꾸는 것이 확률적으로 더 유리하다. (선택을 바꾸지 않을 경우 스포츠카를 탈 확률은 1/3이지만, 선택을 바꿀 경우 2/3가 되므로 선택을 바꾸는 것이 확률적으로 두 배 유리하다.) 그러나 많은 사

	첫번째 문	두번째 문	세번째 문
경우 1	스포츠카	염소	염소
경우 2	염소	스포츠카	염소
경우 3	염소	염소	스포츠카

[표2] 몬티 홀 문제

람들은 선택을 바꾸지 않는다. 먼저, 확률적 계산이 어려워서 그럴 수 있다. (내게도 이 문제가 어려웠다.) 또 괜히 선택을 바꾸었다가 스포츠카를 타지 못할 경우 바보 소리 들을까 두렵기 때문이다. 선택을 바꾸지 않고 스포츠카를 못 탄 경우는 그래도 첫 선택을 유지했기 때문에 덜 후회한다.

이번엔 좀 더 쉬운 문제를 풀어보자. 당신은 다음 두 가지 제안 중 어느 것을 받아들일 것인가?

제안1: 당신이 도박을 할 경우, 1,000달러를 딸 확률은 1%이고 한 푼도 못 받을 확률은 99%이다.

제안2: 도박을 하지 않을 경우, 무조건 5달러를 주겠다. (즉, 5달러를 딸 확률이 100%이다.)

어느 제안이 내게 더 유리한지 판단하려면 각각의 제안에서 우리가 기대할 수 있는 액수를 계산하면 된다. 기대금액은 상금과 확률의 곱이다. 첫 번째 제안의 기대액수는 1,000달러×0.01=10달러이고, 두 번째 제안은 5달러×1.0=5달러이므로, 첫 번째 제안을 받아들이는 것이 낫다. 그러나 대다수의 사람들은 두 번째 제안을 선택한다고 한다. 이익을 두고서는 위험요인이 있는 쪽보다 안전을 좀 더 추구하는 심리적 경향 때문이다.

이제, 수와 확률 앞에서 우리가 얼마나 비합리적인 결정을 하는지 좀 더 들여다보자.

인간의 비합리성, 휴리스틱

5명의 엔지니어와 995명의 변호사로 이루어진 집단이 있다. 이 1,000명을 각각 간략히 묘사한 쪽지함이 있다. 그중 하나를 무작위로 뽑았더니 김 씨라는 남자가 나왔다.

> 김 씨는 45세 남자로 결혼해서 네 아이를 두고 있다. 그는 상당히 보수적이고 신중하다. 정치나 사회적 이슈에 대해선 전혀 관심이 없고, 대부분의 여가시간을 집에서 목공일을 하거나 수학퍼즐을 푸는 데 보낸다.

김 씨는 엔지니어일까 변호사일까? 대부분의 사람들은 김 씨가 엔지니어일 것이라고 대답한다. 정치나 사회적 이슈에 전혀 관심이 없고 여가시간에 수학퍼즐을 푸는 사람은 왠지 변호사와는 거리가 멀어 보인다. 그러나 확률적으로 보면 김 씨가 변호사일 가능성이 99.5%로 압도적으로 높다. 99.5%와 0.5%는 엄청난 차이다. 더구나 변호사라고 해서 정치나 사회에 무관심하고 목공일과 퍼즐을 취미생활로 갖지 말란 법도 없지 않은가? 따라서 확률을 바탕으로 추론하여 변호사라고 답하는 것이 좀 더 논리적이다. 그러나 많은 사람들은 변호사와 엔지니어는 어떠할 것이라는 믿음의 틀에 의존하여 쉽게 판단을 내린다.

이렇듯 우리는 의사결정을 할 때 복잡한 논리에 의존하기보다는 문제를 단순화시켜 도식^{schema}적으로 처리하는 지름길을 택한다. 합리적 계산이나 추론보다는 직감에 의존하여 인지적 수고를 덜려 한다. 아모스 트버스키$^{Amos\ Tversky}$와 대니얼 카너먼은 이러한 주먹구구식 해결 방법을 휴리스틱^{heuristics}이라 이름 붙였다.

다음 곱셈을 해보자.

첫 번째 문제: $8 \times 7 \times 6 \times 5 \times 4 \times 3 \times 2 \times 1$
두 번째 문제: $1 \times 2 \times 3 \times 4 \times 5 \times 6 \times 7 \times 8$

두 집단에게 어림잡아 계산하게 했을 때 첫 번째 문제를 푼 집단이 내놓은 답의 평균은 2,250, 두 번째 문제를 푼 집단의 평균은 512였다. 높은 수로 시작한 경우 낮은 수로 시작할 때보다 더 높은 답이 나올 것이라고 짐작한 것이다. (사실 위 두 문제에 대한 답은 40,320으로 두 집단 모두 참값에 비해서는 터무니없이 낮았다.) 이를 '닻 휴리스틱'이라 부른다.

지금까지 동전을 여섯 번 던졌는데 모두 앞면이 나왔다고 하자. 그 다음 일곱 번째 던진 동전은 앞면일까? 뒷면일까? 확률적으로는 여전히 앞면과 뒷면이 반반이다. 그러나 지금까지 계속 앞면이 나왔기 때문에 다음 번에는 뒷면이 나올 것으로 기대한다. 계속 잃고 있으면서 '다음에는 따겠지.' 하고 기대하는 도박꾼의 심리와 비슷해 '도박꾼의 오류'라고도 불린다. 또 동전 앞-뒤-앞-뒤-앞이 나올 확률과 앞-앞-앞-앞-뒤가 나올 확률 중 어느 쪽이 더 높은가? 확률적으로 둘은 동일하다. 그러나 대부분의 사람들은 전자가 더 흔하다고 믿는다. 이런 것들이 '대표성 휴리스틱'의 예다.

위험을 평가할 때도 우리는 휴리스틱에 의존한다. 비행기 여행과 자동차 운전 중 어느 쪽이 사고위험이 더 높을까? 실제 통계적으로는 자동차 운전의 사고 발생률이 더 높은데도, 사람들은 보통 비행기 여행이 더 위험하다고 생각한다. 우리가 지각하는 위험$^{perceived\ risk}$과 통계적 위험$^{statistical\ risk}$ 간에 괴리가 발생한다. 이렇듯 발생 가능성이 낮은 위험을 더 무서워하고, 발생 가능성이 높은 위험을 무시하는 이유는 무엇일까? 바로 통제환상 때문이다. 위험이 초래되는 상황을 내가 통제할 수 있다는 믿음을 통제환상이라 부른다. 비행기를 타는 순간 우리의 안전은 조종사에 맡겨진다. 반면, 내가 직접 운전하는 자동차는 나의 통제 아래에 있다고 믿는다. 이 환상 때문에 대부분의 사람들은 위험을 무시하고 매일 자동차를 운전하는지도 모른다.

인간의 비합리성, 프레임 효과

과거에는 본질적으로 동일한 문제라면 그 문제가 어떤 형태로 표현되더라도 선택에 영향을 미치지 않는다고 보았다. 그러나 트버스키와 카너먼은 기존의 믿음을 보기 좋게 뒤집었다. 그들이 만든 '아시아인의 질병 문제'를 풀어보자.

> 미국정부는 아시아에서 발생한 희귀병으로 600명이 사망할 것이라 예상하고 이 질병을 박멸하려 한다. 그러기 위해 두 개의 프로그램이 물망에 올랐다. 이 병의 생사에 대한 확률은 과학적으로 정확하다. 어느 쪽이 더 희망적인가? 당신은 다음의 대안 중에서 어느 쪽을 선택할 것인가?

문제유형1

프로그램A: 200명은 살린다.

프로그램B: 600명 모두가 살 수 있는 확률 1/3

모두 살 수 없는 확률 2/3

문제유형1에서 A를 선택한 사람은 72%, B를 선택한 사람은 28%였다. 이번엔 문제의 형식을 살짝 바꿔보았다.

문제유형2

프로그램A": 400명은 죽는다.

프로그램B" : 모두 사망하지 않을 확률 1/3

　　　　　　600명 모두 사망할 확률 2/3

그런데 문제유형2에 대해서는 A"를 선택한 사람이 22%, B"를 선택한 사람은 78%였다. 사실 프로그램 A와 A"는 확률적으로 같다. 프로그램 B와 B"도 마찬가지다. 문제유형1은 '산다'는 표현을, 문제유형2는 '죽는다'는 표현을 쓴 것뿐이다. 그런데도 실험참가자들은 서로 모순되는 선택을 했다. 심지어 연구자들이 A와 A", B와 B"가 확률적으로 같다는 언급을 주었는데도 실험참가자들은 여전히 선택을 바꾸지 않았다.

다시 말해서 문제유형1에 대해서는 적어도 200명은 살리고 보자는 안전추구 경향을 보였다. 반면에 문제유형2처럼 손실표현에 대해서는 400명이 죽는 A"보다는 모두 살 수 있는 확률이 1/3밖에 되지 않더라도 B"를 선택하는 도박을 감행한다. 그 이유는 사람들이 이익에 대해서는 위험요인이 있는 쪽을 회피하고 안전함을 추구하지만, 손실에 대해서는 오히려 위험요인이 있는 쪽을 추구하는 경향 때문이다. 이렇듯 문제의 표현방법을 '프레임^{frame}'이라 부르고, 프레임이 달라지는 것에 따라 판단이나 선택이 달라질 수 있는 현상을 '프레임 효과framing effect'라 부른다.

여기서 잠시 생각해보자. 본질적으로 동일한 문제를 약간 표현만 달리한 것뿐인데, 사람들이 모순된 결정을 내린다는 사실이 쉽게 수긍이 가는가? 인간이 그렇게 어리석은 존재일까?

그렇다면 이번에는 전문가에게 그들의 전문분야에 관련된 문제를 내보자. 여전히 프레임 효과가 유효할까? 바버라 맥닐Barbara McNeil 등은 의사들에게 자신이 암에 걸렸을 때 수술과 방사선 요법 중 어느 치료를 받을 것인지 다음과 같이 실제적인 질문을 해보았다.

A유형: "당신은 암에 걸려 수술과 방사선 치료 중 하나를 선택해야 합니다. 수술 후 사망률은 10%입니다. 즉, 100명의 환자가 수술받을 경우 10명이 사망합니다. 수술과 방사선 치료 중 어느 것을 선택하시겠습니까?"

B유형: "당신은 암에 걸려 수술과 방사선 치료 중 하나를 선택해야 합니다. 수술 성공률은 90%입니다. 다시 말해 100명의 환자 가운데 90명이 수술로 생존할 수 있습니다. 수술과 방사선 치료 중 어느 것을 선택하시겠습니까?"

A유형의 질문을 받은 의사들은 절반이 수술을 거부하고 방사선 치료를 받겠다고 말했고, B유형의 질문을 받은 의사들은 84%가 수

술을 받겠다고 했다.

전문가들도 프레임 효과에 속수무책으로 당했다. 이러한 프레임 효과는 지적 수준이나 전문성과 무관한 듯 보인다. 내가 지인들에게 '아시아인의 질병문제'를 내보았을 때도 프레임 효과에 걸려드는지 여부는 학력이나 지적 수준과는 관계가 없었다.

무의식의 힘

지금까지 살펴본 실험들에 의하면 우리 인간은 합리적인 의사결정을 거의 하지 못하는 비합리적인 존재처럼 보인다. 그런데 트버스키와 카너먼의 실험에는 두 선택 중 하나가 옳다는 암시가 있고, 우리의 의식적인 뇌는 어느 선택이 옳은지 '계산'을 해야 한다. 그러나 인간은 숫자에 약한 존재다. 숫자가 앞에 나올 경우 정확한 추론을 해낼 수 있는 사람은 드물다. 아시아인의 질병문제와 같이 얄궂은 문제 앞에서는 더더욱 그렇다. (내가 이 문제를 지인들에게 냈을 때에도 가장 흔히 보인 반응은 '문제가 뭐 이래?'였다.)

그런데 실생활에서 우리는 늘 이렇게 계산에 의해서 의사결정을 하는가? 트버스키와 카너먼이 복잡한 수학적 문제로 인간의 비합리성을 지나치게 부각했다고 비판하는 과학자들이 있다. 그들 중 한 사람이 미국 로체스터대학의 알렉스 푸조^{Alex Pouget} 박사다. 푸조 박사는 실험참가자들에게 점들이 여러 방향으로 산만하게 움직이는 동영상을 보여주었다. 대부분의 점들은 일정한 방향이 없이 무작위로 움직이고 특정 수의 점들만이 한 방향으로 움직이고 있었는데, 그것은 의식적으로 계산해서는 알 수 없을 정도로 미미했다. 참가자들은 점들이 어느 방향으로 움직이는지 맞혀야 했다. 그런데 실험참가자들은 점들의 움직임 뒤에 숨은 복잡한 수학적 계산을 전혀 모르는데도 점들이 움직이는 방향을 정확히 맞혔다. 그들은 어느 순간 갑자기 깨달았던 것이다. 푸조 박사는 말한다.

"인간의 뇌는 이런 종류의 계산을 수행하는 데 선천적으로 타고난 것 같습니다. 그동안 의사결정 분야의 연구는 주로 의식적인 결정에 치우쳐 있었어요. 그러나 우리가 하는 대부분의 결정은 의식적인 추론을 바탕으로 이루어지지 않습니다."

우리는 매 순간 자신도 모르게 '결정'을 하며 산다. 오늘은 어떤 옷을 입을까? 점심으로는 무엇을 먹을까? 이런 의식적인 결정뿐만이 아니다. 신호등이 빨간색일 때 우리는 정지하려고 의식적으로 결정하지 않는다. 길 위에 장애물을 피해 핸들을 꺾을 때나 내 얼굴로 뭔가 날아올 때 순간적으로 몸을 피할 때도 그렇다. 그리고 대부분의 경우 우리는 올바른 결정을 하며 산다. 그렇지 않으면 우리는 생존하기 어려울 것이다. 야구선수가 공을 잡을 때도 포물선이 어떻게 그려질지 복잡한 수학 계산을 하지 않는다. 대충 어림잡아 손을 내밀어도 공은 글러브 속으로 빨려 들어간다. 또 어떤 이는 막연한 '감'에 의해 옳은 결정을 내리기도 한다. 기록경기라고 하는 야구에서도 데이터에만 의존하는 감독이 큰 경기에서 실패하는 경우를 우리는 많이 봐왔다.

우리가 인식하지 못하는 상태에서 뇌가 내리는 결정을 보노라면 뇌는 거의 대부분 올바른 결정을 내리고 있다는 것을 알 수 있다. 뇌에서 일어나는 많은 과정들은 의식의 세계에 들어오지 않은 채 자동적으로 처리된다. 그렇지 않다면 우리 의식은 일상적으로 일어나는 수많은 단순 반복되는 과제들에 의해 압도되어 질식하고 말 것이다. 사실 무의식이 개입되어서 놀라울 정도로 정확한 의사결정을 할 수도 있다. 푸조 박사는 덧붙인다.

"카너먼은 실험참가자들에게 숫자를 제시했지만 우리는 그들의 무의식이 작동하게끔 했어요. 이상한 일이지만, 사람들은 퍼센트나 숫자가 앞에 나오면 거의 제대로 결정하는 일이 없어요."

그러나 '결정'이라는 문제에 부딪치면 우리는 마치 우리의 의식적인 마음이 결정을 했다고 여기기 쉽다.

20여 년 전에 미국의 뇌 과학자 벤저민 리벳[Benjamin Libet]은 의식적인 결정의 순간에 앞서 뇌가 먼저 반응한다는 사실을 밝혔다. 실험참가자가 단추를 누르겠다는 의식적인 결정을 하기 0.5초 전에 이미 뇌는 신호를 보내고 있었다. 리벳은 뇌파에서 관찰된 뇌 신호를 준비태세전위[readiness potential] 라 불렀다. 리벳의 결과는 많은 논란을 불러일으켰다. 만약 인간의 의사결정이 뇌에 의해 무의식적으로 미리 준비된다면 우리가 느끼는 '자유의식'은 허상에 불과한 것인가? 결정을 내리는 것은 뇌이지 인간의 의식적인 마음이 아닌 것이다.

2008년 독일 막스플랑크 연구소의 존 딜런 헤인즈[John-Dylan Haynes]

교수는 리벳의 연구를 뒷받침하는 놀라운 결과를 발표했다. 헤인즈 교수는 실험참가자들로 하여금 왼손이나 오른손으로 버튼을 누르게 했다. 참가자가 어느 손으로 누르는지에 대해서는 신경 쓰지 않고, 다만 언제 결정을 내렸는지 그 순간만은 잘 기억하게 했다. 연구진은 실험참가자가 결정을 내리기 무려 7초 전에 그 결정을 예측할 수 있는 뇌 신호를 찾아냈다. 전두극frontopolar 피질에서 일어나는 미세한 흥분의 패턴으로 연구진은 참가자가 어떤 선택을 할지 예측할 수 있었다.

이런 일련의 결과에 흥분한 매체들은 "딜레마가 있으세요? 생각하지 마세요!Dilemma? Don't give it a thought!"라는 자극적인 기사를 내보내기도 했다. 복잡한 문제에 대해 판단을 할 때 의식적인 결정과 무의식적인 결정 중 어느 것이 더 유리한지는 논란의 여지가 있다. 아마도 주어진 문제의 본질에 따라 어느 쪽 뇌를 쓰는 것이 좀 더 유리한지가 결정되는 것 같다. 그렇다면 수학적 계산과 추론을 거치지 않고도 정확한 판단과 올바른 결정에 이를 수 있는 능력의 원천은 과연 무엇일까?

감정이 결여된 결정

피니스 게이지Phineas Gage는 미국 버몬트의 철도건설 현장에서 일하던 성실하고 책임감 있는 젊은이였다. 1848년 9월 어느 날, 그는 폭파작업을 하던 도중 굵은 쇠막대기가 머리를 관통하는 끔찍한 사고를 당했다. 쇠막대기는 정확히 그의 왼쪽 얼굴 옆으로 들어가 눈을 관통해 머리 위로 튀어나왔다. 그러나 게이지는 기적적으로 살아났다. 놀랍게도 사고 직후 그는 말도 할 수 있었고 도움 없이 걸을 수도 있었다. 지능과 언어, 기억도 그대로 유지되었다. 하지만 그 사고는 그의 성격과 행동에 큰 변화를 가져왔다. 그는 더 이상 예전의 책임감 있고 성실한 인부가 아니었다. 가장 심각한 문제는 그가 전혀 합리적인 결정을 할 수 없다는 것이었다.

피니스 게이지가 죽은 이후 130여 년이 지난 1994년, 미국 아이오와대학의 안토니오 다마지오^{Antonio Damasio} 교수가 그 당시 최신영상기법을 이용해 게이지의 뇌를 재건해보았다. 손상된 게이지의 뇌

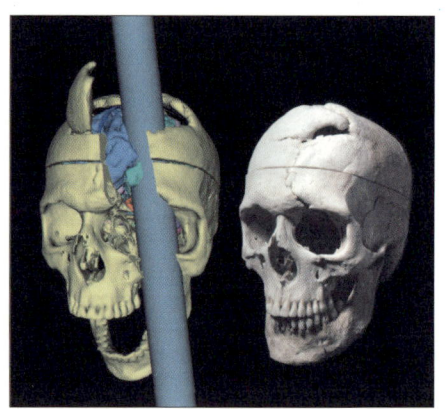

(출처: Ratiu and Talos, N Engl J Med 2004)

[그림2] 게이지의 뇌, 쇠막대기가 뇌를 관통한 모습

뇌 영역은 흥미롭게도 안와전두엽이었다([그림2], 2004년 보스턴의 의학자들이 재건한 사진이다). 안와전두엽은 변연계와 더불어 감정적 반응을 유발하는 곳이다.

얼마 후 다마지오 교수는 현실에서 피니스 게이지와 비슷한 환자를 만났다. 환자는 엘리엇이라는 30대 남자였는데, 그는 피니스 게이지가 다친 바로 그 영역 안와전두엽에 커다란 뇌종양을 갖고 있었다. 종양은 성공적으로 제거되었지만 수술 도중 전두엽의 일부는 불가피하게 손상되었다. 수술 후에도 지능, 기억, 언어는 모두 정상이었으므로 수술은 성공적인 것으로 여겨졌다. 그러나 그도 더 이상 예전의 그가 아니었다. 수술 전에 그는 유능한 사업가였고 행복한 가정의 가장이었으나, 수술 후엔 가장 기본적인 의사결정도 못하는 사람이 되었다. 시작한 일을 못 끝내고 계속 붙잡고 있었고, 방금 검토한 서류를 어디에 분류해야 할지를 몰라 몇 시간씩 쩔쩔맸다. 하나하나의 과제는 그런대로 수행해냈지만 여러 과제들을 통합하지 못했다. 그는 결국 직업을 잃었고, 위험한 투자를 하다 파산까지 했다. 결혼생활도 파경을 맞았고, 이혼 후 재혼했다가 다시 이혼했다. 그가 내린 결정은 모두 최악의 결과를 가져왔지만 그 경험으로부터 아무것도 배우지 못했다.

다마지오 교수가 보기에 엘리엇의 지능은 정상이었다. 그런데 뭔가 이상한 점이 있었다. 엘리엇이 자신의 비극적인 과거를 이야기할 때 너무나 무덤덤했던 것이다. 다마지오 교수는 즉각 엘리엇의 '감정'을 집중적으로 분석하기 시작했다. 엘리엇에게 집이 불에 활

활 타고 있는 사진, 지진으로 무너져 내리는 빌딩, 홍수에 떠내려가 죽어가는 사람들 사진들을 보여주었다. 그러나 그는 아무런 감정을 보이지 않았다. 그는 어떤 느낌을 가져야 하는지 안다고는 했지만 실제로 아무 감정이 없다는 것을 인정했다. 그는 감정이 없는 사람이 되어버린 것이다.

다마지오 박사는 엘리엇에게 '아이오와 도박' 과제를 시켜보았다. 그 과제는 다음과 같다.

> 실험참가자 앞에 카드 네 벌이 놓여 있다. A, B 카드 벌은 카드 하나를 뒤집을 때마다 100달러씩 받는다. 그러나 열 개 중 하나 꼴로 돈을 잃는 카드도 나오는데 그때마다 1,250불을 잃는다. 결론적으로 열 개 뒤집을 때 평균 250불 손해를 본다. 반면 C, D 카드 벌은 카드 한 장에 불과 50불을 받지만 열 개 중 하나 꼴로 잃는 돈도 250불이어서 열 개 뒤집는 동안 평균 250불씩 이득이다.

뇌가 건강한 사람들은 50여 장 뒤집다 보면 이 규칙을 저절로 깨닫는다. A, B 카드 벌은 많이 따는 듯 보이지만 위험도가 높아 결론적으로는 손해 보는 카드이고, C, D 카드 벌은 따는 돈은 적지만 이득이 된다는 것을 알 수 있다. 다마지오 교수가 피부전도반응 검사를 같이 해보았을 때 흥미로운 현상을 발견했다. 실험참가자들이 카드를 10여 장 뒤집었을 때 이미 피부전도에서 반응을 보이기 시작했다. 참가자들이 좋은 카드 벌과 나쁜 카드 벌을 '알아차리기' 훨씬 이전에 이미 우리 몸은 나쁜 카드 벌을 '느낄' 수 있었던 것이다. 우리가 이성적으로 설명하기 전에 우리 뇌는 먼저 감정적으로 느끼고 판단할 수 있었다. 그러나 안와전두엽이 손상된 엘리엇은 이 도박과제를 잘 수행하지 못했다. 그는 계속해서 위험도가 높은 A, B 카드 벌만 시도했다. 편도체가 손상된 환자들도 마찬가지다. 위험도가 높은 카드 벌로부터 느끼는 부정적인 감정을 알아차리는 뇌를 다쳤기 때문이다.

감정의 뇌가 없으면 이성적인 행동만 할 것으로 생각하기 쉽다. 분석적 뇌만 있다면 우리는 더 합리적인 의사결정을 할 수 있을 것으로 여긴다. 마치 컴퓨터가 정확히 계산하여 결정하듯이 말이다. 그러나 현실에서의 의사결정방식은 계산과 추론에만 의존하지 않는다. 엘리엇에게 약속을 정하기 위해 두 날짜 중 하나를 고르라고 하면, 몇 시간 동안 각 날짜에 대해 장점과 단점을 일일이 수첩에 열거한다. 그러나 그는 끝내 결정하지 못하고 수첩을 덮어버린다. 피니스 게이지와 엘리엇의 이야기는, 감정이 없을 때 합리적인 행동이 불가능하다는 역설을 보여준다.

다마지오 교수는 "나는 생각한다. 고로 나는 존재한다."라고 말한 데카르트가 틀렸다고 말한다. 감정은 이성의 시녀가 아니라는 것이다. 오히려 '생각'이 있기 훨씬 이전에 '느낌'이 있었다. 이성에 앞서 감정이 존재했다는 말이다. 인간은 여전히 일차적으로 감정의 동물이다. 그러므로 합리적인 결정을 내리기 위해서는 이성적인 뇌뿐만 아니라 감정의 뇌가 반드시 필요하다. 이성과 감정의 균형이야말로 두뇌가 요구하는 합리적인 판단의 필요조건이다.

도덕적 딜레마

이제 또 다른 형태의 딜레마를 풀어보자.

스위치 딜레마: 열차가 빠른 속도로 다가오고 있다. 열차가 진행하는 선로에 다섯 명의 어린이가 놀고 있다. 어린이들을 구하는 유일한 방법은 스위치를 눌러 열차의 진행방향을 바꾸는 것이다. 그러나 또 다른 선로에는 한 명의 어린이가 놀고 있다. 당신은 스위치를 눌러 한 명의 어린이를 희생하는 대신 다섯 명의 어린이를 구하겠는가?

육교 딜레마: 열차가 빠른 속도로 다가오고 있다. 열차가 진행하는 선로에 다섯 명의 어린이가 놀고 있다. 당신은 육교 위에 있는데, 건장한 한 남자가 앞에 서 있다. 어린이들을 구하는 유일한 방법은 남자를 밀어 떨어뜨리는 것이다. 남자는 죽겠지만, 열차는 멈추어 다섯 명의 어린 생명을 구할 수 있다. 당신은 남자를 밀 것인가?

누구와 결혼할 것인가, 어떤 직장을 선택할 것인가, 어떤 자가용을 살 것인가 등의 의사결정은 모두 나 자신을 위한 결정이다. 나의 행복을 위해 결정하면 그만이다. 그러나 도덕적 결정에는 타인의 이해관계가 개입된다. 나아가 타인의 생명이 개입되기도 한다.

플라톤과 칸트와 같은 철학자들은 성숙한 도덕적 결정은 추론과 논리, 이성적 판단을 통해 이루어진다고 보았다. 이에 반해 데이비드 흄이나 아담 스미스 등은 도덕적 결정에 감정이 일차적으로 중요한 작용을 할 것이라고 보았다. 어느 견해가 옳을까? 대부분의 사람들은 스위치 딜레마에서는 스위치를 당겨 열차의 방향을 바꾸겠다고 대답한다. 그러나 육교 딜레마에서는 육교 위의 남자를 밀지 않겠다고 말한다. 한 사람을 희생하여 다섯 명의 생명을 구하는 것은 같다. 그런데 왜 사람들은 스위치 딜레마에서는 실용(공리)주의적인 입장을 취하고, 육교 딜레마에서는 공리주의적 선택을 주저하는가? 이 문제는 철학자들에게도 수수께끼로 남아 있었다.

하버드대학 심리학과 조슈아 그린$^{Joshua\ Greene}$ 교수는 프린스턴대학 박사시절, 이 문제에 관심을 가졌다. 그는 도덕적 딜레마의 성격에 따라 서로 다른 과정이 관여할 것이라고 생각했다. 공공의 이익이나 대의를 위한 결정에는 좀 더 절제된 인지적 과정이 주도하는 반면, 윤리적 행위의 옳고 그름을 따지는 결정에서는 자연발생적인 감정 반응이 더 크게 관여할 것이라고 보았다. 아마도 이 두 과정의 긴장 관계 속에 우리가 내리는 결정이 놓여 있을 것이다.

그린 교수는 실험참가자들에게 스위치 딜레마와 육교 딜레마를 풀게 하며 기능적 자기공명영상을 촬영했다. 스위치 딜레마 앞에서 참가자들의 뇌는 배외측 전전두엽이 흥분했다. 이는 가능한 많은 생명을 구하는 것이 더 낫다는 실용주의적 입장을 대변한다. 이 뇌가 작동하면 우리는 보다 절제되고 이성적이며 덜 감정적이 된다. 반면 육교 딜레마 앞에서는 전혀 다른 뇌 시스템이 작동했다. 바로 내측 전두이랑medial frontal gyrus, 앞 대상회anterior cingulate cortex 등이 흥분했는데, 이곳은 강한 감정적 반응을 유발하는 뇌다. 육교 위의 남자를 내 손으로 떼미는 일은 '살인'이나 마찬가지다. 이런 육체적 접촉을 통해 타인에게 해가 되는 행동을 하려 할 때 우리 마음에는 강한 부정적 감정이 일어난다. 마음이 괴롭다. 감정의 뇌가 흥분해서 그렇다. 동시에 우리 마음속에는 '아냐, 내가 이 사람을 밀지 않

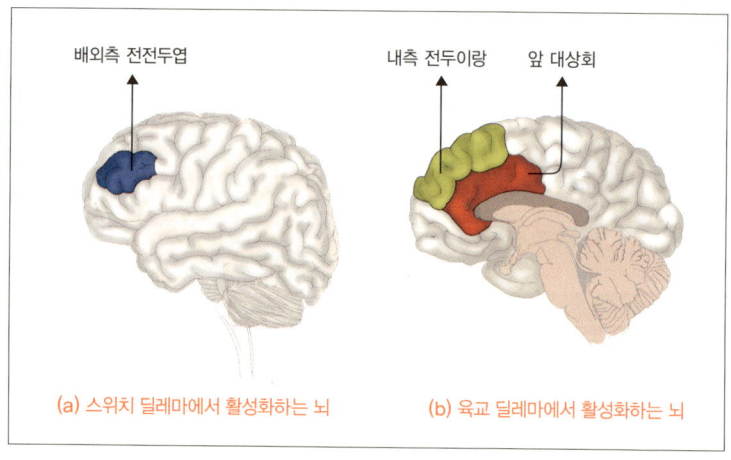

(a) 스위치 딜레마에서 활성화하는 뇌   (b) 육교 딜레마에서 활성화하는 뇌

[그림3] 도덕적 결정에 관여하는 뇌 영역

으면 다섯 명의 어린이가 죽게 돼.'라는 반응이 경쟁한다. 이는 배외측 전전두엽의 작품이다. 어느 뇌의 힘이 우월한가에 따라 우리의 도덕적 결정이 이루어진다([그림3]).

스위치 딜레마에서 스위치를 누르는 행동은 직접적인 신체적 접촉이 없으므로 감정적 반응을 덜 유발한다. 우리는 심리적 부담을 덜 느끼면서 열차의 방향을 바꾸겠다고 말한다. 이는 마치 무기 발달사의 아이러니와 비슷하다. 아주 먼 옛날 전쟁에서는 칼로 직접 상대를 찔러야 했다. 그 후 총기가 나오면서 상대의 몸에 직접 접촉할 필요가 없어졌고, 대포나 원거리 미사일 덕택에 상대의 얼굴조차 볼 필요가 없어졌다. 그리고 이젠 스위치 하나면 다른 대륙에 사는 불특정 다수를 죽음에 몰아넣을 수도 있다. 세계평화라는 대의를 위해서 악의 무리를 소탕한다는 명분으로 별 감정적 동요 없이 스위치를 누를 수 있다. 그것이 수많은 무고한 생명의 목숨을 앗아가는데도 말이다.

그렇다면 감정의 뇌가 손상된 사람들은 스위치와 육교 딜레마에서 어떤 결정을 내릴까? 양쪽 복내측 전전두엽을 다친 환자들은 두 가지 딜레마 모두에서 실용주의적인 선택을 했다. 그들은 주저없이 한 사람을 희생해서 여러 사람을 구하는 결정을 내린 것이다.

그러나 스위치 딜레마에서도 과연 감정의 뇌는 잠자고만 있을까? 스위치 딜레마에서 실용주의적 입장을 취하는 것이 반드시 옳은 것일까? 다수가 그런 결정을 한다고 해서 거기에 따르는 것이 옳을까? 만약 이 딜레마에 대한 결정을 투표에 부친다면 한 아이를 희생해서 다섯 아이를 구하자는 결론에 이를 것이다. 그러나 소수의 편에 서서 이렇게 반박할 수도 있다. 혼자 철로에서 노는 아이는 왜 거기 혼자 놀고 있을까? 친구들로부터 따돌림을 당한 아이일 수도 있다. 건너편 철로에서 노는 아이들을 바라보며 서성이고 있는지도 모른다. 아니면, 혼자 철로에서 노는 것을 즐기고 있을 수도 있다. 이 아이는 아주 분별 있는 아이라서 지금 자신이 놀고 있는 철로에 기차가 오지 않을 것을 알고 있다. 그 어느 쪽이든 이 아이를 희생하여 건너편에서 놀고 있는 다수의 아이들을 구하는 것이 과연 도덕적으로 정당한 일일까? 기차가 다니는 철로에서 노는 분별없는 다수를 구하는 것이 옳은 일일까?

스위치 딜레마에서도 스위치를 누르지 않겠다고 대답하는 사람들이 있다. 이들은 다른 사람들이 실용적인 선택을 한 딜레마에서도 감정의 뇌가 내린 결정에 따르는 사람들이다. 스위치 딜레마나 육교 딜레마에서처럼 인간의 생명이 달린 문제는 어느 결정이 옳은지 단정 짓기 어렵다. 다만 나는 도덕적 의사결정에도 감정의 뇌가 매우 중요한 역할을 한다는 사실을 말하고 싶다. 인간의 생명이 걸린 도덕적 딜레마에 과연 감정이 철저히 배제된 결정이 가능한가? 감정의 뇌가 없다면 우리는 그 어떤 경우라도 실리적인 결정을 할 것이다. 그러나 우리 인간은 도덕적 결정을 내릴 때 비합리적인 태도를 보이기도 한다. 생판 얼굴도 모르는 남의 생명을 구하려고 자기 목숨을 희생하기도 한다. 이성적 판단으로는 이해되지 않는 행동들이다.

심지어 인간보다 하등동물에서도 자신을 희생해서 남을 배려하는 행위를 찾아볼 수 있다. 열다섯 마리 원숭이들에게 줄을 당기면 먹이가 나오도록 하는 장치를 주었다. 원숭이들은 먹이가 두 배로 더 많이 나오는 줄이 어떤 것인지 금방 학습했다. 그러던 어느 날, 원숭이 한 마리가 그 줄을 당기자 옆방의 한 원숭이가 전기충격을 당했다. 동료가 고통받는 모습을 목격한 후, 열 마리의 원숭이는 음식이 적게 나오는 줄을 당겼고, 다른 두 마리는 아무 줄도 당기지 않았다. 그 두 마리 중 한 마리는 닷새를, 다른 한 마리는 12일을 굶었다. 비록 자신이 굶어 죽는 한이 있더라도 동료가 고통받는 것을 볼 수 없었기 때문이다.

의사로서 나는 환자의 생명이 걸린 문제에서 참으로 힘든 결정을 내린 순간들이 많았다. 희망도 없는 치료를 과연 유지해야만 하는가? 그 희망이란 대체 어디까지를 말하는 것인가? 나는, 아버지가 식물인간이 되어도 좋으니 살려만 달라고 하는 자식들도 보았다. 실낱같은 희망을 차마 버리지 못하면서도 경제적 형편이 허락하지 않아 어쩔 수 없이 치료 지속 여부를 의사의 결정에 맡겨버리는 가족들도 수없이 보아왔다. 병상에 누워 있는 환자의 생명도 귀하고, 남아서 살아가야 하는 가족들의 생명도 귀하다. 어느 선택이 실용적인지조차도 분명하지 않다. 사람의 생명이 걸린 문제는 그만큼 복잡하다.

이런 복잡하고 무거운 결정 외에도 의사들은 매일, 아니 매 순간 결정을 해야 한다. 의사들이 의사결정의 토대로 삼는 것은 바로

'근거'다. 어떤 새로운 치료가 기존의 치료법보다 우월하다는 증거가 발표되면 곧바로 이를 치료에 적용한다. 이를 '근거중심의학'이라 부른다. 그러나 근거만을 토대로 결정을 내리려 하다가는 사람이 아니라 기계를 치료하는 것과 마찬가지가 된다. 수천 명, 많게는 수만 명의 환자들을 무작위로 나누어 어떤 치료법이 더 나은지 평가하는 임상연구 디자인은 인간 개개인을 들여다보지 않기 때문이다.

환자들은 저마다 독특한 면면들을 가진 한 사람 한 사람이다. 또한 질병의 진단이나 치료가 점점 복잡해지면서 기준으로 삼을 치료 근거가 충분하지 않은 경우가 매우 많다. 그래서 현대의 근거중심의학은 '근거'만을 따지지 않는다. 환자의 특성, 그들의 선호도, 주변 환경을 모두 고려한다. 즉, 근거중심의학의 중심에는 근거가 아니라 바로 '사람'이 있다. 환자가 어떤 상황에 처해 있는지 이해하는 공감의 뇌, 감정의 뇌가 움직여야 한다. 그렇지 않으면 의사들은 이 병에는 무조건 이러한 치료라는 고정관념에 묶이기 쉽다. 그래서 우리는 의과대학 학생시절 의학은 과학이면서 동시에 예술이라고 귀가 따갑게 배웠다. 의학적 결정과정이란 이성적 추론에만 의존하는 일면적인 합리성을 넘어선다. 왜냐하면 그 결정이란 감정과 이성 간의 긴장 관계 속에서 애써 최선의 균형점을 찾으려는, 인간을 향한 결정이기 때문이다.

이성과 감정 사이

그렇다면 우리는 어떻게 하면 좀 더 바람직한 의사결정을 할 수 있을까?

철학자 플라톤은 마음에 계층적 구조가 있다고 보았다. 그는 마음이 세 층으로 이루어져 있다고 믿었다. 맨 위에 합리적이고 이성적인 마음이 있고, 중간에 동물적이고 본능적인 마음, 맨 아래에 식물단계의 마음이 있다. 인간은 왜 오류를 범하는가에 대한 고대 철학자들의 대답은 간단하다. 바로 마음의 아래계층에 있는 본능이 맨 위 계층의 이성적인 마음을 침범하기 때문이다. 동물적인 본능과 직감이 제 분수를 알고 자리만 잘 지키고 있다면 인간은 실수할 일이 없다.

그러나 인간의 판단 착오를 인지신경학적 관점에서 바라본다면 완전히 다른 설명이 가능하다. 인간의 뇌는 수많은 정보를 처리하는 데 한계가 있다. 지금 이 순간에도 수많은 자극들이 나의 눈에 보이고 귀에 들리고 피부에 와 닿는다. 우리 뇌는 이런 모든 정보에 골고루 집중할 수 없다. 또 그렇게 하는 것은 지극히 비효율적이다. 따라서 우리 뇌는 이 복잡한 세상을 잘 다루기 위해 외부의 자극들을 보다 단순화할 필요를 느낀다.

그렇다면 우리는 어떤 과정을 거쳐 복잡한 세상을 단순화할까?

먼저, 도식에 의존하는 것이다. 도식은 우리가 어떤 대상에 대해 갖고 있는 정보를 효율적으로 요약한 것이다. 또 다른 방법은, 복잡한 수학적인 법칙에 따른 의사결정 대신 간편한 휴리스틱을 사용하는 것이다. 즉, 우리는 일상생활에서 수많은 결정을 내릴 때 추론을 대신해서 휴리스틱이라는 좀 더 간단한 주먹구구 방식을 이용한다. 도식과 휴리스틱은 대부분의 경우 우리에게 유리하게 작용해 도움을 준다. 그러나 어떤 경우 휴리스틱의 덫에 걸려 잘못 판단하고, 간혹 그 오판은 심각한 결과를 초래하기도 한다. 인지과학적 관점에서 볼 때 판단착오의 주된 원인은 우리 뇌가 필요에 의해 세상을 단순화한 결과의 산물이다. 결국 인간이 실수하는 일차적인 원인은 수많은 정보를 처리하는 데 한계가 있는 우리 뇌의 본질적인 결함 때문이라는 것이다.

UCLA 심리학과 매슈 리버먼[Matthew Lieberman] 교수는 우리 뇌 속에 두 개의 처리장치가 있다고 말한다. 바로 분석두뇌와 반사두뇌다. 분석두뇌는 반성두뇌이며, reflective에서 따와서 C-시스템이라 불리기도 한다. 분석적이고 통계적이며, 규칙을 따르고 정보를 직렬로 처리하므로 노력이 필요하다. 주로 전두엽과 두정엽 등의 대뇌피질이 맡는다. 반사두뇌는 reflexive라는 용어를 따서 X-시스템이라고 불린다. 반사두뇌는 직감적이고 연상적인 두뇌로서, 신속하고 자동적이고 감정적이다. 정보를 병렬처리하므로 노력이 들지 않는다. 휴리스틱 시스템이 여기에 속한다고 볼 수 있다. 변연계[limbic system], 도피질[insula] 등이 반사두뇌 역할을 맡는다. (감정의 뇌인 변연계는 해마, 편도체, 대상회 등의 구조를 잇는 원형회로로서, 변연이란 용어는 '가장자리'를 뜻하는 limbus에서 유래되었다. 도피질은 전두엽과 측두엽 사이에 섬처럼 파묻혀 있다 하여 뇌섬엽이라고도 불린다.)

인간의 의사결정은 분석두뇌와 반사두뇌 중 어느 하나가 다른 하나를 일방적으로 지배하는 과정이 아니다. 오히려 그 둘의 긴장과 논쟁의 과정이라고 볼 수 있다. 논리적이고 분석적인 두뇌와 본능적이고 직감적인 두뇌를 언제 어느 상황에서 절묘하게 사용할 것인가가 합리적 의사결정을 향한 열쇠다. 그렇다면 우리는 언제 분석두뇌를 쓸 것이며 어느 상황에서 반사두뇌를 쓸 것인가?

캐나다 토론토의 요크대학 비노드 고엘 Vinod Goel 박사는 '엔지니어-변호사' 문제를 다양하게 변형하여 연구참가자들에게 제시했다.

유형1: 5명의 남자와 995명의 여자가 있다. 조는 스물세 살이고 공대를 졸업했다. 금요일 밤만 되면 조는 친구들과 어울려 보트를 타며 요란한 음악과 맥주를 즐긴다. 조는 남자일까, 여자일까?

조의 행동으로 봐선 남자 같은데 확률적으로는 여자일 가능성이 높다. 이 문제는 '엔지니어-변호사' 문제처럼 휴리스틱과 추론이 서로 충돌한다.

유형2: 5명의 스웨덴 사람과 995명의 이탈리아인이 있다. 마르코는 열여섯 살로 친구들과 축구시합 하기를 좋아하고 시합 후에는 늘 피자나 파스타를 먹는다. 마르코는 스웨덴인일까, 이탈리아인일까?

마르코의 행동이나 확률적으로 볼 때 모두 이탈리아인일 가능성이 크다. 휴리스틱과 추론이 서로 부합한다.

유형3: 5명의 공화당 부시 지지자와 995명의 민주당 케리 의원 지지자가 있다. 짐은 키가 175센티이고 머리칼은 검은색이며 두 딸의 아빠다. 그는 노란색 밴을 몰고 다닌다. 짐은 공화당 지지자일까, 민주당 지지자일까?

짐을 묘사한 내용으로 봐선 어느 쪽인지 가늠할 수 없다. 따라서 휴리스틱 반응을 유발하지 않는다. 확률적으로 추론하여 '민주당 지지자'라고 답할 수 있는 문제다.

유형4: 40세 남자 500명과 17세 남자 500명이 있다. 라일런은 버팔로에 살고, 매일 친구들과 어울려 돌아다니며, 음악 채널을 즐겨본다. 그는 유명한 록음악 그룹의 광적인 팬이며, 자기 차를 갖기 위해 돈을 모으고 있다. 라일런은 마흔 살일까, 열일곱 살일까?

이 문제는 두 가능성이 확률적으로 동일하므로 추론이 필요 없다. 라일런의 묘사를 토대로 휴리스틱 반응으로 '열일곱 살'이라고 답할 수 있는 유형이다.

유형4처럼 분석이 필요 없이 휴리스틱에 의존하여 답변할 때 실험참가자의 뇌에서 흥분한 곳은 측두엽이었다. 측두엽은 감정의 뇌인 변연계와 가장 많은 연결을 갖고 있는 대뇌피질이다. 반면, 유형 3처럼 분석에 의해서만 답변할 때 흥분한 곳은 두정엽이었다. 두정엽은 통계적 분석과 수학적 추론을 담당하는 곳이다. 그런데 유형 1의 경우는 휴리스틱에 의존한 도식(조의 행동으로 보아 조는 남자일 것이다)과 분석에 의한 판단(확률적으로는 조가 여자일 가능성이 월등히 높다)이 서로 충돌한다. 측두엽에서 오는 주먹구구 정보와 두정엽에서 오는 논리정보가 갈등을 일으킨다. 이 둘의 논쟁을 해결하여 합리적인 답을 찾으려고 애쓴 뇌가 바로 전전두엽이었다.

휴리스틱이나 도식에 의해 비교적 용이하게 결정할 수 있는 단순 과제 앞에서 지나치게 분석두뇌를 사용하면 잘못된 판단에 이르기 십상이다. '장고 끝에 악수'라는 말이 있다. 지나치게 생각을 많이하다 오히려 잘못된 결론을 내리는 경우가 많다. 반면에 '세 개의 문' 문제처럼 분석적인 뇌를 쥐어짜내야 겨우 풀리는 과제 앞에서 성급히 휴리스틱에 의존하면 확률적으로 손해 보는 선택을 하기 쉽다. 결국 합리적인 의사결정을 위해서는 우리 앞에 주어진 문제의 본질을 파악하는 것이 우선이다. 문제의 본질을 알고 나면 어떤 뇌를 쓰는 것이 적합한지 판단이 선다. 그리고 분석두뇌와 반사두뇌가 논쟁을 벌일 때는 전전두엽이 나서서 중재해야 한다.

프레임에 걸려들 것인가, 저항할 것인가

우리는 앞서 프레임 효과에 의한 인간의 비합리성을 보았다. 그렇다면 프레임에 잘 걸려들지 않을수록 의사결정기술이 뛰어난 사람이 되는 것일까? 아마도 그럴 것이다. 아시아인의 질병 문제와 같은 까다로운 문제에도 20% 정도의 사람들은 프레임 효과에 저항하고 일관된 답을 했다. (프레임에 따라 대답을 바꾸는 사람들보다 일관성을 유지하는 사람들을 연구하는 것이 긍정적인 방향이다.)

런던대학의 베네데토 드 마르티노$^{Benedetto\ De\ Martino}$ 교수는 프레임 효과에 저항하는 뇌 영역이 어딘지 궁금했다. 그는 실험참가자들에게 50파운드를 주고 다음 두 가지 유형의 질문을 던졌다.

프레임A

1) 도박하지 않는 경우 20파운드를 가질 수 있다.
2) 도박을 하면 50파운드 모두 가질 확률은 40%, 모두 갖지 못할 확률은 60%이다.

프레임B

1) 도박하지 않는 경우 30파운드를 잃는다.
2) 도박을 하면 50파운드 모두 잃지 않을 확률은 40%, 모두 잃을 확률은 60%이다.

프레임 A에 대해서는 참가자들의 57%가 도박을 하지 않겠다고 했고, 프레임 B에 대해서는 62%가 도박을 하겠다고 결정했다. (아시아인의 질병문제와 비슷한 경향을 보인다.)

프레임 효과에 무너진 사람들, 즉 프레임에 따라 결정이 달라진 사람들과 프레임 효과에 저항한 사람들, 즉 일관된 답을 내린 사람들의 뇌는 어떻게 달랐을까? 프레임 효과에 무너진 사람들에서는 부정적 정서와 관련된 편도체가 흥분했다. 프레임 효과에 저항한 사람들에서도 편도체가 흥분하긴 마찬가지였다. 그러나 이들에겐 전전두엽도 같이 활성화했다. 프레임 효과에 무너지든 저항하든 도박과 손실 문제를 맞닥뜨리면 불안과 같은 부정적인 반응을 보인다. 그 누구도 감정적 반응으로부터 자유롭지 못했다. 다만, 부정적 정서를 전전두엽으로 다스려 일관성을 지키느냐, 아니면 편도체의 긴장에 굴복하느냐가 프레임 효과에 대한 저항 여부를 갈랐다.

당신이 뇌혈관에 생긴 동맥자루를 제거하는 시술을 받게 된다고 치자. 동맥자루는 뇌동맥의 일부가 혹처럼 불룩해지는 병으로 치명적 뇌출혈을 일으킬 수 있다. 의사로부터 그 시술에 관련된 심각한 부작용이 일어날 확률이 5%라고 들었다. 당신은 '음, 5%라…… 낮군.'이라고 생각할지도 모른다. 그러나 5%를 '20명 중 한 명'으로 표현하면 어떤가? 5%와 '20명 중 한 명'은 피부에 와 닿는 느낌이 다르다. 5%는 마치 위험도가 분산된 느낌을 주지만, 20명 중 한 명은 내가 그 한 명일 때 모든 위험이 내게 집중되는 느낌을 준다. 시술 부작용을 5%라고 표현하든, 20명 중 한 명이라고 표현하든 당신은 똑같은 결정을 내릴 수 있을까?

이번에는 말기 암환자가 의사로부터 자신의 5년 생존율을 들었다고 하자. 5%와 '20명 중 한 명'은 어떻게 달리 들리는가? 5%라는 말을 들으면 거의 절망적이라고 느낀다. 그러나 '20명 중 한 명'이라는 표현은, 내가 그 한 명에 들면 살 수 있으리란 희망을 준다. (서울대병원장을 지낸 한만청 교수는 간암 말기 판정을 받고도, 자신이 20명 중 한 명이 될 것이라는 희망을 갖고 열심히 치료한 결과 10여 년이 지난 지금까지 건강을 유지하고 있다.)

현명한 의사결정을 하는 데 중요한 것은, 어느 한 프레임에 고정되지 않고 서로 다른 프레임으로 세상을 바라볼 수 있는 능력이다. 물이 반만큼 든 컵을 바라보고 비관적인 사람은 '반이 비었다.'라고 하고, 긍정적인 사람은 '반이 남았다.'라고 말한다. 그러면서 반이 남았다라고 보는 긍정적인 마인드를 가지라고 사람들은 말한다. 그러나 의사결정에 있어서는 반이 찬 컵으로 바라보면서도 반이 빈 컵으로도 바라볼 수 있는 균형 잡힌 생각이 필요하다. 그 두 가지 다른 프레임으로 컵을 바라볼 수 있는 사람은 수술 위험성 5%를 20명 중 한 명으로도 판단하고 수술 여부를 신중히 결정한다. 그들은 암환자 생존율 5%라는 의사의 비관적인 설명을 듣고도 20명 중 한 명은 살 수 있다고 생각하고 희망의 끈을 놓지 않는다.

특히 중요한 의사결정에는 낙관론만이 우세해서는 안 된다. 방어적인 비관론도 필요하다. 한 집단이 어떤 일을 추진할 때 비관론을 펴는 사람은 욕을 먹기 십상이다. 분위기 해치는 소릴 한다고 비난

받는다. 설령 일이 잘못되기라도 하는 날엔 비관론을 편 사람에게 책임이 전가되기도 한다. 부정적인 소릴 하는 바람에 일이 이 지경이 되었다고 책망받는다. 이런 분위기에서 비관론자들은 처음부터 입을 다물 수밖에 없다. 괜한 소리해서 욕먹을 바에는 그냥 낙관론적인 분위기에 편승하는 것이 쉽기 때문이다. 큰일을 시작하기 전에는 여러 시나리오를 갖고 덤벼들어야 한다. 미국이 이라크 전쟁에 실패한 이유 중의 하나도 승리한다는 한 가지 시나리오만 갖고 덤벼들었기 때문이라고 한다. 일이 실패했을 때, 생각보다 더디 진행될 때를 대비해 여러 시나리오를 예상하고 준비해야 한다.

우리는 미래에 대해 긍정적인 생각을 갖고 싶어한다. 그러나 그것은 자칫 앞으로 일어날 일들이 모두 다 잘될 것이라는 비현실적인 낙관론으로 이어질 수 있다. 반이 찬 컵으로만 바라보는 것이 긍정은 아니다. '다 잘 될 거야.'는 긍정심리학이 아니라고 나는 생각한다. 이는 터무니없이 무책임한 낙관주의다. 오히려 긍정은, 미래의 일이 잘못될 수도 있다는 사실을 받아들이고, 부정적인 사건 속에서도 긍정성을 발견하고 희망을 잃지 않는 것이다.

나는 '왜곡하는 뇌'에서 지나간 일에서는 좋은 점만 보는 긍정성을 가지라고 했다. 그러나 미래의 일에 대해서는 낙관론과 비관론의 균형을 갖추는 것이 필요하다. 어찌 보면 우리는 이와 반대로, 지나간 일은 늘 비관적으로 바라보고, 다가올 일은 별 준비도 없이 막연히 다 잘될 거라고 낙관만 하고 있었던 것은 아닌가.

선택의 패러독스

언젠가 친구에게 그의 자식이 어떤 사람이 되었으면 좋겠냐고 물은 적이 있다. 그러자 그는, 아들이 늘 올바른 선택을 할 수 있는 사람이 되기를 바란다고 했다. 올바른 선택. 우리는 선택의 기로에서 방황할 때 '올바른 선택을 하게 해주소서.'라고 기도한다. 그런데 과연 우리는 모든 요소를 감안하여 항상 올바른 선택을 할 수 있을까? 또 올바른 선택이란 무엇인가? 옳고 그름으로 명확히 구분할 수 있는 선택이 얼마나 되는가? 자장면과 짬뽕 중 무엇을 먹는 것이 옳은가? 여기에 옳고 그름이 존재하는가?

우리는 왜 선택의 갈림길에서 고민을 할까? 후회가 두렵기 때문이다. '세 개의 문' 문제에서 우리가 쉽사리 첫 결정을 바꾸지 않는 것도, 바꾸었다가 잘못되었을 때 더 크게 후회하기 때문이다.

그나마 선택의 여지가 있다면 감지덕지다. 선택의 기로에서 갈등하는 사람은 행복한 고민에 겨워한다고 시샘을 받기도 한다. 따지고 보면 우리가 공부를 열심히 한 것도, 취업을 위해 스펙을 쌓는 것도 모두 선택의 폭을 넓히기 위해서다. 그런데 과연 선택의 폭이 넓을수록 우리는 더 나은 선택을 하는가? 우리는 더 행복한가?

잼 시식코너를 둘 차려놓고 연구 참여자들을 초대했다. 한 코너에는 잼의 종류가 무려 스물네 가지였고, 다른 코너엔 여섯 가지만 있었다. 그런데 스물네 가지 코너에는 참여자들의 60%가 방문했으나 고작 3%만이 구매했고, 여섯 가지 코너엔 40%가 방문했으나

30%나 구매했다. 우리는 선택의 폭이 넓을수록 더 잘 선택할 수 있으리라 기대한다. 그러나 실제로 선택의 폭이 넓으면 내가 선택한 것이 최고가 아니면 어떡하나 하는 걱정을 더 많이 한다. 우리는 생각을 너무 많이 한 끝에 정작 선택을 하지 못한다.

진로 선택도 이와 비슷한 면이 있다. 성적이 시원찮아 지원할 만한 과가 별로 없었는데, 그 안에서 용케 합격한 과가 적성에 맞아 행복한 경우가 있다. 반면 오라는 데가 많아서 고민 끝에 하나를 정했는데, 가지 않은 곳에 대한 미련으로 마음고생을 하는 사람들도 있다. 이처럼 선택의 폭이 넓은 것이 오히려 후회의 가능성을 높이는 현상을 '선택의 패러독스'라 부른다.

의사결정은 선택의 문제이며, 선택의 목적은 우리가 행복해지기 위해서다. 선택과 행복은 어떤 관계가 있을까? 배리 슈워츠$^{Barry\ Schwartz}$ 박사는 선택의 행동패턴에 따라 인간을 '최고 추구 인간^{maximizer}'과 '만족하는 인간^{satisfier}'으로 나누었다. 최고 추구 인간은 모든 대안을 고려하여 최상의 선택을 해야 직성이 풀리는 완벽주의자다. 그런데 그들은 결정을 내린 후에도 선택하지 않은 대안에 대해 고민을 하고 미련을 둔다. 그러니 불행해지기 쉽다. 반면, 만족하는 인간은 자신이 갖고 있는 기준과 원칙에 준해서 선택한다. 그들은 자신이 선택한 것보다 더 나은 대안이 있을 수 있다는 사실을 담담하게 받아들인다. 당신은 어떤 사람인가?

선택 후의 태도가 삶을 결정한다

나는 최고 추구 인간이었다.

중학교 1학년 때 일이다. 몽당연필을 볼펜다리에 끼워 쓰다가 처음 샤프펜슬이란 걸 쓰기 시작할 때 일인 것 같다. 교내 문방구에서 샤프펜슬 하나 고르는 데 족히 한 시간은 걸렸었다. 마음에 드는 디자인을 고르는 데 30분. 같은 디자인의 샤프펜슬 중에서도 누르는 촉감, 샤프심이 나오는 정도, 고무지우개의 견고함, 상표의 선명도 등을 일일이 따져보는 데 30분이 더 걸렸다. 마침내 나의 선택을 받은 샤프펜슬을 들고 계산을 하려는데 주인아저씨께서 "학생, 물건 고르는 걸 보니 보통이 아니군." 하셨다. 그러나 정말 우습게도 그 샤프펜슬은 일주일도 채 안 돼 고장이 나버렸다. 그 당시 꽤 비싸게 주고 산 것이어서 마음이 아팠고, 더구나 신중히 고민한 끝에 선택한 것이기에 부끄럽기도 했다. 그 일은 어린 나에게 선택의 기로에서 기나 긴 고민이 부질없다는 걸 가르쳐준 첫 사건이었다.

그 후로도 진로를 결정하는 고비마다 갈등은 계속되었다. 고등학교 때 인문계와 자연계 사이, 대학 학과 정할 때, 신경과를 선택할 때, 신경과 안에서 세부전공을 정할 때, 그리고 지금 내가 일하는 병원을 택할 때. 그때마다 선택의 순간에서 많이 힘들었다. 나의 선택이 다른 이들에게 고통을 주기까지 했다. 선택을 후회한 적도 있었고, 잘 선택했다고 생각한 적도 있었다. 여느 누구와 마찬가지로 가지 않은 길에 대한 동경도 있었다. 그 그리움은 선택이 우리에게 주는 고통이라 생각했다.

  우리는 어쨌든 선택을 해야 한다. 나쁜 결과를 초래하는 선택은 나쁜 선택이다. 그러나 더 나쁜 것은 결정을 내리지 못하는 것, 신중함의 정도를 넘어선 우유부단함이다. 그보다 더 나쁜 것은 아예 결정을 내리지 않는 것, 책임을 피하는 것, 자신이 주체임을 포기하고 타인과 상황에 결정을 맡겨버리는 것이다.

  미국에서 생활할 때 한 가지 흥미로운 장면을 목격했다. 대부분의 매장에는 고객서비스센터가 있는데, 그곳엔 항상 긴 줄이 늘어서 있다. 자기가 산 물건을 되돌려주고 환불받기 위해 차례를 기다리고 있는 것이다. 물건에 하자가 있어서 환불받는 경우도 더러 있지만 대부분은 물건을 써보니 자기의 기대에 미치지 못해 되돌리는 것이다. 미국인들은 자기가 만족하는 물건을 찾을 때까지 선택할 권리가 있다고 여기는 것 같다. 그들에겐 적어도 물건을 구입할 때 '선택하는 문제'와 '그것을 되돌리는 문제'가 심각해 보이지 않는다.

  그런데 미국에서 오래 산 사람에게 물어보니 환불하는 짓도 시간이 지나면 귀찮아진다고 한다. 나이가 들수록 내가 선택한 것들을 되돌리기보다는 거기에 맞춰 살아간다는 얘기인가? 옳은 선택이든 그른 선택이든, 시간이 흐를수록 그 가치를 더해간다는 사실을 배운 것일까? 그러다 보면 물건에 손때가 묻게 되고 자연스레 내가 선택한 것을 아끼고 사랑하게 될 것이다. 어머니가 입었던 웨딩드레스를 딸이 입고 그녀가 또 딸에게 물려주고, 어린 시절 추억이 담긴 물건을 그 무엇보다 소중히 간직하는, 이들의 또 다른 일면

이 그걸 말해준다. 물건도 이러할진대 사람이야 오죽할까? 노부부가 손을 잡고 오솔길을 다정하게 걸어가는 모습은 깊은 울림을 준다. 어떤 선택은, 우리가 그것을 오랫동안 되돌리지 않을수록 또 오래 참을수록 더 큰 선물을 가져다주는 것인지도 모른다.

선택의 기로에서 부침이 심했던 내가 한 가지 분명히 깨달은 것이 있다. 바로 내가 무엇을 선택했느냐 만큼 중요한 것은 그 선택 후에 내가 어떤 태도를 가졌는가라는 사실이다. 때로는 내가 나의 선택을 어떻게 바라보고 그 후의 나의 삶을 어떻게 가꾸었느냐가 선택 그 자체보다 더 중요했다. 나에게는 선택의 결과를 받아들일 용기와 어떤 결과로부터도 배움을 얻을 수 있으리라는 믿음이 필요했다. 그리고 선택의 결과가 비록 나빴을지라도 그 당시에는 그렇게 결정할 수밖에 없었던 이유가 있었을 것이라고 자신과 남을 이해하고 용서하는 일도 필요했다. 우리가 일상적으로 직면하는 대부분의 선택에는 생각만큼 그렇게 심각한 옳고 그름이 있는 것이 아니다. 그저 다른 선택이 있을 뿐이다.

6. 공감하는 뇌

열정과 냉정의 하모니

냉정한 사람은 공감능력이 떨어질까?

결국 공감은, 남과 하나가 되어
타인의 고통을 내 것처럼 느끼는 '빠져들기'라는 첫 단계와
타인의 고통을 타인의 것으로 이해하는 '거리 두기'라는
후속단계가 이어지며 완성된다. 냉정을 유지해야만
진정한 공감이 이루어진다는 역설은 참으로 흥미롭다.

　　　　　　여기 한 남자가 있다. 그의 얼굴은 살이 거의 없어 푹 꺼져 보이고 등뼈와 갈비뼈는 앙상하게 드러나 있다. 운신 초자 힘들어 휠체어에 몸을 의지해야 하고, 좀 걸을라치면 땅에 꼬꾸라지기 일쑤다. 근육이 하루하루 말라가 발음도 어둔해지고 음식을 삼키기도 어렵고 끝내 호흡조차도 힘겹다. 잔인한 루게릭병 환자 역을 소화하기 위해, 석 달 보름간 독방생활을 하며 체중을 무려 20kg이나 감량한 배우 김명민이다. 뼈만 남은 외모의 그는 영락없는 루게릭 환자였다. 영화 '내 사랑 내 곁에'는 김명민의 살인적인 체중감량 소식이 전해지면서 개봉 전부터 화제를 모았다. 김명민이 배역을 소화하는 데는 남다른 면이 있다. '불멸의 이순신'에서 이순신 장군 역을 맡았던 그는 드라마가 끝난 후에도 그 캐릭터에서 한동안 벗어나지 못했다. 또 '하얀 거탑'에서 외과의사 장준혁을 연기한 그가 수술장갑을 끼고 수술복을 입는 모습은 의사보다 더 의사다웠다. 그는 장준혁을 연기한 후 우울증을 겪었다고 고백하기도 했다.

　여기 또 다른 남자가 있다. 거울을 보고 있는 그의 해골 같은 모습은 보는 이로 하여금 공포감마저 느끼게 한다. 그는 불면증 환자다. 자신을 괴롭히는 악몽 때문에 전혀 잠을 자지 못해 날로 야위어 간다. 주인공은 영화 '머시니스트 The machinist'에서 불면증에 시달리는 환자 역할을 맡은 크리스천 베일이다. 그는 영화를 찍는 내내 실제 불면증 환자처럼 잠을 거의 자지 않았고 식사도 굶다시피 했다. 감독과 의사가 가까스로 만류하기까지 그가 감량한 체중은 무려 29kg이었다. 이에 그치지 않고 그는 영화 '파이터 The fighter'에서 약물중독 복서를 열연하기 위해 또 다시 체중 감량에 나섰다.

이런 지독한 배우들이 더 있다. 영화 '역도산'에서 설경구는 역도산을 연기하기 위해, 아니 역도산이 되기 위해 100kg 가까이 살을 찌웠으며, 거의 모든 대사를 일본어로 했고, 트릭 없이 레슬링 시합을 뛰었다. 초록물고기에서 깡패역을 맡은 송강호도 있다. 당시 무명이었던 그의 연기가 얼마나 실감났으면 영화 스태프들은 진짜 깡패를 데려다 찍은 걸로 믿었다고 한다. 알 파치노도 '여인의 향기'에서 눈먼 퇴역군인 역에 몰입하다 실명 직전까지 갔다고 한다. 이런 배우들은 배역의 표면적인 모습만 흉내내는 것에 머물지 않고 작품에서만큼은 그 배역에 온전히 몰입한다. 배역을 연기하는 것이 아니라 배역 그 자체가 되는 것이다. 배우 스스로 그렇게 배역처럼 살아야 실감 있는 연기가 나올지도 모른다. 실제로 일본판 '하얀 거탑'의 주인공 타미야 지로는 촬영 막바지에 자살해 일본 전역에 충격을 주기도 했다.

이렇듯 배우들이 배역 그 자체에 동화되어 몰입하는 연기를 메소드 액팅 method acting 이라고 한다. 배우가 극중 인물과 하나가 되는 것으로 감정이입의 극치라고 할 만하다. 내 아내는 드라마 '아이리스'의 이병헌을 보며 "이병헌은 없고 김현준만 남았다."라고 했는데, 메소드 액팅을 묘사하는 적절한 표현 같다. 메소드 액팅은 1930년대 러시아 연극연출가 콘츠탄틴 스타니슬랍스키가 처음 제안했다. 그는 "배우는 연기하는 매 순간마다 극중 인물로서의 생을 살아야 한다."고 말했다. 그 후 '워터 프론트 On the water front', '욕망이라는 이름의 전차' 등을 연출한 엘리아 카잔 감독에 의해 메소드 액팅은 헐리우드에 널리 퍼지게 되었다.

타인과 감정을 공유하기 위해서는 이렇게 경험을 함께 나눔으로써 첫 단추를 끼울 수 있다. 같은 경험을 했을 때 남의 마음을 이해하기가 쉽다. 어머니의 죽음을 맞은 친구의 마음이 지금 얼마나 절망적일지, 같은 경험을 한 나는 알 수 있다. 나는 2007년 전신마취 하에 담낭절제술을 받은 적이 있다. 그제야 나는 전신마취를 받는다는 것이 어떤 느낌인지, 환자들이 왜 전신마취에 거부감을 갖는지 조금이나마 이해하게 되었다. 메소드 액팅도 배역에 몰입하기 위해 배역과 같은 입장이 되어보려는 것이다. 루게릭병과 불면증 환자의 마음이 어떤지 알기 위해 몇 달간 굶어가며 체중을 줄이고 잠을 자지 않는 고통을 감내하는 것이다.

우리는 타인의 아픔을 어떻게 느낄까?

그렇다면 우리 뇌는 어떻게 타인의 아픔을 내 것처럼 느낄까? 영국 런던대학의 타냐 싱어 Tania Singer 박사는 실험참가자들에게 그들의 연인이 고통받는 사진들을 보여주며 기능적 자기공명영상을 찍었다. 사진에는 사랑하는 배우자나 연인이 고통으로 괴로워하거나 손가락을 칼에 베이거나 주사기에 찔리는 장면들이 있었다. 참가자들의 뇌에서는 앞 도피질 anterior insula 과 앞 대상회가 흥분했다. '아프다'라는 통증 자체를 느끼는 뇌는 감각피질이지만, '얼마나 아플까?' 하며 타인의 고통을 함께하는 뇌는 감정과 연관된 앞 도피질과 앞 대상회였다([그림1]).

그런데 여기서 한 가지 의문이 생긴다. 타인과 같은 경험을 했다

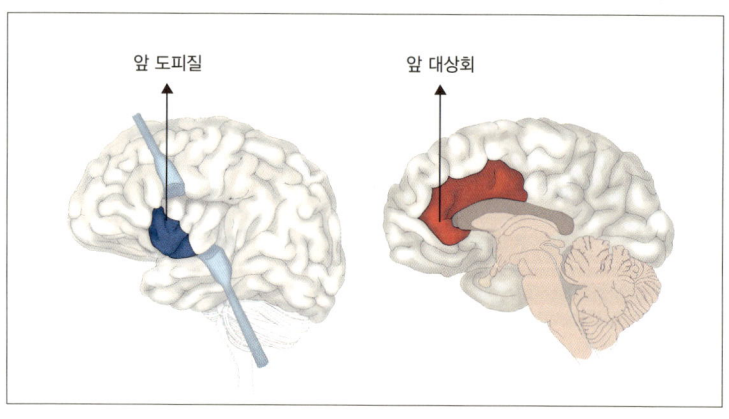

[그림1] 타인의 고통을 느끼는 뇌

고 해서 반드시 똑같은 생각과 감정을 가지는 것일까? 우리는 온전히 타인이 될 수 있을까? 아무리 메소드 액팅의 달인이 뼈가 앙상할 정도로 체중을 줄였다 해서 완전히 루게릭 환자가 되었다고 할 수 있을까? 사랑에 빠져본 사람은 그 느낌이 어떤 것인지 안다. 그러나 우리는 과연 그 느낌을 온전히 타인에게 전할 수 있을까? 또 타인이 느낀 감정을 우리가 온전히 이해할 수 있을까? 미국 철학자 토머스 네이절 Thomas Nagel 은 《박쥐가 된다는 것은 어떤 것일까? What is it like to be a bat?》라는 수필에서 "우리는 아무리 애를 써도 결코 박쥐가 된다는 것이 어떤 것인지 알 수 없다."고 말한다. 천장에 거꾸로 매달려 초음파를 쏘는 박쥐를 우리는 이해할 수 없다. 마찬가지로 우리 인간도, 어떻게 내가 네 마음을 알며 네가 내 마음을 알겠는가?

이제 반대되는 질문을 해보자. 우리가 반드시 같은 경험을 해보아야 그 사람의 마음을 알 수 있는가? 배역 그 자체가 되어야 완전한 감정이입이 일어나는가? 타인과 같은 경험을 해보지 않고서는 그 사람의 마음을 알 수가 없단 말인가? 나는, 밴쿠버 올림픽에서 완벽한 연기를 마치고 눈물을 흘리는 김연아 선수를 보며 많은 국민들이 같이 울던 일을 기억한다. 우리는 죽었다 깨어나도 김연아 선수와 같은 경험을 할 수 없지만, 김 선수의 성취감과 희열, 또 그 뒤에 가려져 있는 지난날의 좌절과 고통까지 이해할 수 있다. 피겨 스케이팅이 척박한 나라에서 겪었을 어려움, 고비 때마다 부상으로 세계선수권 우승 문턱에서 좌절했던 쓰라림, 온 국민의 기대를 한

몸에 받는 심리적 압박감까지도 헤아릴 수 있다.

우리 인간은 결혼해보지 않아도 결혼한 사람의 고민을 짐작할 수 있고, 자기 배로 자식을 낳아보지 않고서도 모성애를 느끼고, 자식을 먼저 저세상으로 보낸 부모의 찢어지는 마음을 헤아릴 수 있고, 한 번도 아파보지 않은 의사도 환자와 가족의 고통을 이해할 수 있다. 타인과 같은 경험을 해보지도 않고 어떻게 남의 아픔을 느낄 수 있을까?

상상력의 힘

선천적으로 통증을 느끼지 못하는 이들이 있다. 바로 선천성 통증 무감각 congenital insensitivity to pain 환자들이다. 이들은 아무런 통증을 느끼지 못하므로 잘 다치고 부러지고 불에 데기도 한다. 다시 말해 이들은 이전에 통증을 경험해본 적이 전혀 없는 사람들이다. 이들의 뇌는 과연 통증을 공감할 수 있을까?

선천성 통증 무감각 환자들에게 타냐 싱어 박사의 앞선 실험과 마찬가지로 타인의 손가락이 가위에 베이는 사진을 보여주며 기능적 자기공명영상을 촬영했다. 놀랍게도 일반인과 똑같이 앞 도피질과 앞 대상회 영역이 활성화되었다. 그런데 이들에게는 일반인과 달리 이 영역뿐 아니라 전전두엽도 더불어 흥분했다. 또한 이들의 공감점수가 높을수록 전전두엽이 더 활성화되었다. 선천성 통증 무감각 환자들의 공감능력은 아픔을 공유하는 앞 도피질, 앞 대상회와 이성의 뇌인 전전두엽의 활동이 함께 어우러진 결과이다.

이 연구결과를 놓고 보면, 타인의 아픔을 내 것으로 느끼기 위해 그 경험을 반드시 함께할 필요는 없다. 손가락이 가위에 베이는 것이 어떨지 그 아픔을 모르더라도 우리 뇌는 그 고통을 내 것처럼 느낄 수 있다. 다만, 경험하지 못한 아픔에 공감하기 위해서는 전전두엽의 도움이 필요하다.

고통을 느낄 수 있는 평범한 사람들을 대상으로 한 연구도 이와 비슷하다. 타인의 고통을 공감할 때와 내가 직접 고통을 받을 때 우리 뇌는 어떻게 다를까? 두 경우 모두 우리 뇌는 똑같이 앞 도피질과 앞 대상회가 흥분했다. 이곳은 나의 것이든 타인의 것이든 고통 그 자체를 인식하는 뇌인 듯하다. 그런데 흥미롭게도 앞 도피질과 앞 대상회는, 내가 직접 아플 때와 타인의 아픔을 공감할 때 서로 다른 뇌 부위와 신호를 주고받고 있었다. 내가 아플 때 앞 도피질과 앞 대상회는 중뇌midbrain, 수도관주위회색질periaqueductal grey matter 등 소위 파충류의 뇌와 연결되어 있었다. 파충류의 뇌는 본능의 뇌다. 반면 타인의 아픔을 느낄 때 앞 도피질과 앞 대상회는 전전두엽과 연결되어 있었다. 내가 나의 고통을 느끼는 일은 본능이지만, 타인의 고통을 함께 느끼는 데는 이성적인 노력이 필요하다는 뜻이다.

'해리포터' 시리즈의 작가 조앤 롤링은 하버드대학에서 명예 학위를 받으며 다음과 같이 말했다. "상상력은 모든 발명과 혁신의 원천이기도 하면서 자신이 직접 겪어보지 못한 타인의 경험에도 공감할 수 있게 하는 힘입니다. (중략) 지구상의 어떤 생물과도 달리 인간은 경험하지 않고도 배우고 이해할 수 있습니다. 다른 사람들의 마음을 헤아릴 수 있고, 그들의 처지를 상상할 수 있습니다." 《국부론》을 쓴 경제학자이자 《도덕감정론》을 쓴 철학자인 아담 스미스도 다음과 같은 말을 했다. "우리는 상상력을 통해 타인이 처한 상황에 우리 자신을 놓을 수 있고, 타인의 몸속에 들어가 어느 정도 그들과 같은 사람이 될 수 있다."

내가 경험하지 못한 타인의 고통에 공감하는 데는 그 고통이 어떠할지 상상할 수 있는 능력이 필요하다. 공감은 남의 입장이 되어보는 것이다. '타인의 신발을 신는다 put myself into other's shoes.'라는 영어 표현처럼 상대방과 같은 상황에 처해 그의 삶을 일시적으로 사는 것이다.

내 동생은 한때 제자가 자기 부탁을 거절했을 때, 처음엔 누구나 흔히 그렇듯이 마음이 조금 상했다고 한다. 그러다 얼마 후 동생은 상대방과 같은 입장이 되어보려고 노력했다. 그 제자가 어떤 상황에 있는지 이해하기 위해, 눈을 감고 제자와 같은 처지에 있는 자신을 상상했다고 한다. 잠깐 그런 상상을 한 후 다시 자기 자리로 돌아왔다. 그러자 부탁을 거절한 제자의 마음을 이해할 수 있었고 서운했던 감정도 스르르 사라졌다고 한다.

미국인으로부터 자유토론을 배울 때 나는 그들의 독특한 교육방식을 알게 되었다. 한 주제를 놓고 찬반 양편으로 나뉘어 상대를 설득하는데, 이때는 자신이 선 편이 평소 자신의 소신과 다르더라도 정해진 입장에서 상대와 토론해야 한다. 이를테면 '안락사'라는 주제를 놓고 토론할 때, 내가 비록 안락사에 반대하는 철학을 가졌더라도 찬성 편에 서서 토론해야 하는 경우도 있다. 이러한 교육과정을 거치면서 나는 반대편 입장을 조금 더 이해하게 되었다.

빠져들기 vs. 거리 두기

동정, 연민, 동감, 공감…… 타인의 감정을 공유한다는 면에서 이런 용어들은 서로 혼용되기도 한다. 동감^{sympathy}과 공감^{empathy}의 차이를 정의하는 일은 그리 녹록하지 않다. 심지어 저자들마다 다르게 정의하는 경우도 더러 있다. 그러나 엄밀히 말해 그 둘의 의미는 다르다.

동감과 공감은 어떻게 다를까? 동감은 상대방과 하나가 되어 경험을 공유하고 상대가 느끼는 감정과 신체적 반응을 함께 겪는 것이다. 상대방이 슬프면 나도 똑같이 슬퍼 눈물이 나고, 상대가 두려워하면 나도 함께 두려움을 느낀다. 친구가 남편 욕을 하면 나도 맞장구를 치고, 더 나아가 친구의 남편에게 내가 증오를 느끼기도 한다. 까칠한 상사를 둔 직원들은 술자리에서 상사 뒷담화를 하면 속이 후련해진다. 이것이 동감이다.

그러나 공감은 이와 다르다. 공감에는 두 단계가 있다. 첫 단계는 상대방의 감정을 자신의 감정인 것처럼 '느끼는' 것이다. 그 다음

단계가 그 감정을 '이해하고', 나의 생각과 느낌을 '의사소통'하는 것이다. 공감은 타인의 느낌과 정서를 공유하는 능력뿐 아니라 그의 의도, 목적, 믿음까지 '이해'하는 능력이다. 즉, 표면적인 감정과 정서 뒤에 숨어 있는 심층적인 두려움이나 공포까지 읽어내고 그것을 상대에게 언어로 전달할 수 있는 능력이다.

동감하는 뇌와 공감하는 뇌는 어떻게 다를까? 시카고대학의 장 데세티 Jean Decety 박사는 실험참가자들에게 먼저 타인의 고통을 '느끼라고' 했다. 즉, 타인과 하나가 되어 타인의 아픔을 자신의 것으로 상상하게 했다(imagine self). 다음에는 타인의 고통을 '이해하라고' 했다. 즉, 타인의 감정과 반응에 주의를 집중하되, 자신의 아픔이 아닌 타인의 아픔으로 상상하게 했다(imagine other). 첫 번째 실험이 타인의 감정에 빠져드는 것이라면, 두 번째 실험은 타인의 감정과 거리를 두는 것이라고 할 수 있다.

남의 고통을 내 것처럼 상상할 때 앞 도피질과 앞 대상회, 편도체가 활성화했다. 이는 앞서 언급한 연구결과들과 부합하는 것으로, 이때 우리 뇌는 남의 고통을 내 것인 양 상상하며 괴로움을 느낀다. '네가 아프면 내가 아프다.'라는 표현처럼, 타인과 나의 감정이 완전히 겹쳐져서 상대방과 똑같은 감정적 고통을 느낀다. 이것은 동감에 가깝다. 그러나 타인과 혼연일체가 되어 타인의 고통을 내 것과 똑같이 느끼는 '빠져들기'가 공감의 궁극적인 목표는 아니다.

한편 타인의 고통을 타인의 것으로 상상하게 한 경우, 대뇌피질, 특히 우측 두정엽과 측두-두정엽 경계영역 temporo-parietal junction이 활성화되었다. 흥미롭게도 이 영역들은 신체도식과 관련된 곳으로, 나와 타인의 구분을 가능하게 한다. 여기가 고장 나면 나와 남을 구분하지 못한다. 자신의 병을 인식하지 못하는 질병인식불능증과 자기 팔을 남의 팔이라고 우기는 신체인식불능증도 이 영역들이 손상되어 나타나는 현상들이다(※75~76쪽 참조). 반대로 이곳을 오히려 전기 자극하면 내가 내 몸을 떠나 나를 바라보는 유체이탈 현상을 경험하기도 한다.

자아경계 ego boundary 가 무너지면 나는 타인과 하나가 된다. 그러나 진정한 공감을 위해서는 나와 타인의 경계를 유지하는 능력이 필요하다. 공감은 나의 자리를 지키면서 잠시 타인의 감정 속에 들어갔다 나오는 것이다. (이것은 담쌓기와는 다르다. 담쌓기는 내 것과 네 것을 구분하고 소통조차 하지 않는 관계 단절을 의미한다.)

이러한 자아경계 유지는 독일 극작가 브레히트가 말한 거리 두기와 일맥상통한다. 거리 두기는 메소드 액팅과 다소 상반된 개념이라 할 수 있다. 브레히트는 극중 인물과의 동화가 아닌 거리 두기, 이른바 낯설게 하기를 강조했다. 거리 두기를 위해 연출자는, 관객이 극에 완전히 빠져들지 않도록 몰입을 방해하는 장치를 특별히 마련한다. 상대배우와 연기하던 주인공이 갑자기 카메라를 향해 관객에게 말을 걸거나 노래를 한다. 엉뚱한 캐릭터가 나와 스토리 전개에 전혀 맞지 않은 대사를 말하기도 한다. 이로써 관객은 극에 몰입하지 못하고 무엇인가 '이상하다, 낯설다, 이게 뭐지?' 하고 의아하게 생각하고 이야기의 흐름에서 잠시 이탈하게 된다.

장 뤽 고다르 감독의 영화 '아메리카의 퇴조^{Made in U.S.A.}'에는 여주인공 안나 카리나가 갑자기 카메라를 정면으로 응시하는 장면들이 등장한다. 그녀는 극을 이탈해서 현실로 돌아온 듯한 표정으로 카메라 너머 우리를 쳐다본다. 우디 앨런의 영화 '애니홀^{Annie Hall}'에서도 주인공 앨비 싱어가 카메라 정면을 응시하며 질문을 던지는 장면들이 있다. 브레히트는 거리 두기를 통해 관객으로 하여금 작품과 현실을 냉정하게 구분하여 바라보게 하고자 했다.

남과 하나가 되어 타인의 고통을 내 것처럼 느끼는 과정이 '빠져들기'라면, 타인의 고통을 타인의 것으로 이해하는 것은 '거리 두기'라고 볼 수 있다. 거리 두기를 위해서는 나와 타인을 구분하게 해주는 대뇌피질의 역할이 필요하다. 결국 공감은 '빠져들기'라는 첫 단계와 나의 자리로 되돌아오는 '거리 두기'라는 후속단계가 이어지며 완성된다.

그런데 이러한 거리 두기는 가까운 사람과의 관계에서 더 힘들다. 특히 부모자식 간에 그렇다. 자식이 아프면 부모도 아프다. 아니 부모가 더 아프다. 신체적으로 혹은 정신적으로 자식이 힘들어하면 부모는 얼마나 힘들까? 나도 내 자식 문제에서만큼은 이성보다 감정이 앞설 때가 많다. 그럴 때면 난 늘 내 딸 아이를 '조카딸 정도로 생각하자.'며 주문을 건다. 이성적으로 판단해야 할 때 조카딸 정도만큼의 거리가 필요하다고 생각하기 때문이다. 자신과 자식을 하나라 여기고, 자식의 성공을 위해 일생을 다 바치는 비뚤어진 자식사랑도 거리 두기가 실패한 경우라고 볼 수 있다.

너와 나의 차이 받아들이기

타인과의 경계가 무너지면 남의 감정을 내 것인 양 느끼기도 하지만, 이와 반대로 내가 느끼고 생각하는 바를 상대방도 똑같이 해주기를 바란다. 내가 원하는 것이 곧 남이 원하는 것이라고 생각한다. 이것은 또 다른 형태의 거리 두기 실패다.

유치원생인 딸아이가 깜짝 놀란 얼굴을 하고 있다. 나는 아이의 얼굴표정을 보고 그 아이가 무언가에 놀랐음을 알 수 있다. 얼굴표정을 통해 타인의 기본적인 감정을 읽는 뇌는 어디일까? 행복한 얼굴은 복측 선조체 ventral striatum 에서, 화난 얼굴은 전운동피질 premotor cortex 과 선조체에서, 혐오는 도피질, 공포는 편도체에서 맡고 있다. 슬픈 얼굴은 연구결과들마다 달라 어디라고 꼭 집어 말할 수 없다. 이곳들이 타인의 얼굴에 나타난 사회적 신호를 알아차리는 뇌 영역들이다. 우리는 굳이 말이 아니라도 이렇게 타인의 얼굴표정에서 드러나는 미묘한 감정들을 읽어낼 수 있다. 의사소통에서 언어적 요소가 차지하는 비중은 채 10%도 되지 않는다. 나머지 의사소통은 얼굴표정, 눈, 시선, 목소리, 몸동작 등 비언어적 신호를 통해서 이뤄진다.

여기서 한 걸음 더 나아가보자. 내가 딸아이의 얼굴을 보고 그 표정에 나타난 놀람을 알아차린다. 그런데 저 아이가 왜 놀랐을까? 딸의 시선이 머문 곳으로 내가 얼굴을 돌린다. 마룻바닥엔 지네같이 생긴 제법 큰 징그러운 벌레가 기어가고 있다. 내겐 그리 놀랄 일이 아니지만, '아, 그래서 저 아이가 저렇게 놀랐구나.' 하고 딸을 이해할 수 있다. 이렇게 상대방의 관점에서 세상을 바라볼 수 있는 능력을 관점수용perspective taking이라고 한다.

샐리와 앤의 이야기를 보자([그림2]). 샐리가 공을 상자에 넣고 밖으로 나간다. 그러자 앤이 공을 자기 옆에 있는 바구니로 옮긴다. 샐리가 돌아오면 어디서 공을 찾으려고 해야 할까? 당연히 상자다. 이렇게 터무니없이 쉬운 문제가 있을까? 그러나 그렇게 단순하지 않

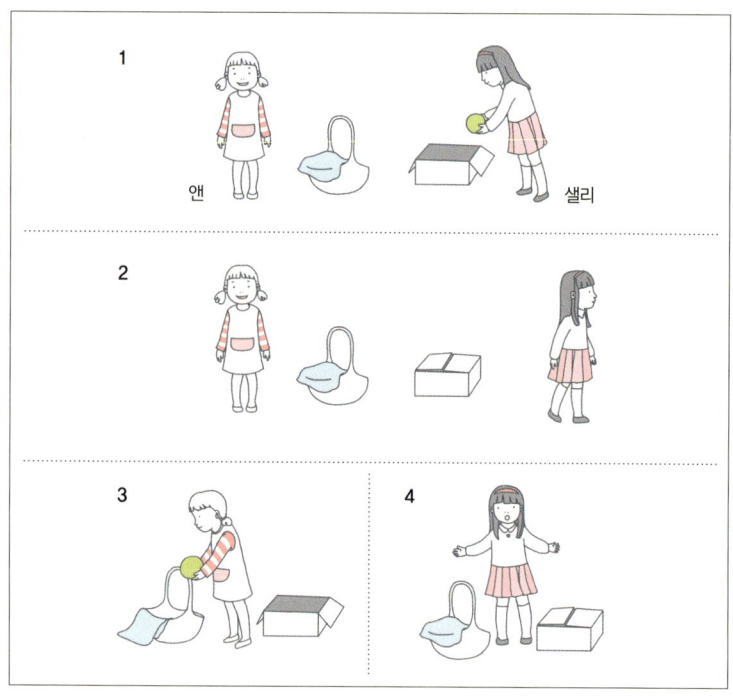

[그림2] 관점수용능력 실험

다. 나는 공이 바구니에 있다는 걸 안다. 그러나 이를 모르는 샐리는 상자에서 공을 찾으려 할 것이다. 이 문제에 대해 '상자'라고 정답을 말하려면 나와 샐리의 관점이 다르다는 사실을 알아야 한다.

나의 관점과 타인의 관점을 분리시킬 수 있는 관점수용능력은 만 4세가 되어야 출현하기 시작한다. 관점수용능력이 발달하지 않은 어린이들은 내가 보는 세상이 남이 보는 세상과 같다고 여긴다. 이들은 샐리와 앤의 문제에 대해 '바구니'라고 대답한다. 어린이들이 엄마 생일선물로 엄마가 좋아할 만한 선물을 주는 것이 아니라, 자기가 아끼는 물건, 이를테면 스티커를 선물로 주는 이유도 이 때문이다.

그런데 어른이라고 해서 반드시 관점수용능력이 뛰어나다고 할 수 있을까? 나와 타인의 관점이 다를 수 있다는 사실을 받아들이는 일이 그리 간단하지는 않다. 특히 지위가 높아질수록, 성공할수록 이 능력은 점차 상실되기 쉽다고 한다. 현역 선수시절 뛰어났던 사람이 훌륭한 감독이 되기 어렵다는 속설도 여기에 그 이유가 있다. 그들은 '차라리 내가 뛰는 게 낫겠다.'라고 생각한다. 나도 한때 제자들과 논문작업을 할 때 '아, 답답해. 내가 쓰고 말지.' 하고 생각한 적이 있다. 또 그들의 안정추구적인 진로선택을 이해하지 못하기도 했다. '똑똑한 친구들이 왜 인생을 좀 더 도전적으로 살지 않을까.' 하는 생각 때문이었다. 내게도 그들의 관점을 수용하는 능력이 부족했던 것이다.

놀란 내 딸아이 이야기로 다시 돌아가보자. 마루를 기어가는 벌레를 보고 "야, 뭐 저런 걸 보고 놀라? 너보다 훨씬 작고 빠르지도 않은 벌레 한 마리 갖고서……." 악몽을 꾸다 깨어 엉엉 우는 아이에게도 대부분의 어른은 이렇게 말한다. "꿈이잖아. 그건 꿈일 뿐이야. 엄마 아빠가 옆에 있잖아." 어른의 이런 반응은 공감과는 거리가 멀다. 우선 아이의 눈으로 세상을 보아야 한다. 슬금슬금 기어가는 고작 하찮은 벌레 한 마리에도 아이는 두려움을 느낄 수 있다. 악몽도 마찬가지다. 먼저 그 아이의 시선으로 세상을 바라보고, 아이의 감정을 인정해주어야 공감이 시작된다. 남의 관점에서 세상을 바라보는 능력은 공감의 시작이자 기초다.

내가 10년 전 미국국립보건연구원에서 박사후과정을 하던 시절이었다. 다양성의 나라 미국에는 온갖 인종이 모여 산다. 미국국립보건연구원도 예외가 아니어서 서로 다른 문화에서 살던 사람들이 모여 연구진을 이루고 있었다. 이 기관에서는 문화적 차이에서 기인하는 갈등을 최소화하기 위해 신입연구원들에게 '다양성 훈련 diversity training'이라는 프로그램을 이수하게 했다. 그 프로그램의 강사가 청중에게 물었다. "남을 존중하는 최고의 방법은 무엇입니까?" 나는 성경의 다음 구절이 생각나 이렇게 대답했다. "남에게 대접받고자 하는 대로 남을 대접하라." 그러자 강사가 내게 물었다. "내가 남에게 대접받기 원하는 바가 타인이 나에게 대접받기 원하는 바와 항상 같다고 할 수 있는가."라고. 내가 원하는 것이 곧 타인이 원하는 것과 같다고 볼 수 있는가? 그래서인지 미국인들은 남에게 어떤 일을 권할 때, '네가 원한다면 if you want'이라는 표현을 덧붙인다. 성숙한 사람일수록 같은 상황에 처한 사람들의 관점을 객관적 입장에서 수용할 수 있는 능력을 가진다. 그래서 같은 상황에서도 사람들은 모두 다르게 반응할 수 있다는 사실을 받아들인다.

관점수용능력은 전전두엽 기능을 필요로 한다. 자기통제능력에도 전전두엽이 관여하므로, 네 살 무렵부터 관점수용과 자기통제가 같이 발달하기 시작한다. 관점수용을 할 때 활성화되는 뇌 부위는 전전두엽과 더불어 측두-두정엽 경계영역과 위 측두고랑 뒷부분posterior superior temporal sulcus이다([그림3]). 이 뇌 영역은 앞서 언급한 대로 자아경계와 관련된 곳이다. 즉, 자아경계를 유지하는 일은 타인의 감정에 빠져드는 것도 막아주지만, 너와 내가 다르다는 사실도 받아들이게 한다.

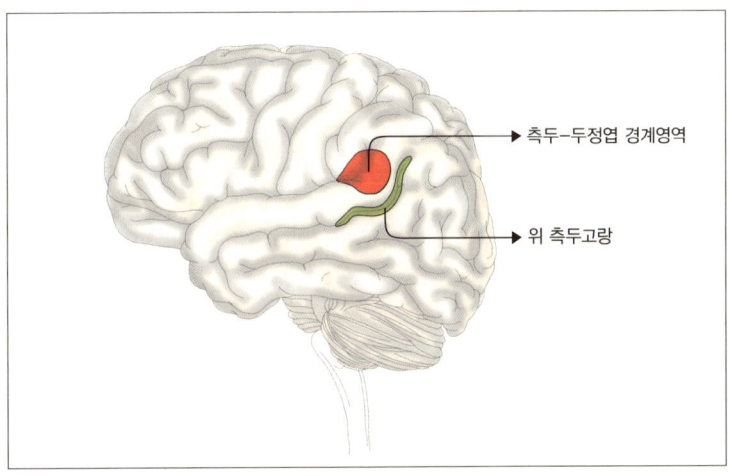

[그림3] 관점수용에 관련된 뇌

난 네가 무엇을 하려는지 알고 있다

1990년 초 이탈리아 파르마대학, 자코모 리촐라티^{Giacomo Rizzolatti} 박사의 연구실. 이곳에서는 원숭이 뇌의 여러 곳에 전극을 꽂아놓고, 원숭이가 손과 입 동작을 할 때 흥분하는 신경세포를 찾는 실험을 하고 있었다. 이를테면 원숭이가 음식을 움켜잡을 때 어느 뇌 영역에서 전기적 활동이 나타나는지 찾아보는 연구였다.

어느 날, 조교가 자신이 먹을 음식에 손을 대려 하는데 원숭이 뇌의 전운동피질이 흥분하는 것을 보았다. 이곳은 원숭이가 직접 음식에 손을 대려 할 때에도 흥분하는 곳이었다. 원숭이는 가만히 앉아 조교의 행동을 지켜보기만 했을 뿐인데 어떻게 직접 행동한 것처럼 뇌가 흥분하는 것일까?

미러뉴런^{Mirror Neuron}의 첫 발견은 다른 위대한 발견처럼 이렇게 우연히 이루어졌다. 미러뉴런은 우리가 그 행동을 할 때뿐만 아니라 같은 행동을 하는 타인을 지켜볼 때에도 흥분하는 신경세포를 일컫는다. 인간의 뇌에서 미러뉴런은 전두엽과 두정엽 피질에 자리 잡고 있다. 구체적으로 하부 전두이랑^{inferior frontal gyrus}의 뒷부분과 하부 두정소엽^{inferior parietal lobule}의 앞부분이다([그림4]).

미러뉴런은 20세기 신경과학 분야에서 가장 주목받는 발견 중 하나다. 미러뉴런은 사회적 인간에 대한 생각의 틀에 큰 변화를 가져왔다. 미러뉴런 발견 이전에는, 우리 뇌가 논리적인 사고과정을 거쳐 타인의 행동 뒤에 숨은 의도를 해석한다고 믿고 있었다. 그러

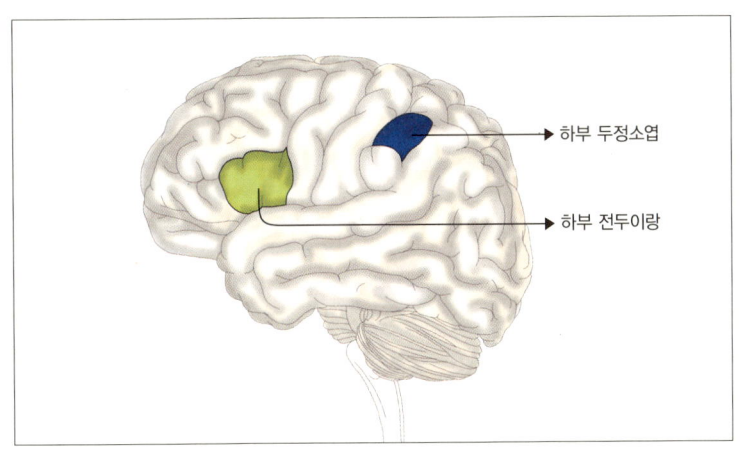

[그림4] 미러뉴런의 위치

나 이제 우리는 생각함으로써가 아니라, 그저 흉내냄으로써 타인을 이해한다고 믿게 되었다. 미러뉴런 덕택에 우리가 타인을 시뮬레이션함으로써 타인의 행동뿐 아니라 그 뒤에 숨은 의도와 감정까지도 시뮬레이션할 수 있기 때문이다.

미러뉴런은 '따라쟁이'다. 직장 동료가 웃으며 인사를 건네면 나의 미러뉴런도 내가 미소 짓는 것처럼 흥분한다. 그리고 내가 미소 지을 때 가지는 느낌을 유발하고 나도 따라 미소 짓는다. 웃음은 우스워서 나오는 행위라기보다 사회 속에서 서로 교감을 나누는 반사행위다. 옆에서 같이 강의를 듣고 있던 친구가 하품하면 나도 따라 하품을 한다. 하품도 전염성이 있는 사회적 신호다. 아기에게 밥을 먹일 때 나도 모르게 '아' 하면서 같이 입을 벌린다. 길을 가던 중 다

6. 공감하는 뇌 243

른 사람들이 어딜 쳐다보고 있으면 나도 가던 길을 멈추고 그곳을 쳐다본다. 권투시합을 볼 때 나의 뇌는 선수와 함께 잽과 훅을 날리고, 가슴은 뛰고 맥박은 빨라진다. 친구가 옆에서 상한 음식을 먹고 인상을 찌푸리면 나의 속도 메스꺼워진다. 타인이 어떤 행동을 하면 나의 뇌도 타인의 뇌와 같이 흥분하고 나도 모르게 타인의 행동을 따라한다. 타인의 행위가 가진 의도를 '생각'할 필요도 없이 본능적이고 즉각적으로 그 의도를 공유할 수 있는 것이다.

미러뉴런은 또 '넘겨짚기' 선수다. 타인의 행동 전체를 보지 않고서도 그 행동을 짐작할 수 있게 해준다. 조교가 원숭이에게 바나나를 보여준 후 앞에 칸막이를 설치해 원숭이가 못 보게 하면서 바나나 껍질을 까보았다. 이때에도 원숭이가 직접 바나나 껍질을 깠을 때와 같은 뇌 부위가 흥분했다. 아마 상대방의 입장이 되어보려는 상상력의 비밀도 미러뉴런이 그 열쇠를 쥐고 있는지도 모른다.

미러뉴런은 동조와 모방학습 등의 심리학적 이슈뿐 아니라 여러 신경계 질환들의 원인을 이해하는 데도 실마리를 제공했다. 이를테면 타인의 마음읽기에 미숙한 자폐아의 경우 일반 아동에 비해 미러뉴런의 활동성이 낮다. 옆 사람의 하품이 자폐아에게는 전염되지 않는다. 자폐아는 다른 사람에게 관심이 없고 다른 사람이 나를 어떻게 보는지에도 관심이 없다. (이들은 오히려 자신의 내면에 천착해 창조성을 발휘하기도 한다.) 사이먼 코헨은 자폐아의 뇌를 공감능력이 떨어지는 극단적인 남성의 뇌라고 부르기도 했다.

미러뉴런 실험 중에서 내가 가장 흥미롭게 여기는 것이 바로 찾잔 실험이다([그림5]). 가운데 그림에는 컵을 집는 장면들이 있다. 행위만 보면 그 둘은 같다. 그러나 왼쪽 그림의 맥락들을 같이 보자. 식사가 차려진 상황에서 컵을 집는 행위는 마시려는 의도다(위). 그러나 식사가 끝난 뒤 컵을 집는 행위에는 컵을 치우려는 의도가 담겨 있다(아래). 컵을 집는 행위는 같지만 맥락에 따라 그 의도는 판이하게 다르다. 컵을 집는 행동만 보여줄 때보다 맥락들을 같이 보여줄 때 미러뉴런이 훨씬 더 흥분했다. 또 컵을 집는 행위라도 맥락이 다를 때 미러뉴런의 활동 정도는 달랐다. 즉, 컵을 치우려고 할 때보다 마시려고 할 때 미러뉴런이 더 활성화되었다.

이와 달리 자폐아는 맥락에 관계없이 컵을 집는 행위는 무조건 마시려는 의도로만 해석한다. 자폐아는 타인의 행위보다는 사물의

[그림5] 미러뉴런의 활동을 유도하는 찻잔 실험

용도에 근거해 행위의 의도를 판단하려 하기 때문이다. 자폐아는 타인이 가위를 들고 있으면 그 사람이 가위를 어떻게 잡고 있든지 상관없이 무언가를 자르려는 의도로 해석한다. 가끔 급할 때 우리는 가위 손잡이 부분을 망치 대용으로 쓰기 위해 가위를 거꾸로 잡기도 한다. 이 경우에도 자폐아에게 가위는 여전히 자르는 도구다.

찻잔 실험이 우리에게 주는 교훈은, 우리가 맥락 없이 타인의 행위만 보았을 때 행위 뒤에 숨은 상대의 마음을 읽기 어렵다는 것이다. 경로석에 앉아 있는 젊은 친구를 보자. 그는 경로석에 앉아 있는 버릇없는 친구일 수도 있지만, 몸이 불편한 장애우일 수도 있다. 내가 여러 차례 보낸 메일에 답장조차 하지 않는 친구가 있다. 그러나 그가 메일함조차 열어볼 수 없을 정도로 급박한 상황에 처했을 수도 있다. 내가 남의 행동만 보고 '도저히 이해가 안 돼.'라고 화를 낼 때, '다, 사정이 있겠지.'라며 농담처럼 넘기는 친구가 있었다. '어떻게 저럴 수가 있지?'가 아니라 '사정이 있겠지.'라는 말에는 공감을 위한 큰 지혜가 담겨 있다.

우리가 의도를 살피지 않고 행위만으로 판단할 때 상대를 공감하기 어렵다. 예를 들어보자. 딸아이가 식탁 위의 우유 잔을 쓰러뜨려 컵이 깨지고 우유는 바닥에 엎질러졌다. 그 모습을 본 엄마는 속이 상해 아이를 나무란다. 그러나 아이는 엄마를 도우려고 식탁을 정리하다 실수로 잔을 쓰러뜨렸을 수도 있다. 의도를 묻지 않고 결과만 보고 나무랄 때, 아이는 어른이 자신의 마음을 몰라준다고 생각하게 된다. 만약 부모가 아이의 의도를 알고 나서도 "그러게 넌 그냥 가만히 있는 게 도와주는 거라니까."라고 한다면 문제는 더 심각하다.

엄마를 도우려다가 컵을 스무 잔 깨뜨린 아이와 장난을 치다가 컵을 한 잔 깨뜨린 아이 중 누가 더 잘못했는가? 도덕성을 평가하는 이 질문에 어린아이들은 행동의 결과만 보고 스무 잔의 컵을 깨뜨린 아이가 더 잘못했다고 말한다. 행동의 의도까지 평가할 수 있는 도덕성을 갖추게 되면 대답은 달라진다. 그러나 의도보다 결과를 더 중요하게 여기는 어른은 도덕성이 성숙하지 못한 어린아이와 같은 수준인 셈이다. 전후 사정을 살피지 않고 상대의 행동이나 말 한 토막으로 그 사람의 인격이나 성격을 단정 짓는다면, 우리는 그 순간 심맹 mindblindness에 빠졌다고 볼 수 있다. 우리는 상대방의 전후 사정과 맥락을 물어보지 않고 쉽사리 남을 판단하지는 않았는가?

나를 지키며 너에게 간다

이제 '공감하는 뇌'의 밑그림을 그릴 수 있다. 타인의 정서와 감정을 내 것처럼 '느끼는' 곳은 뇌의 안쪽 부분인 앞 도피질, 앞 대상회, 변연계이다. 반면, 타인의 의도, 목적, 믿음 등을 읽는 능력은 미러뉴런을 포함하여 전두엽, 두정엽, 측두엽 등 뇌의 바깥부분인 피질에서 맡는다. 상대방의 감정을 공유하는 것이 변연계의 활동이라면, 다시 내 자리로 돌아와 타인의 감정을 이해하려는 노력은 대뇌 피질의 작품이다. 공감은 그 사람의 입장이 되어보려는 상상력과 상대를 존중하고 이해하려는 인지적 노력이 필요한 고도의 정신작용이다.

의사결정에는 이성의 뇌가, 공감에는 감정의 뇌가 우세할 것이라고 생각하기 쉽다. 그러나 앞선 장에서 우리는, 합리적인 결정을 위해서는 감정의 뇌가 반드시 필요하다는 것을 보았다. 마찬가지로 공감을 위해서도 감정의 뇌만큼 이성의 뇌가 중요한 역할을 한다. 열정 없이는 합리적인 결정이 불가능하고, 냉정을 유지해야만 진정한 공감이 이루어진다는 역설은 참으로 흥미롭다.

공감하는 뇌를 이해한 뒤에도, 공감은 여전히 내게 쉬운 일이 아니다. 누군가 내게 고민을 털어놓을 때 난 무슨 말을 해주어야 할지 몰라 멍하니 있을 때가 한두 번이 아니었다. 겨우 한다는 말이 '참 힘드셨겠습니다.' 정도. 그럴 때마다 참으로 무력감을 느낀다.

우리는 지나치게 쉽게 감정이입이 되는 타인중심인 사람과 지나치게 자기중심인 사람의 가운데 어디쯤 있을 것이다. 우리는 또 때에 따라 이 사이를 왔다 갔다 하기도 한다. 어느 땐 심맹 상태에 있다가도 어느 순간 타인의 마음속에 쑥 빠져들기도 한다. 타이밍이 어긋나, 상대방의 처지에 빠져들어야 할 때 내 자리만 지키기도 하고, 거리를 두어야 할 때 오히려 빠져들기도 한다.

좋은 공감은 어떤 것일까? 상대방이 말한 것을 요약해주는 것, 다 알고 있는 내용을 말로 표현해주는 것만으로도 괜찮은 공감이 될 수 있다. 판소리의 추임새처럼 맞장구 쳐주는 것만 해도 훌륭한 공감이다. 상대의 말을 내가 제대로 이해했는지 다시 묻는 것도 내가 상대방에게 집중하고 있다는 증거다. 시선을 마주하는 것은 기본이다. 인본주의 상담심리학자 칼 로저스$^{Carl\ Rogers}$는 답답하다 싶을 정도로 상대방의 말을 반복해주었다고 한다. 내가 상대방을 비춰주는 거울이 되어 그의 고민을 반사해주는 것처럼 말이다. 이로써 상대는 내가 자신의 감정을 공유하고 있다고 느끼게 된다.

어떤 이는 누군가로부터 고민을 들으면 그 문제를 해결부터 해주려는 강박을 갖고 있다. 고민을 들어주기만 해도 큰 위로가 되는데 그들은 문제를 해결해주어야 직성이 풀린다. 진료를 볼 때에도 그렇다. 의사가 환자의 모든 문제를 해결해줄 수는 없다. 내가 해결할 수 없는 문제일 때 그냥 들어만 주고 환자의 생각과 말을 반복해주기만 해도 때로 큰 위안을 줄 수 있다.

상대방이 고민을 말하기도 전에 이미 그 사람의 처지를 상상할 수 있다면 뛰어난 공감능력을 갖춘 사람이다. 더 나아가 상대가 스스로 인식하고 있는 이상의 것, 즉 상대의 심층에 있는 불안과 두려움까지 이해하고 전달해줄 수 있다면 더할 나위 없이 훌륭한 공감이다. 이를 위해서는 타인의 문제로부터 스스로를 떨어뜨려놓아 관찰하는 것이 필요하다. 공감은 나를 지키며 너에게로 다가가는 작업이다. 나와 너 사이에 균형을 잡는 것이다.

자신에 대한 공감

두 아이가 굴뚝 청소를 했다. 한 아이가 얼굴이 새까맣게 되어 내려왔고, 또 한 아이는 그을음을 전혀 묻히지 않은 깨끗한 얼굴로 내려왔다. 제군은 어느 쪽의 아이가 얼굴을 씻을 것이라고 생각하는가?

학생들은 교단 위에 서 있는 교사를 바라보았다. 아무도 얼른 대답을 하지 못했다.

잠시 후에 한 학생이 일어섰다.

"얼굴이 더러운 아이가 얼굴을 씻을 것입니다."

"그런데 그렇지가 않다."

교사가 말했다.

"왜 그렇습니까?"

다른 학생이 물었다.

교사는 말했다.

"한 아이는 깨끗한 얼굴, 한 아이는 더러운 얼굴을 하고 굴뚝에서 내려왔다. 얼굴이 더러운 아이는 깨끗한 얼굴의 아이를 보고 자기도 깨끗하다고 생각한다. 이와 반대로 깨끗한 얼굴을 한 아이는 상대방의 더러운 얼굴을 보고 자기도 더럽다고 생각할 것이다."

학생들이 놀람의 소리를 냈다.

— 조세희, 〈난장이가 쏘아올린 작은 공〉 중에서

나는 누구인가? 우리는 이 질문을 스스로에게 거의 던지지 않는다. 이 질문에 꼭 답을 해야 한다면, 우리는 자신을 어떻게 표현할 것인가?

굴뚝 청소를 한 아이처럼 상대의 얼굴을 통해 나를 판단하는 행위는, 나를 판단하는 근거가 내가 아니라 외부세계에 있음을 의미한다. 우리는 자신을 잘 알고 있다고 생각할지 모르지만, 실은 남의 시선을 통해 우리 스스로를 바라보는 것인지도 모른다. 타인이 알고 있는 나, 타인이 말하는 나, 타인이 갖고 있는 나의 이미지가 나 자신이라고 착각하고 있는지도 모른다.

타인과의 관계 속에서 형성된 나의 외적인 성격을 심리학자 융은 '페르소나persona'라 불렀다. 페르소나는 그리스의 고대극에서 배우들이 쓰던 가면을 일컫는 말이다. 내가 속한 사회는, 내가 그 사회의 규범을 따르며 상황에 맞는 역할을 수행해주기를 기대한다. 그 가면은 사회가 요구하기도 하지만, 나 스스로가 만들기도 한다. 더불어 살아야 하는 세상에서 건강한 페르소나를 가꾸는 일은 필요하다. 그러나 그것이 나의 일부일지언정 나의 본질은 아니다. 우리는 페르소나를 내 본연의 모습으로 착각하면서, '진정한 나'를 돌아보는 일은 소홀하지 않았던가? 내 마음의 솔직한 감정을 외면하지는 않았던가? 그러다 어느덧 뫼비우스의 띠처럼 어느 모습이 속이고 겉인지 알 수 없게 되지는 않았는가?

나는 내 마음 속에서 반복되는 분노를 알아차리는 데 10년이란 세월이 걸렸다. 처음엔 분노의 감정에 휩싸여 수렁에 빠져 있었다.

그러다 우연한 기회에 그 감정을 있는 그대로 들여다보고 분석하고 발설하여 떠나보내는 작업을 친구들과 함께하는 행운을 가졌다. 그제야 지난 세월을 돌이켜보며 왜 그 사건들이 되풀이되어야만 했는지 알 수 있었다. 나의 마음이 자기를 한번 돌아봐달라고 크고 작은 '신호'를 나의 의식세계로 계속 보내고 있었던 것이다.

철학자 스피노자는 말했다. "감정, 고통스러운 감정은 우리가 그것을 명확하고 확실하게 묘사하는 바로 그 순간에 고통이기를 멈춘다." 나를 짓누르는 고통스러운 감정을 일정한 거리를 두고 객관적으로 설명할 때 고통은 나를 떠나갈 것이다.

오늘 나의 마음에 어떤 움직임이 있었는지 가만히 들여다보자. 갈등, 분노, 불안과 같은 부정적인 정서 이외에 기쁨, 감사, 평화와 같은 긍정적인 감정에 이르기까지. 또 그 감정에 대해 나는 어떤 반응을 했는가? 애써 외면하며 회피했는지, 갈등의 문제를 곱씹으며 집착했는지, 아니면 쉽게 자기합리화를 했는지 돌이켜보자. 또 왜 그렇게 반응했는지 생각해보자. 이는 자신의 마음과 거리를 두고 객관적으로 바라보며 분석하는 행위다. 이러한 과정을 거쳐 나의 진정한 '자기^{self}'에 더 가까이 다가갈 수 있다.

누구나 크고 작은 마음의 상처를 안고 살아간다. 우리의 내면에는 상처받은 어린아이가 불안과 두려움, 분노에 울고 있다. 그 아이가 하는 말에 귀 기울이고, 그 아이와 함께 아파하고, 그 아이를 있는 그대로 받아들이고 안아주자. 자신에 대한 공감으로부터 진정한 치유가 시작된다.

7. 몰입하는 뇌

중독과 몰입, 닮은꼴 미묘한 차이

중독을 몰입으로 전환할 수는 없을까?

중독 행위의 주목적은 '쾌감'을 얻고자 하는 것이 아니라
'갈망'을 해소하기 위해서다. 반면, 몰입은
대상을 갈망하면서도 그를 통해 지속적인 쾌감을 얻는다.
따라서 지금 어떤 일에 푹 빠져 있다면,
진정 좋아서 그 일을 하고 있는지 스스로에게 물어보아야 한다.

　　미국 아이오와에 사는 남자 N은 서른여덟이라는 젊은 나이에 뇌졸중을 앓게 되었다. 그는 열네 살 때부터 담배를 피워왔는데, 뇌졸중 발생 전날까지도 담배를 하루에 두 갑씩 피웠다. N은 담배를 피우고자 하는 강한 충동을 하루에도 여러 번 느꼈다. 특히 아침잠에서 깼을 때, 식사 후, 커피나 술을 마실 때, 담배 피는 사람들 근처에 있을 때 더욱 그랬다. 심지어 그는 담배를 피우기에 매우 부적절한 상황에서도 견디기 힘들어했다. 이를테면 고객과 면담 중이거나 아파서 꼼짝달싹할 수 없이 누워 있을 때에도 담배를 피우지 않고는 베길 수 없었다. 그랬던 그가 뇌졸중을 앓게 되자 바로 담배를 끊어버렸다. 전혀 기대하지 않았던 일이 일어난 것이다. 그런데 더 흥미로운 사실은 그 스스로는 담배를 끊겠다는 생각을 한 번도 해본 적이 없었다는 점이다.

　뇌졸중과 같은 심각한 병을 앓고 나면 상당수 환자들은 건강을 위해서 그동안의 잘못된 생활습관을 고치려 애를 쓴다. 담당 신경과의사는 N도 으레 그랬으려니 생각했지만, 어딘가 미심쩍은 생각이 들어서 그에게 담배를 끊은 이유를 진지하게 물어보았다.

　그는 주저하지 않고 대답했다. "내가 담배 피우던 사람이라는 걸 잊어버렸어요." 간단하고도 명쾌한 대답이었다. 그렇지만 담당의사는 혹시 N에게 기억장애가 생긴 게 아닌가 의심이 들었다. 그는 좀 더 자세히 얘기해달라고 주문했다. N은 자신이 흡연자였다는 사실을 아예 잊어버린 건 아니라고 하면서, 대신 "나의 몸이 담배를 피우고자 하는 충동을 잊어버린 것 같아요."라고 대답했다.

그는 입원 중에도 얼마든지 병실 밖에서 담배를 피울 수 있었지만 전혀 흡연의 충동을 느끼지 않았다. 심지어 병실 룸메이트가 밖에서 담배를 피우고 돌아오면 그 냄새가 너무 역겨워 병실을 바꿔달라고까지 했다. 그는 그동안 담배를 많이 피워서 뇌졸중이 생겼다고 믿고 있었다. 그러나 그는 뇌졸중에 걸렸다는 충격 때문에 담배를 끊은 것은 아니라고 했다. 왜냐하면 뇌졸중 후에도 그는 담배를 끊으려고 노력한 적이 전혀 없었기 때문이다. 흡연의 욕구가 그냥 저절로 사라져버린 것이다.

"담배를 끊는 것은 쉽다. 나는 수백 번도 넘게 담배를 끊었다." 마크 트웨인의 이 말은 금연이 얼마나 어려운지를 단적으로 표현한다. 한번 니코틴에 중독되면 그로부터 헤어나기 어렵다. 그래서 담배를 끊지 못하는 애연가들은 자신들의 의지가 약하다고 인정하기보다 오히려 담배 끊은 사람들을 지독하다고 부른다. 담배 끊은 사람과는 상종도 하지 말라는 속설도 있지 않은가. 그러나 담배를 끊지 못하는 것이 단순히 의지가 약해서일까? 만약 그렇다면 N처럼 아무런 의지와 노력도 없이 담배가 끊어지는 것은 어떻게 가능할까? 마치 스위치 하나 눌러서 흡연의 욕구가 사라진 것처럼 말이다.

내 환자들 중에도 뇌졸중을 앓고 난 후 아주 쉽게 담배를 끊은 사람들이 있다. "의지가 굉장히 강하시군요." 하는 나의 말에 그들은 겸연쩍게 웃으며, "그냥 저절로 끊어지던데요." 또는 "그냥 담배 냄새가 싫어졌어요."라고 말한다. 반면 어떤 환자는, 가족이 모두 인정할 정도로 의지가 강한데도 유독 담배만은 끊지 못한다. 다른 일에는 철저하게 자기조절을 할 줄 알면서 담배는 왜 못 끊는지 모르겠다고 가족들은 하소연한다. 정말이지 어떤 사람들에게 금연과 의지는 서로 무관해 보인다.

미국 아이오와대학 인지신경과학 연구소의 앙투안 베차라[Antoine Bechara] 교수는 N의 사례를 무심코 지나치지 않았다. 그는 N의 흡연 욕구를 불러일으키는 뇌의 어떤 부분이 뇌졸중에 의해 파괴되었으리라고 가정했고, 그 부위로서 도피질을 주목했다. 연구진은 뇌 손상을 받은 예순아홉 명의 환자를 분석했다. 모든 환자는 뇌 손상 이전에 담배를 피웠었다. 그들 중 열아홉 명이 도피질에 손상을 입었고, 나머지 쉰 명은 다른 곳에 뇌 손상을 입었다. 도피질이 다친 열아홉 명 중 열세 명이 뇌 손상 후 담배를 끊었는데, 이중 열두 명은 N처럼 뇌 손상 후 바로 쉽게 담배를 끊었다. 그리고 담배를 끊은 후에도 다시 피고 싶다는 욕구가 생기지 않았다. 반면 도피질이 아닌 다른 곳에 손상을 입은 쉰 명 중에서 이렇게 쉽게 담배를 끊은 사람은 네 명에 불과했다.

N의 뇌졸중이 얼마나 컸었는지 논문에는 잘 나와 있지 않지만 그의 언어능력이나 운동기능을 보아 뇌졸중 병변이 그리 크지는 않은

것 같다. 사실 도피질에 국한된 뇌졸중은 큰 장애를 일으키지는 않는다. 뇌의 작은 부분에 생긴 손상으로 흡연 중독이 씻은 듯 사라졌다는 점이 놀랍다. 또한 이 연구결과는 중독이 뇌의 작용이라는 사실을 뒷받침하는 증거가 되기도 한다. 과거에 중독은 자유의지의 문제로 여겨졌다. 담배나 도박, 마약에 중독되어 헤어나지 못하는 사람은 의지가 부족한 사람 정도로 생각되었다. 따라서 중독은 당연히 개인차원의 문제였다. 그러나 N처럼 뇌에 작은 뇌졸중이 생겨 담배를 단번에 끊어버렸다면, 과연 중독으로부터 해방되는 것은 의지의 문제인가, 뇌의 문제인가? N의 이야기는 중독으로부터의 해방이 본인의 의지와는 무관할 수 있다는 사실을 극적으로 보여준다. 우리가 담배를 피우는 것도, 끊는 것도 모두 뇌의 작품인가? 우리는 뇌의 꼭두각시인가?

뇌의 G스팟

사람들은 흡연의 해악을 잘 알면서도 담배를 끊지 못한다. 결국 오랜 흡연의 후유증으로 생을 마감하는 순간에, 대중에게 금연하라고 충고한 유명인들도 있었다. 사람들은 담배가 자신의 수명을 줄이고 있다는 사실을 뻔히 알면서도 왜 끊지 못하는 것일까?

1954년 제임스 올즈^{James Olds}는 캐나다 맥길대학에서 박사후과정을 밟던 중 자기 인생에서 가장 중요한 발견을 한다. 그는 피터 밀너 Peter Milner 와 함께 전기자극을 받으면 뇌의 어떤 부위가 불쾌감을 느끼는지 연구하고 있었다. 쥐가 상자의 한쪽 구석으로 가면 뇌 부위에 전기자극이 가해졌다. 올즈는 전기자극이 불쾌감을 일으킨다면 쥐가 그쪽 구석으로 다시는 가지 않을 것이라고 가정했다. 그러나 정반대 현상이 벌어졌다. 첫 번째 자극 후 쥐는 곧바로 그쪽 구석으로 다시 갔다. 두 번째 자극 후에는 더 빨리 그곳을 찾았다. 나중에는 쥐가 스스로 레버를 눌러 전기자극을 받게 했다. 그랬더니 한 시간 동안 무려 700번이나 레버를 눌렀다. 심지어 음식과 물은 쳐다보지도 않고 기진맥진해 죽을 때까지 레버를 누른 쥐도 있었다. 대체 그곳이 어디기에 식음을 전폐하고 탐닉할 정도로 좋았던 것일까?

올즈와 밀너가 우연히 발견한 이곳은 바로 측좌핵이었다. 그 후 과학자들은 측좌핵을 쾌감중추라 불렀고, 측좌핵과 복측 피개영역 ventral tegmental area 을 중심으로 하는 보상회로 reward circuit 를 밝혀냈다 ([그림1]).

1960년대 뉴올리언스 툴레인대학 정신과 의사인 로버트 히스 Robert Heath 박사는 올즈와 밀너의 실험을 인체에 적용해보았다. 그는 정신질환자들 뇌의 보상회로를 전기 자극하여 그들을 쾌감에 푹 젖게 함으로써 우울증, 조현증, 통증, 자살충동을 치료하고 싶었다. 사실 히스 박사는, 인간도 올즈와 밀너가 실험했던 쥐들과 같은 반응을 보이는지 궁금했다. 어땠을까?

사람도 마찬가지였다. 그들 역시 전기자극을 받았을 때 쾌감에

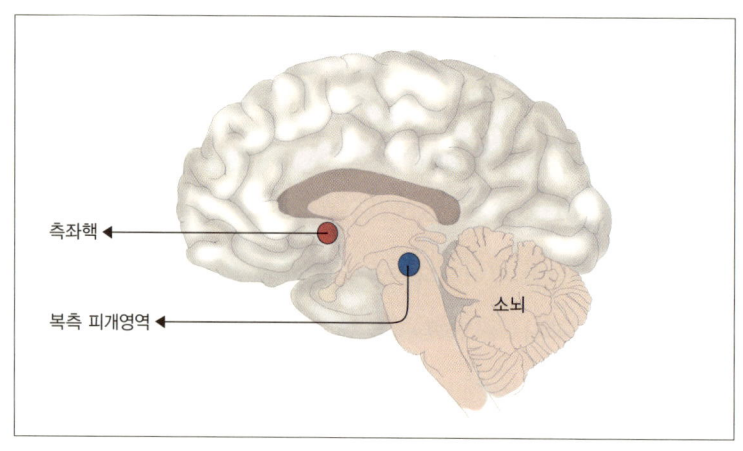

[그림1] 뇌의 보상센터(측좌핵과 복측 피개영역)

몸을 떨었다. 어떤 실험참가자는 자극을 멈추지 말라고 실험자의 손을 잡으며 말릴 정도였다고 한다. 스스로 자극할 수 있도록 제어기를 주었더니 천 번이나 연속으로 누르기도 했다. 가히 뇌의 G스팟이라 할 만했다.

담배 속 니코틴은 순식간에 온 몸에 퍼진다. 흡입하자마자 10초 이내에 니코틴은 뇌에 도달해 측좌핵에서 도파민^{dopamine} 분비를 촉진한다. 담배뿐만이 아니다. 모든 중독성 약물이 궁극적으로 뇌의 보상회로에 작용한다. 이 회로의 중심은 측좌핵과 복측 피개영역이다. 여기에 도파민이라는 신경전달물질이 가세한다. 보상회로가 발동하면 측좌핵과 복측 피개영역 뉴런으로부터 도파민 분비가 촉진되고 도파민은 쾌감을 유발한다.

애연가들은 담배중독과 마약중독은 서로 다르다고 여길 것이다. 물론 사회적 규범에서 보면 그렇다. 흡연은 범죄가 아니고 코카인을 흡입하는 것은 범죄이기 때문이다. 그러나 애연가들에게는 유감스럽게도, 담배와 마약이 뇌를 변화시켜 결국 우리를 중독의 늪에 빠지게 하는 과정은 거의 동일하다.

비단 약물뿐만이 아니다. 강박적인 음식 섭취, 도박, 섹스 등도 중독대상이 된다. 한 번 맛을 들이면 다시 하고픈 마음이 생긴다. 그 무엇이든 측좌핵을 자극해 도파민이 분비되면 뇌는 '어! 이거 좋은데? 또 해볼까?'라고 해석한다. 도파민 수치가 올라가면 도파민 상승을 계속 부채질한다. 우리 뇌는 더 많은 양의 도파민을 원하게 된다. 보상회로를 자극한 즐거웠던 사건을 뇌는 기억하고 그 일을 반복하려는 동기가 생긴다. 이로써 중독에 빠지기 위한 준비는 끝난 것이다. 어찌 보면 보상회로의 도파민 수용체에 딱 들어맞는 니코틴과 같은 중독성 약물을 인간이 발견했다는 것 자체가 불행의 시작일지 모른다.

더 놀라운 것은 중독대상을 기대하는 것만으로도 우리 뇌가 기쁨을 느낀다는 사실이다. 아니, 오히려 기대할 때 더 큰 쾌감을 느낀다. 담배의 니코틴이 뇌에 흡수되기도 전에 뇌가 먼저 흥분한다. 담배를 만지거나 냄새를 맡거나 담배 피우는 장면을 보기만 해도 애연가들의 뇌는 기쁨을 느낀다. 심지어 담배 생각만 해도 애연가들의 뇌는 기대에 부풀어 활기를 띤다. 나 또한 흡연욕구를 참다가 더 이상 견디지 못하고 담배를 사러 갈 때 더 흥분했던 기억이 난다.

마약이나 도박중독자도 마약 주사와 도박을 기대할 때 보상중추가 더욱 흥분한다. 돈을 딸 때보다 기대에 부풀어 슬롯머신의 버튼을 누를 때 뇌는 더 쾌감에 젖는다. 복권을 살 때 뿌듯한 느낌도 이 때문이다.

왜 나쁜 습관은 고치기 어려운가

금연을 시도하는 사람들 중 90% 이상은 1년 이내 다시 핀다. 대부분은 1주일을 견디지 못하고 다시 담배에 불을 붙인다. 3년 이상 끊었다가도 다시 피는 사람들을 나는 여럿 보았다. 중독에서 벗어났다가도 다시 마약이나 대마초에 손을 대는 경우를 적지 않게 본다. 뇌졸중 후 담배를 한동안 끊었다가 바둑을 두면서 다시 피는 환자들도 보았다. 그들은 한창 흡연할 때에도 바둑을 둘 때 늘 담배를 피우던 사람들이다.

왜 나쁜 습관은 이렇게 고치기 어려운 것일까?

담배 갑을 손에 쥐고 능숙하게 한 개비를 쏙 뽑아낸다. 이제 담배의 감촉, 냄새, 모양을 느낀다. 필터를 주물러 부드럽게 하고 담배를 검지와 중지 사이에 깊숙이 끼운다. 라이터를 만지작거리다 불을 켜 담배에 붙인다. '치지직' 담배 타들어가는 소리와 빨간 담뱃불이 서로 어울려 조화를 이룬다. 허파를 한 바퀴 돌고 입에서 뿜어져 나오는 담배연기가 아련히 피어올랐다 사라진다. 이 모든 것들이 흡연을 즐겁게 해주는 액세서리다. 흡연 시간과 장소도 마찬가지다. 식사 후, 운전 중에, 걸어갈 때 담배가 더 맛있다. 일하는 도중, 스트레스를 받는 상황에서도 담배는 긴장을 이완시켜준다. 이 특별한 의식, 시간, 장소들은 모두 흡연의 즐거움과 연합되어 있고, 이것이 금연을 더 어렵게 만든다. 위와 같은 상황에서 흡연으로부터 심리적 보상과 즐거움을 받았기 때문이다. 이런 추억과 습관은 고스란히 우리 뇌 속에 저장되어 있다.

우리 뇌는 어떤 회로는 강화하고 다른 회로는 가지치기를 한다. 뇌는 우리가 가장 많이 사용하는 회로가 유용한 것이라 판단하고 그 회로를 강화한다. 특정한 행동을 자주 하면, 그것이 무엇이든 상관없이 뇌는 그 행동을 아주 잘하게 된다. 이렇게 일단 습관이 형성되면 기저핵의 신경활동패턴이 변한다. 기저핵은 자전거 타기와 같은 절차학습을 기억하는 곳이기도 하다. 다행히 습관을 없애면 그 신경활동패턴도 원래대로 돌아간다. 그러나 소거된 습관이 어떤 계기에 의해 다시 불붙으면 그 신경활동패턴은 순식간에 다시 나타난다. 처음엔 배우기 어려웠던 습관도 없어졌다 다시 나타날 때는 금방 익힌다. 습관에 의해 형성된 신경패턴은 습관이 소거되더라도 뇌에 흔적을 남기기 때문이다. 오래된 습관은 없어지지 않는다. 다만, 겨울잠을 자고 있을 뿐이다.

중독은 뇌 탓

중독자를 바라보는 사회의 시선은 곱지 않다. 특히 불법 마약류나 도박 중독자는 범죄자로 취급되어 법적 장치 내에서만 다루어져 왔다. 심지어 어떤 이는 중독자들을 치료받을 가치조차 없는 사람이라고 여긴다. 그러나 미국 정신과학회는 중독을 만성적으로 재발하는 '질병'으로 정의하고 있다. 중독은 뇌의 물리적 변화를 초래하는 질병이다. 중독자의 뇌는 정상인의 뇌와 다르다. 약물을 계속 복용하면 뇌에 구조적인 변화가 일어나고, 그 변화는 약물을 끊은 후에도 오래도록 남는다. 따라서 중독은 뇌의 질병이라는 것이다.

구체적으로 약물중독에는 다음 세 가지 특징이 있다. 첫째, 충동적이고 강박적으로 약물을 찾아다니고 복용한다. 둘째, 약물복용을 제한할 수 있는 조절능력을 상실한다. 마지막으로, 약물을 복용하지 못하면 불안하고 안절부절못하는 부정적 정서를 경험한다.

중독의 사이클을 좀 더 들여다보자([그림2]). 중독초기에는 긴장과 각성이 증가하여 충동적으로 약을 찾게 되고, 약물을 섭취함으로써 일시적인 쾌감을 경험한다. 그 직후 사람에 따라 후회나 죄책감이 뒤따르기도 한다. 어쨌든 이 시기에는 그나마 기쁨이나 만족과 같은 긍정적인 강화 positive reinforcement 를 받는다.

이 시기가 지나면 서서히 강박 compulsivity 단계로 넘어간다. 약물에 대한 강박증이 생겨 불안과 스트레스가 증가한다. 이때 약물을 섭취하는 목적은 쾌감을 얻기보다는 불안과 스트레스를 줄이기 위해서다. 약물을 멈추었을 때 나타나는 부정적인 신체적, 정서적 변화를 견디기 어렵기 때문이다. 다시 말해, 처음엔 쾌감을 얻으려고 약물을 복용하지만, 나중엔 약물을 복용하지 않아 발생하는 부정적 정서를 줄이기 위해 어쩔 수 없이 약에 손을 댄다. 이젠 약을 복용하지 않으면 정상생활을 할 수가 없다. 더구나 같은 효과를 얻으려면 점점 더 많은 양의 약물을 필요로 하는데, 이를 내성tolerance이라 한다. 결국 중독은 충동impulsivity단계에서 강박단계로 서서히 진행되

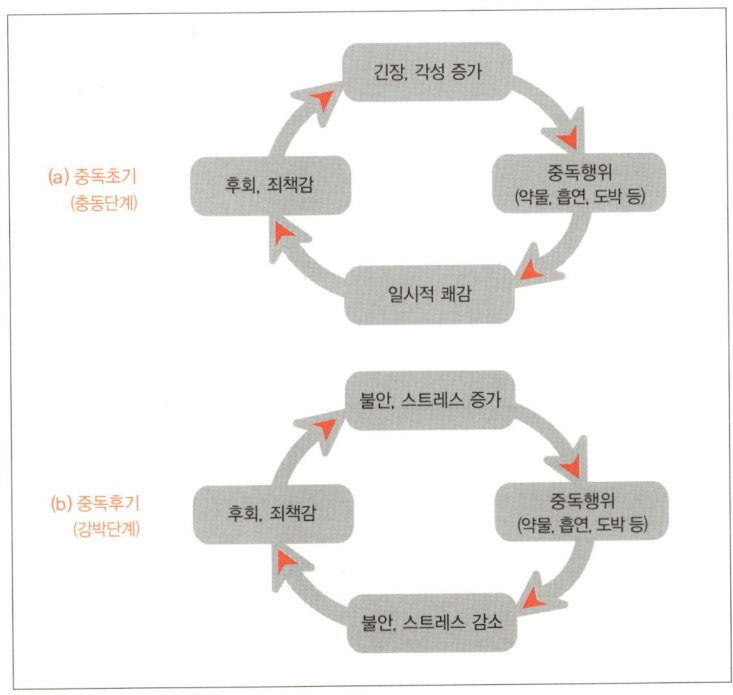

[그림2] 중독의 사이클

어가는 과정이다.

담배든 알코올이든 마약이든 처음 중독성 약물을 선택해 섭취하는 것은 우리의 자유의지에 의해서다. 이는 마치 뇌의 보상회로에 스위치를 누르는 것과 같다. 스위치를 누를지 말지는 내가 결정한다. 그러나 일단 스위치가 켜진 다음에는 우리의 의지와 상관없이 중독의 세계로 발을 들여놓게 되고 중독 사이클이 돌아간다. 우리의 뇌는 이렇게 만들어졌다. 마치 쥐가 한 번 쾌감의 맛을 보고 나면 식음을 전폐하고 계속 레버를 누르는 것처럼.

중독을 뇌의 질병으로 바라보는 시선은 발상의 전환을 불러왔다. '나쁜 사람'으로 보는 관점과 '만성질환자'로 보는 관점의 차이는 엄청나다. 이는 중독을, 조현증이나 치매와 같은 뇌의 질환으로 바라보자는 것이다. 조현증을 예로 들어보자. 과거에 그것이 뇌의 문제라는 것을 알기 전에는 조현증 환자들을 수용소에 가두는 것이 고작이었다. 그러나 이제 그 병이 약물치료를 요하는 뇌의 병이라는 것을 안다. 중독도 마찬가지다. 그들을 의지박약자나 범죄자로 취급해 사회로부터 격리하는 수준에서 그친다면 재발을 막을 수 없다. 중독자는 약물에 의해 뇌가 변화된 사람으로 보아야 한다. 중독은 평생 조절해야 하는 병이다. 중독은 죽어야 끝이 나는지도 모른다. 환자 N처럼 뇌의 일부분이 죽어도 끝날 수는 있다. 그래서 담배를 '끊는다'보다 '평생 참는다'라는 표현이 더 맞는 말이다.

지금까지의 이야기로만 보자면, 중독의 열쇠는 바로 뇌 안에 있는 것처럼 보인다. 중독자들이 '내 잘못이 아냐, 뇌가 그랬어.'라고 중독을 뇌의 탓으로 돌려도 수긍할 만하다. 그런데 과연 중독의 책임이 전적으로 뇌에 있을까? 중독이 이렇게 단순한 문제일까?

중독은 환경 탓

베트남 전쟁이 종반을 치닫던 1971년 가을, 베트남에 주둔한 미군병사들의 약물중독이 급속히 확산되고 있다는 정보가 상부에 전달되었다. 이에 연방정부는 베트남에서 돌아온 참전용사들을 대상으로 약물중독 실태를 조사하라는 지시를 내렸다.

세인트루이스 워싱턴대학의 리 로빈스Lee Robins 박사는 1971년 9월에 베트남에서 돌아온 898명의 병사들을 대상으로 조사했다. 이 참전용사들의 절반은 베트남에서 마약에, 다섯 중 한 명은 헤로인에 중독되었다. 그러나 이듬해 인터뷰조사를 했을 때 귀국 후에도 마약에 중독된 사람은 2%, 헤로인에 중독된 사람은 1%에 불과했다. 연구진들은 결과의 신빙성을 높이기 위해 소변채취까지 해서 중독여부를 판정했다. 한 가지 더 놀라운 사실은 중독 회복치료를 받지 않은 병사라도 대부분 중독으로부터 벗어났다.

'한 번 중독자는 평생 중독자'라는 믿음이 당시 중독전문가들의 보편적인 생각이었다. 중독으로부터 자연치유되는 사람들이 있다손 치더라도 극소수일 것이라고 짐작했다. 그러나 1973년 로빈스 박사의 연구결과가 발표되자 이러한 믿음이 일시에 뒤집혔다. 중독의 자연경과는 우리의 예상과 크게 달랐다. 더구나 많은 중독자들은 별 치료 없이 '자연치유'의 길로 들어섰다.

베트남 참전용사들이 귀국 후 쉽게 마약중독으로부터 탈출한 것은, 전쟁터의 상황과 귀국 후 처한 상황이 엄청나게 달랐기 때문이다. 조건화된 환경에 노출되는 것이 약물을 계속 사용하게 하는 중요한 요인이 된다. 다시 말해 베트남에서는 전쟁 상황과 마약이 서로 연합되어 있었으나, 이러한 환경요인들이 귀국해서는 거의 사라졌다. 베트남 참전용사의 마약중독과 미국 내 거주하는 일반인의 마약중독은 전혀 달랐던 것이다.

베트남 참전용사들의 중독회복 이야기에 깊이 흥미를 보인 과학자가 있었다. 바로 캐나다 사이몬프레이저대학의 심리학자 브루스 알렉산더Bruce Alexander 교수다. 알렉산더 교수는, 실험용 쥐가 약물에 잘 중독되는 이유는 그들이 사는 환경 탓이지 약물 탓이 아니라고 생각했다. 그에 의하면, 철창에 갇혀 고립된 실험용 쥐들이 쉽게 중독되는 현상은 '심한 스트레스 상황의 쥐들이 약물로 위안받으려는 것'을 보여줄 뿐이다.

자신의 가설을 증명하기 위해 알렉산더 교수는 '쥐 공원Rat Park'을 만들었다. 보통 실험용 우리의 200배나 되는 쥐 공원에는 20여 마리의 쥐들이 암수 조화롭게 살고 있었고 풍부한 음식과 놀이기구가 있었다. 물론 암수 교미도 가능했다. 다른 한쪽에는 철창 우리 속에 홀로 갇힌 쥐들이 있었다. (이들의 조건은 보통 실험실 쥐들과 같다.) 그리고 쥐 공원과 철창 우리에 모두 보통 물과 모르핀이 든 물을 갖다놓아 쥐들이 어느 물을 더 많이 마시는지 보았다.

결과적으로, 철창 우리에 홀로 갇힌 쥐들이 쥐 공원의 쥐들보다 모르핀이 든 물을 무려 스무 배 가까이나 더 많이 마셨다. 쥐 공원 쥐들은 모르핀이 든 물을 거의 마시지 않았고 그 물을 달게 하여도 마시지 않았다.

또 다른 실험에서 알렉산더 교수는 철창 우리 속 쥐들에게 57일간 모르핀이 든 물을 마시게 했다. 그들에게 모르핀이 든 물 외에 다른 물은 일절 못 마시게 했다. 그 후 그들을 쥐 공원으로 옮겨 와 모르핀이 든 물과 보통 물 중 하나를 고르게 했다. 놀랍게도 쥐들은 보통 물을 마셨다. 그 쥐들 중 일부는 약한 금단증세를 보이기도 했지만 중독증세를 보인 쥐는 없었다. 베트남 참전용사들이 보인 중독회복과 거의 동일한 결과다.

알렉산더 교수는 말한다. "일반 사람들은 주위에 헤로인이 널려 있어도 거들떠보지 않습니다. 쥐 공원의 쥐들은 대부분의 정상인과 다를 바 없어요. 마찬가지로 철창 우리 속에 고립된 쥐들은 베트남 참전용사와 같은 상황에 처해 있는 것입니다."

어떤 특별한 상황에서 인간은 담배나 약물에 손을 대고 심지어 중독되기까지 한다. 엄청난 시련을 겪고 나서 담배와 술 없이는 하루를 견디기 힘든 사람들도 있다. 스트레스가 심한 현대인의 외롭고 고단한 삶도 철창 우리 속의 쥐들과 크게 다르지 않다. 쥐 공원과 철창 우리 속의 차이만큼 현실에서도 풍요와 빈곤의 격차는 심하다. 어쩌면 우리는 담배를 안 피고는 베길 수 없는 세상에 살고 있는지도 모른다.

중독은 의지의 문제인가, 질병인가, 환경 탓인가? 중독은 어느 한 가지 관점으로만은 풀 수 없는 난제다. 중독을 뇌의 질병으로만 취급하는 것은, 과거에 중독을 개인의 의지문제로만 다룬 것과 비슷한 오류를 범하는 셈이다. 아이오와의 뇌졸중 환자 N만큼이나 베트남 참전 미국용사들의 이야기는 드라마틱하다. 상황에 따라 얼마든지 인간은 중독에서 손을 뗄 수도 있다는 것을 보여주기 때문이다.

담배 떠나보내기

다시 뇌졸중 환자 N으로 돌아가보자. N의 사례처럼 도피질을 인위적으로 손상시키면 담배나 마약중독을 치료할 수 있을까? (베차라 교수는 논문에서 이 가능성을 언급하고 있다.) 그러나 그것은 위험천만한 일이다. 도피질은 자율신경계 등 많은 뇌 기능에 관여하기 때문이다.

나는 뇌졸중 후 담배를 끊은 환자들과 이야기를 나누면서, 베차라 연구진이 발견한 것보다 더 중요한 사실이 있다는 것을 알았다. 바로 도피질이나 중독회로에 병변이 생기지 않고도 담배를 끊은 사람들의 이야기다. 그들은 담배가 저절로 끊어진 게 아니고 천신만고의 노력 끝에 금연에 성공한 사람들이다. 그리고 내 환자들 중에는 담배를 저절로 쉽게 끊은 사람들보다 처절하게 끊은 이들이 훨씬 더 많다. 또한 그들에겐 저마다 나름의 스토리가 있었다.

부산에 살고 있는 어떤 환자는 담배를 피우고 싶을 때마다 바다로 달려가 담배 생각을 날려 보내곤 했다고 한다. 그는 부산 토박이지만 이전에는 바다를 별로 좋아하지 않았는데, 담배를 떠나보내면서 점점 바다가 좋아지기 시작했단다. 또 자신이 뇌졸중을 앓자, 아들이 먼저 담배를 끊겠다고 선언해서 부자가 함께 금연에 성공한 경우도 있었다. 자식이 아버지의 건강을 위해 담배를 끊겠다고 하는데 어느 아버지의 마음이 움직이지 않을까? 이런 '마음'은 뇌의 어디에서 나오는 것일까? 아마 전두엽, 측두엽, 변연계 등 뇌 전체의 합작품일 가능성이 높다.

일흔 또는 여든이 넘은 어르신들이 담배를 꼭 끊을 필요가 있을까? 내 외래에는 고령의 환자분들이 많다. 그 어르신들의 가족은 제발 담배 좀 끊게 해달라고 성화다. 그럴 때면 '연세도 많으신데 이제 와서 담배 끊는 것이 얼마나 득이 될까.', '금연하느라 고생하느니 다른 치료 열심히 받는 것이 낫지 않을까.' 하는 생각이 들기도 한다. 그래서인지 당사자들도 죽을 때 다 돼서 왜 끊느냐고 오히려 역정을 내신다.

그러나 젊어서부터 하루 두 갑씩 담배를 피셨던 나의 아버지가 여든이 넘어 5년째 금연하시는 걸 보고 내 생각도 바뀌었다. 아버지는 오래된 흡연으로 만성 기침과 가래가 심했는데, 금연 후로 그 증상이 많이 좋아졌다. 어느 날, 손자들과 클래식 음악 콘서트를 보고 오신 아버지는 이전에는 기침 때문에 엄두도 못 내던 일이라며 기뻐하셨다. 그런 아버지를 내 아내는 존경한다고 했다. 아버지는 금연으로부터 즉각적인 보상을 받은 셈이다.

담배 피우는 환자들의 가족은 환자의 건강을 위해서기도 하겠지만 그 질긴 것을 끊어내는 모습을 한번이라도 보고 싶은지도 모르겠다. 그래서 난 언제라도, 비록 죽기 바로 며칠 전이라도 담배를 끊는 것은 아름답고 용기 있는 행동이라고 생각한다. 금연은 언제 시작하더라도 결코 늦지 않다.

이제 담배를, 아니 담배를 피우는 나 자신을 객관적으로 바라보자. 한때 담배는 내가 힘들 때 위안을 주는 친구였다. 머리가 멍할 때 담배는 나를 깨워주는 각성제였고, 식사와 술의 맛을 더해주는 디저트이기도 했다. 또 담배는 낭만의 상징이기도 했다. 나를 근사하게 보이게 해주는 멋스런 액세서리였다. 짐 자무쉬 감독의 영화 '커피와 담배'에서처럼 사람과 사람을 절묘하게 연결시켜주기도 한다. 바쁘게 돌아가는 일상에서 담배는 잠깐의 쉼을 허락해준다. 젊은 시절, 담배는 내게 애인과도 같은 존재였다. 그런 친구를 이제 와서 한순간에 끊는다는 것은 결코 쉬운 일이 아니다.

담배에 중독된 나의 모습도 나의 일부다. 금연하고자 할 때에는 나의 오랜 연인을 떠나보내듯이 작별해야 한다. 이별하는 데는 정리할 시간이 필요하고, 경우에 따라 고통이 뒤따를 수도 있다. 이별 선언 후에도 한동안 만났다 헤어지기를 반복하기도 한다. 이때 담배와 다시 만나는 자신을 의지가 약하다고 자책하지 말아야 한다. 오랜 연인과 이별할 때는 시간이 필요하지 않겠는가? (나도 담배를 떠나보내는 데 긴 세월이 걸렸다.) 모든 것은 다 때가 있듯이, 충분히 떠나보낼 준비가 되었을 때 금연을 시작해야 한다. 설령 다시 피더라도 실패로 여기지 말아야 한다. 우리는 성공경험은 쉽게 잊고 실패경험은 잘 잊지 못한다. 그러나 그동안 참아낸 시간을 자랑스럽게 생각하고 다시 떠나보내야 한다.

시인 조지훈은 '병에게' 친구처럼 이렇게 말을 건다.

> 자네는 나의 정다운 벗, 그리고 내가 공경하는 친구.
> 자네가 무슨 말을 해도 나는 노하지 않네.
> 그렇지만 자네는 좀 이상한 성밀세.
> 언짢은 표정이나 서운한 말, 뜻이 서로 맞지 않을 때는
> 자네는 몇 날 몇 달을 쉬지 않고 나를 설복하려 들다가도
> 내가 가슴을 헤치고 자네에게 경도傾倒하면
> 그때사 자네는 나를 뿌리치고 떠나가네.
> 잘 가게 이 친구.

담배는 끊는 것이 아니라 떠나보내는 것이다. 담배를 피우던 나 자신과의 작별이다. 이젠 애인이 떠나간 자리를 다른 누군가로 다시 채워야 할 때다.

이젠 몰입으로

　스탠포드대학 월터 미셸Walter Mischel 교수가 1968년부터 6년간 수행한 실험이 그 유명한 '마시멜로 실험'이다. 만 네 살 어린이에게 마시멜로 하나를 주며, "지금 먹어도 되지만 15분 동안 먹지 않고 참으면 하나 더 줄게."라는 제안을 했다. 600명의 아이들 중 30%는 유혹을 견뎠으나 나머지 70%는 눈앞의 유혹을 참지 못했다. 미셸 교수는 15여 년 뒤 이 어린이들을 조사하면서 놀라운 결과를 발견했다. 15분의 유혹을 참은 어린이들이 참지 못한 아이들에 비해 심리적으로 안정되어 있었고 교우관계도 원만했으며 학업성적도 높았다.

　그렇다면 30%의 어린이들은 마시멜로의 유혹에 어떻게 저항했을까? 그 아이들은 15분 동안 다른 놀이를 하거나 다른 곳으로 억지로 관심을 분산시켜 마시멜로의 유혹을 견뎌냈다. 이는 제프리 슈워츠Jeffrey Schwartz 박사가 말하는 재초점refocusing 과 유사하다. 슈워츠 박사는 중독대상에 생각이 사로잡히는 순간, 건전하고 즐거움을 주는 다른 활동으로 초점을 재조정하라고 말한다. 마치 라디오 주파수를 돌리는 것처럼. 그 저항, 그 노력이 바로 뇌 안에 새로운 회로를 배선하는 원동력이 된다.

　앞에서 나는, 나쁜 습관은 고치기 어렵다고 했다. 마찬가지로 좋은 습관도 쉽게 제거되지 않는다. 따라서 습관의 힘을 잘 이용하면 긍정적인 방향으로 우리 뇌를 바꿀 수 있다. 긍정적이고 유익한 것

중에 자신이 좋아하는 것을 하면 할수록 좋은 습관이 형성된다. 중독행위 대신 다른 긍정적인 활동을 함으로써 새로운 뇌 회로를 형성한다.

그렇다면 무엇이 중독 사이클을 끊고 뇌에 새로운 회로를 만들 수 있을까? 난 그것이 '몰입'이라고 생각한다. 몰입은 어떤 활동에 집중할 때 일어나는 최적의 심리적 상태를 말한다. 삶이 고조되는 순간에 물 흐르듯 행동이 자연스럽게 이루어지는 느낌이라고 하여 칙센트미하이는 몰입을 '플로우^{flow}'라고 불렀다. 칙센트미하이는 '어떻게 하면 아이와 같은 호기심을 어른이 되어서도 유지할 수 있을까.'라는 주제를 평생의 화두로 삼아 연구해 몰입의 개념을 정립했다.

'중독'과 '몰입'은 닮은꼴이다. 특정대상에 빠져든다는 점, 시간 가는 줄도 모른다는 점, 뇌가 보상을 얻는다는 점에서 비슷하다. 라즈니쉬는 몰입상태를 '우주적인 오르가슴'이라고 표현했다. 새로움을 추구한다는 점도 비슷하다. 무엇엔가 친숙해지면 우리 뇌는 매너리즘에 빠지고 지루해한다. 익숙함 때문에 짜릿하고 설레는 마음이 없어진다. 그래서 우리는 더 어려운 과제에 도전한다. 이는 마치 마약중독자가 더 많은 코카인을 필요로 하고, 도박중독자가 판돈을 늘리는 것과 비슷하다.

중독은 술, 담배, 마약 등 부정적인 것만을 포함하지 않는다. 중독 대상에는 인터넷, 이메일, 쇼핑, 음식, 게임, 문자 등 그리 부정적이지 않은 것들도 있다. 인터넷이 되지 않아 이메일 체크를 하지 못할 때 나는 불안감을 느낀다. 또 컴퓨터 앞에 앉아 있으면 수시로 이메일을 체크해야 직성이 풀린다. 이쯤 되면 나도 이메일 중독이라고 볼 수 있다.

심지어 일, 운동, 종교 등 긍정적인 중독도 있다. 일중독인 사람들은 주말에도 쉬지 않고 일터에 나와 일하고, 10년이 지나도록 휴가 한 번 가지 않는다. 대상이 긍정적인 것일 때는 내가 중독에 빠졌는지 몰입상태인지 구분하기 어렵다. 부정적인 대상은 하지 말아야 할 것들이므로 중독에 빠지지 않기 위해 조심할 수 있다. 그러나 긍정적 중독은 해야 할 일을 하는 것이라는 생각 때문에 심각한 수준에 이를 때까지 인식하지 못할 수도 있다. 심지어 긍정적 중독을 몰입으로 착각하기도 한다.

긍정적 중독도 부정적 중독과 마찬가지로 의존성과 내성, 금단증상을 보인다. 운동중독을 예로 들어보자. 운동을 하면 뇌가 엔도르핀이나 도파민을 분비해 기분이 좋아진다. 이것은 일종의 마약과 같아 황홀감을 일으킴으로써 운동에 과도하게 몰두하도록 만들어 중독행위로 이끌 수 있다. 또 운동을 많이 하면 할수록 건강을 위해 운동에 의존하게 되고, 내성이 생겨 운동강도를 점점 높인다. 주변상황에 의해 어쩔 수 없이 운동을 못할 경우 무기력에 빠지고, 죄책감, 분노, 우울과 같은 정신적인 증상을 겪기도 한다. 때문에 운동중독에 빠지면 운동을 하다가 부상을 입어도 쉬지 못하는 상태까지 이르게 된다.

내가 지금 하고 있는 일에 빠져 매일 밤 늦게까지, 또 주말에도 일을 한다고 치자. 내가 일중독자일까? 아니면 지금 하는 일에 몰입하고 있는 것일까? 그 둘을 어떻게 구분할 수 있을까? 중독은 몰입과 닮은 듯하지만 분명 다르다. 중독은 결국 부정적인 결과를 가져오지만 몰입은 긍정적인 결과를 낳기 때문이다.

중독과 몰입은 어떻게 다를까? 누구는 몰입이 중독으로 가기 전 단계라고 말한다. 처음엔 가볍게 시작해 몰입이 되고 몰입이 쌓이고 쌓여 중독이 된다는 것이다. 어떤 이는 대상에 대한 의존의 결과가 서로 다르다고 한다. 대상이 더 이상 곁에 존재하지 않을 때 정신적 불안이나 금단현상이 생긴다면 중독이라는 것이다. 몰입의 주체는 나지만 중독의 주체는 내가 아닌 중독 대상이라고도 한다. 또 누구는, 몰입은 언제든 빠져나올 수 있는 의식상태지만 중독은 헤어나오기 힘든 상태라는 측면에서, 깨어날 수 있느냐 없느냐로 구분하기도 한다.

중독과 몰입. 나는 여기서 뇌 과학적 관점에서 그 둘을 구분해보고자 한다.

'원함'과 '좋아함'은 다르다

우리가 어떤 대상을 좋아하면 그것을 원하게 되고, 우리가 무언가를 원하면 그것을 좋아하기 때문이라고 생각한다. '좋아함'과 '원함'은 동전의 양면처럼 하나의 실체를 가리키는 서로 다른 표현인 것처럼 보인다. 그러나 조금 더 따져보자. 우리가 맛있는 음식을 먹을 때 우리는 그 음식이 '좋아서' 먹는다. 음식의 맛과 향, 차려진 모습에서 즐거움을 얻는다. 그런데 한편 우리는 배가 고파서 음식을 먹기도 한다. 이때 우리는 우리 몸이 음식을 '원해서'(갈망해서) 먹는다. 그렇다면 우리가 무언가를 원한다고 해서 그것이 반드시 우리가 좋아하는 것이라고 말할 수 있을까? 뇌 과학적으로 볼 때 '원함'과 '좋아함'은 같은 신경회로를 공유하는 과정일까, 아니면 서로 다른 별개의 과정일까?

측좌핵과 복측 피개영역을 중심으로 하는 보상회로를 다시 들여다보자. 보상회로는 그 회로에 작용하는 신경전달물질인 도파민의 이름을 따 '도파민 시스템'으로 불리기도 한다. 보상센터의 활동과 도파민 분비는 자연적인 즐거움과 인위적인 쾌감에 모두 관여한다. 담배나 마약, 술과 같은 부정적이고 자극적인 것만 보상회로를 자극하는 것은 아니다. 맛있는 식사와 건전한 섹스와 같이 우리의 생존에 필수적인 것뿐 아니라 칭찬이나 돈벌이와 같은 즐거움도 보상회로를 거친다. 우리가 상상할 수 있는 모든 쾌감이 같은 회로에 작용한다고 보면 된다. 올즈와 밀너의 쥐 실험, 히스의 인간 실험, 뇌 영상과 생화학 연구에 이르기까지 보상회로의 기능은 의심의 여지가 없었다. 초콜릿이든 마약이든 음악이든 우리가 무언가를 즐기고 있을 때는 언제나 보상회로가 반짝반짝 빛나고 있다는 것을 뇌 영상은 보여주었다. 그리고 생화학분석은 우리가 쾌감을 느낄 때는 언제나 도파민이 보상회로를 부채질한다는 사실을 알려주었다. 도파민이 쾌감전달물질임은 명백해 보였다. 1990년대까지 과학자들은 도파민 시스템이 보상과 쾌감에 관여한다는 사실에 아무런 의심을 가지지 않았다.

그러나 이에 의구심을 가진 과학자가 있었다. 바로 앤아버에 있는 미시건대학의 켄트 베리지$^{Kent\ Berridge}$ 교수였다. 그는 쥐들의 표정을 읽을 수 있는 과학자였다. 그는 쥐들이 설탕물을 마셨을 땐 행복한 표정을 짓고, 쓴 물을 마셨을 땐 혐오스런 표정이 나타나는 것을 볼 수 있었다. 베리지 교수는 도파민 분비를 억제하는 약물을 쥐들에게 한번 투여해보았다. 이론적으로는 도파민 없이는 쾌감도 없으므로 쥐들이 아무리 설탕물을 마시더라도 행복한 표정을 보이지 않을 것이다. 그러나 쥐들은 여전히 설탕물에 행복해했다.

웬만한 과학자들은 실험이 잘못된 것이라 여길 수도 있겠지만, 베리지 교수는 한걸음 더 나아갔다. 그는 이번에는 신경독소로 도파민을 생성하는 세포의 싹을 아예 잘라버렸다. 이렇게 되면 동물들은 먹기를 중단한다. 이것은 이미 잘 알려진 사실이다. 누군가 음식을 억지로 먹이지 않는 한 동물들은 굶어 죽을 때까지 음식에 손을 대지 않는다. 이전까지 학자들은 쥐들이 도파민 결핍으로 음식을 '좋아하지' 않는다고 생각했다. 그런데 베리지 교수가 이 쥐들에게 억지로 설탕물을 먹여보았더니 그들의 얼굴표정 역시 행복했다. 도파민 없이도 쾌감을 느낄 수 있다니 이게 어찌 된 영문인가?

베리지 교수는 히스 교수의 연구결과를 다시 들여다보았다. 뇌에 전기자극을 받은 환자들의 말을 찬찬히 살펴보았다. 그들은 기분이 좋다고 하면서 더 많은 전기자극을 '원했다'. 그들은 각성과 섹스의 욕구를 느낀다고 했고, 갈증이 없는데도 물을 마시고 싶다고 했다. 이것이 과연 쾌감인가? 오히려 갈망에 더 가깝지 않은가? 도파민이 없는 쥐들도 설탕물의 단맛을 '좋아'했다. 다만 그들은 음식을 '원하지' 않았을 뿐이다. 따라서 도파민 시스템은 '좋아하는' 감정을 매개하는 쾌감센터라기보다는, 오히려 무언가를 '원하는' 갈망센터라고 해야 더 적절하지 않을까? 심리학적으로 보상^{reward}이란 단어도 어떤 행동을 반복하게끔 강화하는 과정을 의미한다. 그러나 보상과 쾌감이 항상 공존하는 것은 아니다. 쾌감이 동반되지 않고서도 특정 행동은 강화될 수 있다.

그렇다면 쾌감을 매개하는 신경회로는 어디일까? 베리지 교수는 후속연구들을 통해 쾌감회로와 보상회로는 상당부분 겹쳐 있지만, 분명히 서로 다르다고 주장한다. 그리고 쾌감회로의 중심구조로서 복측 담창구$^{ventral\ pallidum}$를 지목한다. 복측 담창구가 도파민 시스템의 측좌핵으로부터 신호를 받고 이어 대뇌피질로 신호를 보낸다. 또 쾌감을 매개하는 신경전달물질은 도파민이 아니라 엔도르핀이다. 엔도르핀^{endorphin}이란 단어는 '내인성 모르핀$^{endogenous\ morphine}$'에서 유래되었다. 즉, 우리 몸 안에서 분비되는 모르핀과 닮은 물질이란 뜻이다.

한편, 옥스포드대학의 신경과학자 에드먼드 롤스$^{Edmund\ Rolls}$ 박사에 의하면 안와전두엽이 쾌감을 담당하는 중추적 역할을 한다. 안와전두엽은 감정과 관계된 곳이면서 감각자극정보를 처리하는 뇌 영역이다. 롤스 박사는 쾌감도 다른 감정과 마찬가지로 감각자극에 대한 직접적인 반응이라고 지적한다. 맛, 감촉, 냄새, 소리 등의 감각신호는 가장 먼저 감각피질에 도달하고 거기서 곧장 안와전두엽으로 향한다. 롤스 박사는 좋고 나쁜 감각자극들을 실험참가자들에게 주면서 그들의 뇌를 기능적 자기공명영상으로 촬영했다. 자극이 강할수록 감각피질에서 강한 반응을 보였다. 그러나 실험참가자들이 자극으로부터 얼마나 즐거워하는지는 안와전두엽의 흥분과 비례했다.

이제 퍼즐조각이 조금씩 맞아떨어지기 시작한다. 중독도 몰입과 마찬가지로 처음엔 일시적인 쾌감을 불러일으킨다. 그러나 중독이 심화될수록 중독자들은 불안이나 스트레스를 줄이기 위해 더 많은 약물이나 도박을 '원하게' 된다. 마약이나 담배, 도박을 하면 할수록 더 많은 쾌감을 얻는다고 말하는 중독자는 아무도 없다. 그들은 단지 점점 더 많은 양을 '원할' 뿐이다. 담배에 중독된 사람들도 실제로 담배를 좋아하지 않는다. 담배를 피우는 내 친구 중 하나는 자기 인생에서 가장 후회되는 일이 담배를 배운 것이라고 했다. 그는 분명 담배를 싫어한다. 그런데도 그는 매일 담배를 피운다. 좋아하지 않는데도 몸이 원하기 때문이다. 중독 행위의 주목적은 '쾌감'을 얻고자 하는 것이 아니라 '갈망'을 해소하기 위해서다.

반면, 몰입은 대상을 갈망하면서도 그를 통해 지속적인 쾌감을 얻는다. 칙센트미하이는 "몰입은 훗날 그때 참 재미있었다고 회상하며 다시 하고 싶은 생각이 들게 한다."고 말했다. 중독과 몰입을

	중독	몰입
대상을 원함	+++	+++
대상을 좋아함	−	+++
신경회로	보상체계	보상체계 + 쾌감체계
중심 뇌 영역	측좌핵, 복측 피개영역	측좌핵, 복측 담창구, 안와전두엽
신경전달물질	도파민	도파민 + 엔도르핀
주된 결과물	갈망 해소	쾌감
쾌감의 지속성	중독초기에 일시적 쾌감	지속적 쾌감

[표1] 뇌 과학적 관점에서 본 중독과 몰입의 차이

나누는 가장 중요한 키워드는 바로 '쾌감'이다. 그리고 중독과 몰입은 분명 서로 다른 뇌신경회로에서 서로 다른 신경전달물질이 매개하는 현상이다([표1]).

긍정적인 대상에 빠져 있을 때 중독과 몰입을 구분하려면, 내가 진정 좋아서 그 일을 하고 있는지 스스로에게 물어보아야 한다. 그래도 여전히 중독과 몰입을 구분하기 어려운가? 그렇다면 거울을 보자. 내 얼굴이 즐거운 표정인지 살펴보자. 스티브 잡스는 열일곱 살 이후로 매일 아침 거울을 들여다보며 자신에게 이렇게 묻는다고 한다. "만약 오늘이 내 인생의 마지막 날이라면, 오늘 하려던 일을 할 것인가?" 그 대답이 여러 날 계속해서 '아니오.'면, 그는 무언가를 바꿀 필요가 있다고 깨닫는다고 한다.

내가 지금 어떤 일에 푹 빠져 있다고 하자. 그런데 거울에 비친 내 얼굴이 썩어 있다면 그건 내가 좋아하는 일이 아니다. 어떤 이유에서건 내가 단지 그 일을 원하기 때문에 하고 있는 것이다. 그 일을 하지 않으면 불안하기 때문이다. 그러나 내 얼굴에 행복감이 가득하다면 내가 그 일에 몰입하고 있다는 증거다. 몰입이 불러오는 쾌감은 이렇듯 얼굴에서 바로 드러난다. 베리지 교수가 쥐의 얼굴에서 행복한 표정을 읽을 수 있었듯이.

나만의 화두를 찾자

우리는 어떤 대상에 몰입해야 할까? 몰입의 대상을 선택하는 데 보편적인 기준이 있을까? 몰입의 대상은 어떻게 찾아오는 것일까?

'세상에 이런 일이'라는 TV 프로그램에서 '큰 바위 캐는 어르신 이야기'를 본 적이 있다. 그 어르신은 어느 날 큰 바위를 발견하고 파기 시작했는데 바위의 크기가 생각보다 엄청나 계속 파헤치고 계셨다. 매일 홀로 곡괭이를 들고 바위의 가장자리를 파헤치는 모습이 유물을 복원하는 고고학자와 다를 바 없었다. 바위를 캐는 이유를 묻자 이렇게 대답하신다. "그냥 궁금해요. 저 끝이 어디인지." 언제부턴가 아들도 거들기 시작했다. 어르신이 다 못 파면 아들이 그 바위를 계속 팔 것이라고 했다.

의사이자 연구자로서 나는 바위 캐는 부자의 무모한 도전을 보며 이런 생각이 들었다. 내가 학자로서 내 인생을 걸고 끝까지 파헤쳐 볼 만한 의문은 무엇인가? 바위 캐는 어르신의 그 바위와 같은 화두가 내게 있는가? 내가 해결하지 못하더라도 후대에 넘겨줄 가치 있는 의문과 화두가 내게 있는가? 화두話頭란 불가의 수행자가 깨달음을 얻기 위해 탐구하는 문제를 일컫는 말이다. 수행자는 화두에 관한 큰 의심을 일으키고, 그 큰 의심 하나로 모든 망념을 묶고 화두일념에 빠지게 된다. 그렇다면 우리는 화두를 어떻게 찾아야 할까?

다음 두 표현 중 어느 것이 맞는가?

꿀이 달콤해서 나는 꿀을 좋아한다.
(I like honey because it is sweet.)

내가 꿀을 좋아하므로 꿀은 달콤하다.
(Honey is sweet because I like it.)

우리의 자동적인 사고방식으로는 당연히 첫 문장이 옳다. 그러나 보스턴 터프스대학의 철학자 대니얼 데넷Daniel Dennett 교수는 '꿀이 왜 달콤할까?' 곰곰이 생각해보자고 말한다. 꿀에 내재된 특성 중 '달콤한' 그 무엇이 있는가? 꿀의 화학성분인 포도당의 구조를 아무리 보아도 그 안에서 '달콤함'을 찾을 수 없다. 포도당과 '달콤함'은 사실 아무런 관련이 없다. 꿀이 우리 입맛을 즐겁게 해주었기 때문에, 우리는 그것에다 의미를 부여하고 '달콤하다'라는 언어를 입힌 것이다.

비록 포도당 성분이 없을지라도, 내가 좋아하는 대상은 모두 달콤하다. 우리는 아내와 자식을 '허니honey'와 '스위티sweetie'라고 부르기도 한다. '제 눈에 안경'이란 말처럼, 남의 눈에는 어떻게 보일지 몰라도 가족은 우리에게 달콤한 존재이기 때문이다. 이렇듯 우리에게 달콤한 존재는 저마다 다를 수 있다.

몰입의 대상도 마찬가지일 것이다. '내가' 좋아하는 것이 나를 기쁘게 해준다. 남이 좋아하는 것이 아니라 내가 좋아하는 것에 몰입해야 한다. 우리가 무엇을 먹을지 무슨 일을 할지 선택하는 문제도 우리의 쾌감을 극대화하기 위한 것이다. 우리가 자유로운 선택을 할 수 있을 때 결국 우리는 좋아하는 것을 택한다. 남들이 보기에 하찮은 바위일지라도 어르신의 인생에서 그 바위는 큰 화두다. 타인의 기준이나 세상이 정한 인기순위가 아니라, 진정 내 마음을 떨리게 하는 것을 찾아야 한다. 화두는 나만의 독창적인 것이어야 한다.

성적이 좋으면 모두들 인기학과에 가려고 한다. 나도 예외는 아니었다. 대학을 졸업하고 세부전공분야를 선택할 때도 마찬가지다. 많은 이들은 편하고 위험부담이 낮고 고수익이 보장되는 과를 선택하려 한다. 심지어 교수가 되고 나서도 앞으로 어떤 연구분야가 유망한지 남들에게 조언을 구하는 이도 있다. 그러나 지난 20년만 돌이켜보아도 인기 과와 인기 분야는 사회적 상황에 따라 계속 변해왔다.

보스턴대학의 영문학과 교수이자 작가인 하진哈金. 그는 중국인으로 스무 살에 영어를 처음 배웠으나, 지금은 미국의 대표적인 문학상인 펜포크너상을 두 차례나 수상한 지성인이다. 그는 많은 젊은이들이 안정성만을 기준으로 진로를 결정하는 것을 보고 안타깝다고 했다. 그는 말한다. "인생에서 확실한 것은 아무것도 없습니다. 그냥 가슴이 원하는 것을 따르십시오(Just follow your heart)."

선택의 문제에서 타인의 잣대에 의존하는 이유는 자신의 화두를 찾지 못해서일 것이다. 사실 자기 전문분야에 오래 몸담으면서도 가슴을 뛰게 하는 무언가를 발견하는 일은 그리 흔치 않다. 사소한 것일지라도, 남들이 주목하지 않는 것일지라도, 비인기 분야일지라도, 무언가에 내 가슴이 떨렸다면 화두를 찾은 것이다. 그런 뒤에는 깊이 파고들면서 점점 몰입의 세계로 발을 들여놓게 되고, 어느새 목숨을 걸만큼 그것에 몰입하는 기쁨을 맛본다.

'불광불급不狂不及'. 우리 선조들은 미치지 않으면 이룰 수 없다고 했다. 몰입은 내 삶을 던질 정도로 뜨겁게 사는 것이다. 내 가슴을 울린 화두를 쫓아가며 열정적인 순간들을 사는 것이다. 몰입하는 삶은 가슴 뛰는 삶이다.

8. 창조하는 뇌

뇌 질환과 창조성, 그 역설의 축복

뇌 질환은 사람을 불행하게만 할까?

건강을 잃으면 모든 것을 잃는 것과 같다고 했다.
그러나 나는 비단 정신병뿐 아니라 그 어떤 병도
저주스럽지만은 않다고 생각한다. 고흐의 뇌 질환은 분명
그가 남들과 다르게 세상을 볼 수 있게 한 선물이기도 했다.

미국 보스턴에 사는 앨리스 플래허티^{Alice Flaherty}라는 여성은 미숙아 쌍둥이 아들을 출산했지만, 쌍둥이는 얼마 지나지 않아 세상을 떠났다. 아들들을 저세상으로 보낸 후 플래허티는 깊은 절망감에 빠졌다. 그로부터 10여 일이 지난 날 새벽, 그녀는 갑자기 잠에서 깨어 책상 위에 앉아 뭔가를 마구 써 내려가기 시작했다. 그녀는 자신의 마음속에 있는 모든 것을 종이 위에 담으려는 충동을 느꼈고, 그 충동은 거부할 수 없을 만큼 강렬했다. 그녀는 쓰지 않고는 도저히 견딜 수 없었다. 다음 날, 그 다음 날에도 새벽 3시에 깨어 컴퓨터 스크린이나 종이를 마주하고 앉았다. 플래허티는 당시를 이렇게 회상했다. "머릿속에 생각들이 가득 차 있어 바로 당장 쓰지 않으면 안 되었어요. 정말이지 넉 달 간 쓰는 것 외에 다른 건 아무것도 할 수가 없었어요." 4개월이 지나서야 그 증상은 사라졌다.

그런데 1년 뒤 모든 것이 되풀이되었다. 플래허티는 이번에는 두 딸을 낳았는데 조산이었다. 다행히 그 아이들은 생명을 유지할 수 있었다. 하지만 출산 10일 뒤 그녀는 또다시 도저히 거부할 수 없는 글쓰기 욕구를 느꼈다. 충동을 억제하려고 약을 먹었지만 아무 소용이 없었다.

이는 하버드의대 신경과 앨리스 플래허티 교수가 실제 겪었던 일이다. 플래허티 교수가 경험한 참을 수 없는 글쓰기 충동을 하이퍼그라피아^{hypergraphia}라고 한다. 하이퍼그라피아는 글을 쓰지 않고는 못 배기는 증상이다. 종이나 컴퓨터가 없을 때는 화장실 휴지나 벽, 심지어 자기 피부에라도 깨알같이 써야 한다. 펜이 없을 때는 손을 깨물어 흐르는 피로라도 써야 한다. 마치 마약중독자가 약물을 갈급하는 것처럼 말이다. 플래허티 교수는 자신의 이 신비로운 경험을 바탕으로《하이퍼그라피아$^{Midnight\ disease}$》라는 책을 출간했다.

하이퍼그라피아는 어떤 경우에 나타나는 현상일까? 하이퍼그라피아를 보일 수 있는 대표적인 질환은 측두엽 뇌전증$^{temporal\ lobe\ epilepsy}$이다. 하이퍼그라피아 환자의 75% 정도가 측두엽 뇌전증을 가지고 있다. 조울증도 하이퍼그라피아를 유발할 수 있다. 플래허티 교수의 하이퍼그라피아는 산후 우울증 때문이었다.

1970년대 중반 하버드의대 신경과학 교실의 노먼 게슈빈트$^{Norman\ Geschwind}$ 교수는 측두엽 뇌전증 환자들 중 일부가 뇌전 발작 사이사이에 하이퍼그라피아를 보이는 점을 알아차렸다. 게다가 그들은 신앙이 지나치고(hyper-religiosity), 성적행동이 불안정하고(hyposexuality, hypersexuality, bi-or homosexuality), 상대방에게 과도하게 치근덕거리고, 가끔 공격적인 행동을 보이기도 했다. 게슈빈트 박사는 측두엽 뇌전증에서 나타나는 이러한 성격 패턴들을 한데 묶어 자신의 이름을 따 '게슈빈트 증후군'이라 불렀다.

미치광이 화가

1888년 성탄절 아침, 프랑스 남부의 시골마을인 아를. 경찰들이 서른다섯 살 된 남자를 동네병원으로 데려왔다. 그날 당직의사는 펠릭스 레이$^{Felix\ Rey}$였다. 환자는 네덜란드 출신의 화가로서 아를에 열 달째 머물고 있었다. 화가는 정신이 혼미했고 머리에는 피가 묻어 있었으며 전날 밤 자신의 왼쪽 귀 일부를 잘랐다고 했다. 마을사람들은 지난 몇 달 간 그 화가가 보인 이상행동들을 낱낱이 열거하기 시작했다. 화가는 늘 초조하고 불안했고 우울해 보였다고 했다. 그도 자신이 미쳐가고 있는 건 아닌지 두려워했다. 환청이 들리고 기억이 사라지는 순간들도 있었다. 성탄절 다음 날, 레이는 의무기록지에 다음과 같이 썼다.

    반 고흐, 진단은 뇌전증.

1990년 7월, 미국의 저명한 학술지인 〈미국의학협회지^{JAMA}〉에 흥미로운 기사가 하나 실렸다. 빈센트 반 고흐가 생전 앓았던 병이 뇌전증과 광기가 아니라 메니에르병$^{Meniere\ disease}$이라는 것이다. 메니에르병은 귀의 병으로 심한 어지럼, 이명, 난청을 유발한다. 고흐가 자신의 귀를 자른 것도 참을 수 없는 난청 때문이었다는 것이다. 그러나 이듬해 2월 같은 학술지에 이에 반박하는 논문 두 편이 실렸다. 고흐가 메니에르병을 앓았을 가능성이 낮고, 설령 그 병을 앓았다고 해도 이명 때문에 귀를 잘랐다는 주장은 터무니없다는 것이다. 왜 사람들은 반 고흐의 병명에 대해 이렇게 왈가왈부할까? 그것도 세계적으로 저명한 임상학술지에 실릴 정도로 말이다.

푹 꺼진 뺨, 텅 빈 곳을 응시하는 절망에 빠진 눈, 광기에 사로잡힌 위대한 예술가, 잘린 귀에 붕대를 칭칭 두른 자화상, 동생 테오와의 편지, 비극적인 자살, 살아서 인정받지 못한 천재. 빈센트 반 고흐의 이름에서 흔히 떠올리는 이미지들이다. 살아서 단 한 점의 그림을 헐값에 팔았을 뿐이지만, 지금 그의 '붓꽃'은 세계에서 가장 비싼 그림 중 하나다. 그는 역사상 가장 매력적인 화가임에 분명하다.

[그림1] 고흐의 자화상, 1889년

고흐의 뇌

생전의 고흐는 대체 어떤 병을 앓았을까? 현대 의학자들이 추정하는 진단만 해도 뇌전증, 조울증, 조현증, 디지털리스 중독, 압생중독, 포피리아, 메니에르병 등에 이르기까지 서른 가지가 넘는다. 사실 그가 여러 가지 병을 동시에 앓았을 가능성도 충분히 있다.

반 고흐의 병명이 무엇이었느냐가 중요한 이유는, 그가 앓은 병을 통해 그의 창조성을 엿볼 수 있기 때문이다. 고흐의 진단으로 가장 유력한 것은 측두엽 뇌전증이다. 이는 고흐의 주치의였던 펠릭스 레이가 내린 진단과도 일치한다. 레이는 당시 뇌전증 치료제였던 브로마이드를 고흐에게 처방했다. 그러나 이에 동의하지 않는 의학자들은 고흐가 오히려 특이한 형태의 조울증을 앓았다고 주장한다.

한 가지 분명한 점은 고흐가 전형적인 하이퍼그라피아를 보였다는 것이다. 그는 화가로서 활동한 10년 동안 2,000점 이상의 그림과 스케치를 그렸고, 1888년부터 1889년까지 아를에 머문 1년여 동안 무려 200점의 그림과 200점의 스케치를 남겼다. 특히 오베르에서의 마지막 70일 동안 70점의 그림을 그렸다. 이는 실로 엄청난 양의 창작품으로, 학생들과 조수들을 많이 거느린 르네상스나 바로크 시대 화가들이 남긴 작품 수를 압도한다. 거기다 모든 작품이 걸작이다. 또한 아를에 있는 동안 200통이 넘는 편지를 동생 테오에게 썼는데, 그중 가장 짧은 것이 여섯 페이지다. 매일 14시간에서

16시간 그림과 스케치를 그린 후, 밤에는 그날 있었던 일과 다음 작품을 위한 스케치를 편지에 담았다. 그가 짧은 생애 동안 남긴 서신은 1,700페이지에 달한다. 글과 그림에서 보인 고흐의 이러한 비범한 생산성은 하이퍼그라피아로밖에는 설명할 수가 없다. 하이퍼그라피아는 비단 글만이 아니라 다른 매체에도 적용되기 때문이다.

하이퍼그라피아를 보인 다른 대표적인 예술가로는 도스토옙스키를 꼽을 수 있다. 열아홉 편의 장편소설, 엄청난 분량의 노트와 일기, 편지를 남긴 그도 측두엽 뇌전증을 앓았다. 그가 쓴 책들은 그 무게감뿐 아니라 방대하고 세밀하고 끝없이 이어지는 긴 글이 독자로 하여금 질리게 할 정도다. 그는 아홉 살부터 발작을 시작했고 20대에 경련은 훨씬 잦아졌다. 발작 후에 우울증에 빠지기도 해 한동안 글을 쓸 수 없었지만, 발작 사이에는 하이퍼그라피아를 보였다. 그가 형에게 쓴 편지를 보면, 자신의 글쓰기에 뇌전증이 영향을 미쳤음을 스스로 알고 있었던 것 같다.

> 내게 일어나는 신경발작을 난 글쓰기에 이용해. 그 상태에서 난 평소보다 훨씬 더 많이 그리고 훨씬 더 잘 쓸 수 있어.

하이퍼그라피아를 가진 대표적인 아웃사이더를 들라면 아서 크루 인먼Arthur Crew Inman이 있다. 1895년 아틀랜타의 부유한 집에서 태어난 인먼은 스물한 살의 나이에 극심한 신경쇠약을 겪고 대학을 중퇴한 후 보스턴의 한 아파트에 은둔하여 거기서 여생을 보낸다. 그는 빛과 소리에 극도로 예민했기 때문에 외부와 차단된 어두운 아파트에서 살았다. 심한 육체적 고통과 절망감을 호소했고, 그 무언가가 그로 하여금 이러한 고통들을 끊임없이 기록하게끔 만들었다. 그는 여러 차례 자살을 시도했으나 실패했다. 그러다 결국 1963년 보스턴의 프루덴셜 빌딩 건설현장에서 나오는 소음을 견디지 못하고 권총 자살한다. 그가 남긴 일기는 155권, 1,700만 단어에 달한다. 이는 아마 세계에서 가장 긴 일기일 것이다. 인먼은 생존 당시 정확한 진단을 받지 못했다. 1919년 은둔한 이후 일절의 진료행위를 거부했고, 뇌전증을 진단할 수 있는 뇌파장치는 1929년에 발명되었기 때문이다. 그러나 그의 일기를 자세히 분석한 전문가들은 그가 '측두엽 뇌전증'을 앓았을 것으로 추정하고 있다. 인먼 또한 하이퍼그라피아를 포함한 게슈빈트 증후군의 대부분을 갖고 있었다고 한다.

측두엽 기능 이상이 있을 때 하이퍼그라피아가 나타나는 이유는 무엇일까? 글을 쓰고자 하는 소통의 욕구는 변연계에서 일어난다. 측두엽은 변연계와 가장 많은 연결고리를 갖고 있는 대뇌 피질이다. 측두엽과 변연계의 연결구조에 변화가 생기면 외부의 자극에 매우 민감하게 반응하게 된다. 따라서 환자는 모든 사건을 매우 중요하게 여겨 철학적이고 종교적으로 다루려 하고 자세하게 기록으로 남기려 한다. 또한 측두엽 장애가 좌우 어느 쪽에 있느냐도 중요하다. 하이퍼그라피아는 주로 우측 측두엽 뇌전증 환자에서 나타난다. 우측 측두엽 기능에 장애가 생기면 언어를 담당하는 좌측 측두엽의 기능이 항진되고 결과적으로 글쓰기가 병적으로 증가하기 때문이다.

고흐의 성격 중 일부는 게슈빈트 증후군에도 잘 맞는다. 고흐는 사랑하는 사람이 생기면 지나치게 집착하고 그 대상을 우상시했다. 첫 사랑인 사촌 케이, 스케치 '슬픔'의 주인공인 창녀 시엔, 열두 살 연상의 농촌여인 마르호트, 탕부랭 카페 주인 세가토리, 마지막 사랑인 가셰 박사의 딸 마르게리트에 이르기까지 모든 사랑은 무모했고 비극적이었고 실패로 끝났다. 사랑을 증명하기 위해 손등에 불을 지지기도 했다. 고갱과의 다툼 후 고흐가 자신의 귀를 자른 사건도 유명하다. 고갱도 고흐와의 대화를 중단하기가 매우 어려웠다고 회상하고 있다. 고흐의 공격성과 지나친 친근함을 짐작할 수 있는 대목이다.

그렇다면 고흐가 그런 병들을 앓았음에도 불구하고 기적처럼 예술혼을 피워 걸작을 만들어냈을까? 혹시 고흐가 가진 병들이 그의 창조성에 어떤 영향을 미치지는 않았을까?

고흐가 화가로 활동한 기간은 1880년부터 1890년 자살하기까지 10년 정도다. 기록에 의하면 그의 뇌전증세는 1888년경 나타나기 시작했다. 뇌전 발작 후 고흐의 그림들은 보다 역동적이고 격정적으로 변했다. 고흐의 그림에서 보이는 소용돌이는 단순히 그의 혼돈스러운 정신상태를 나타내주는 것으로 생각했었다. 그러나 고흐의 작품을 수학적으로 분석한 과학자들은 그의 그림 속 휘몰아침이 실제 자연에서 관찰되는 난류의 물리법칙을 따른다는 사실을 밝혀

[그림2] 별이 빛나는 밤, 1889년   [그림3] 까마귀가 나는 밀밭, 1890년

냈다. 멕시코 국립대학의 물리학자 호세 아라곤 교수는 고흐의 말기 세 작품, '별이 빛나는 밤'([그림2]), '사이프러스와 별이 있는 길'(1890년), '까마귀가 나는 밀밭'([그림3])에 나타난 휘몰아침이 소용돌이치는 물살이나 제트엔진의 분사가스와 놀라울 정도로 일치한다는 사실을 증명했다.

이 그림들은 고흐의 정신증상이 극심한 시기에 그려졌다. 예를 들어, '까마귀가 나는 밀밭'은 자살하기 며칠 전에 그린 그림이다. 반면, 정신이 평온한 시기에 그린 '자화상'에서는 이러한 휘몰아침과 소용돌이 간의 유사성이 관찰되지 않았다. 내적 혼돈상태의 뇌 활동이 실제 난류와 비슷한 역동성을 가졌던 것일까? 아라곤 교수는, 소용돌이를 그렇게 수학적으로 정확하게 표현하는 화가는 고흐가 유일한 것 같다고 말한다. 다른 화가들의 그림 속 소용돌이에서는 그런 유사점을 발견할 수 없었기 때문이다.

하버드의대 신경과학자인 샤람 코슈빈$^{Shahram\ Koshbin}$ 박사는 레바논 출신으로 의사가 되기 전엔 베이루트에서 미술을 전공했다. 그는 당시 반 고흐에게 매료되어 있었는데, '고흐의 제3색tertiary color 사용'이라는 주제로 논문을 쓰기도 했다. 제3색은 원색primary color 과 등화색secondary color 을 혼합한 색이다. 그 후 코슈빈 박사가 의대생 시절 미술치료교실에서 일할 때, 한 가지 흥미로운 사실을 발견했다. 측두엽 뇌전증 환자들의 그림에서 일관되게 제3색이 나타난 것이다. 그들은 실제보다 사물을 더 밝고 생생하게 인식하는 경향이 있었다. 코슈빈 박사는 말한다.

"고흐는 감정을 불러일으키기 위해 자신의 색깔을 선택한다고 편지에 썼습니다. 실제로 그는 그랬어요. 포그Fogg 박물관에 있는 고흐의 자화상을 보세요. 그가 제3색을 사용해 그린 대표적인 그림입니다. 그 앞에 서서 그림을 바라보노라면 심박수와 호흡이 빨라지는 걸 느낄 수 있어요."

따라서 고흐 특유의 예술 스타일, 특히 색채를 지각하는 데 있어 그의 독창성은 측두엽 기능과 관련이 있을 가능성이 높다. 그는 보통사람들과는 전혀 다르게 세상을 볼 수 있었고, 자기가 본 그대로 화폭에 담았던 것이다. 고흐는 동생 테오에게 보내는 편지에 이렇게 썼다.

> 색채는 그 자체로 무언가를 표현한다. 색채 없이 표현은 불가능하다. 반드시 색채를 사용해야 한다. 아름다운 것, 진정 아름다운 것은 옳은 것이기도 하다.

고흐가 가진 뇌 질환은 분명 그가 남들과는 다르게 세상을 볼 수 있게 한 선물이기도 했다.

창조성과 정신병

사실 고흐의 이야기가 인상적이고 드라마틱해서이지 많은 예술가와 창조자들이 정신질환을 앓았던 것으로 알려져 있다. 정신질환을 앓은 작가와 예술가들을 모두 열거하기 힘들 정도다. 창조적인 천재들 가운데는 특히 조울증을 앓은 이들이 많다. 작가 중엔 스콧 피츠제럴드, 어니스트 헤밍웨이, 실비아 플라스, 시인 가운데엔 윌리엄 블레이크, 월트 휘트먼, 작곡가로는 라흐마니노프, 차이콥스키가 유명하다.

정신질환을 가진 창조자들을 바라보는 시각에는 서로 상반되는 두 가지가 있다. 하나는, 정신질환을 가졌음에도 그만큼 예술적 성취를 이룬 것이 기적에 가깝다는 시각이다. 다른 하나는, 정신질환과 창조성 간에 어떤 관계가 있다는 시각이다. 즉, 정신질환이 창조성에 긍정적인 영향을 미쳤을 수도 있다는 것이다. 그렇다면 정말 조울증과 창조성과는 연관성이 있는 것일까? 조울증을 가진 몇몇 창조적 천재들 때문에 그 연관성이 부각된 것은 아닐까?

이에 관해서는, 1949년 113명의 독일 화가, 작가, 건축가, 작곡가 들을 분석한 연구가 처음이었다. 이 예술가들 중 자살을 시도했거나 신경병증적인 정신적 이상을 보인 비율이 시인에서 50%로 가장 높았고, 그 다음이 음악가로 38%였다. 1970년 아이오와대학 심리학자 낸시 안드레아센$^{Nancy\ Andreasen}$은 서른 명의 창조적 작가를 조사해, 그중 80%가 적어도 한 번 이상 심한 우울증, 조증을 경험한 것을 확인했다. 몇 년 뒤 케이 레드필드 제미슨$^{Kay\ Redfield\ Jamison}$은 영국 왕립아카데미에 속한 마흔일곱 명의 작가, 화가, 조각가들을 연구해, 그중 30%가 조울증으로 치료받았음을 확인했다. 특히 시인의 경우 절반은 약물치료나 입원치료가 필요했다. 창조적 예술가들은 사업가, 과학자, 공직자에 비해 조현증, 자살시도, 기분장애$^{mood\ disorder}$, 약물남용의 비율이 두 배에서 세 배 더 높았다. 하버드대학 연구자들은 조울증 환자들에서 그들의 창의성 정도를 평가해보았다. 조울증 환자들은 일반 대조군에 비해 독창적 사고를 하는 정도가 높았다. 조울증과 창조성 간의 연관성은 가계조사연구에서도 드러난다. 조울증 부모나 정신질환 가족력이 있는 가계의 자손들이 일반 부모의 자녀들보다 창의적인 경향이 더 높았고 예술적 능력이 더 뛰어났다.

이만하면 조울증과 창조성과는 분명 관련이 있어 보인다. 그렇다면 정신병이 창조성의 결과일까, 창조성이 정신병의 결과일까? 아니면 다른 제3의 요인이 정신병과 창조성을 매개하는 것일까? 지금으로선 이 질문에 과학적으로 답하기는 어렵지만, 많은 이들은 정신병이 창조성에 기여한 것으로 믿고 있다.

조울증을 가진 사람들은 감정적, 정서적으로 민감하다. 이러한 민감성은 전두엽에 의해 적당히 억제되어야 하는데, 만약 억제되지 않고 표출되면 관습에 얽매이지 않은 독특한 표현이 가능할 수 있다. 이들이 모험을 감수하는 경향이 높고 실험정신에 열려 있는 이유이기도 하다. 펄 벅은 말했다.

"진정 창의적인 사람이라고 해봐야 비정상적이고 비인간적인 감수성을 타고난 사람에 지나지 않는다. 그들에게는 가벼운 손길이 주먹질처럼 느껴지고, 소리는 소음으로, 불행은 비극으로, 기쁨은 황홀경으로, 친구는 연인으로, 연인은 신으로, 실패는 죽음으로 느껴진다. ……그들은 작곡을 하거나 시를 짓거나 글을 쓰거나 건물을 짓는 등 뭔가 의미 있는 것을 창조하지 않는 한 숨이 막혀버린다."

조울증에 있어서는, 조증과 우울증이 창조성에 각각 다른 형태로 기여하는 것 같다. 실비아 플라스, 차이콥스키는 조증과 우울증 시기에 작품 내용이 달랐다. 실비아 플라스의 작품을 읽으면 각 챕터마다 그녀가 어떤 상태에 있는지 짐작할 수 있다고 한다. 어떤 챕터에서는 희망으로 가득 찬 인생을 노래하다가도 다른 장에서는 외로움과 고독을 말한다. 차이콥스키의 음악에도 톤, 템포, 리듬 등에서 확연한 차이를 느낄 수 있다. 버지니아 울프도 우울증 시기에는 거의 작품을 내놓지 않았고, 창조적 작품들은 모두 우울증 발작 사이에 생산했다. 더 극단적인 예가 있다. 오페라 작곡가 로시니는 조증 시기인 서른일곱 살까지 서른아홉 개의 오페라를 작곡할 정도로 왕성한 활동을 했지만, 이후 40년간 우울증 시기에 접어들면서

단 한 곡도 작곡하지 못했다.

조울증과 측두엽 뇌전증 간에는 유사점이 있다. 두 질환 모두 하이퍼그라피아를 포함한 게슈빈트 증후군을 유발할 수 있다. 조울증의 조증 시기에 측두엽 기능에 변화가 온다고 알려져 있다. 따라서 조울증 환자들은 조증 시기에 하이퍼그라피아를 보일 것이다. 우울증 시기는 뇌전 발작시기와 비슷하다. 이때는 무기력하여 가시적인 생산활동을 할 수가 없다.

조울증 환자들은 조증 상태와 우울증 상태에 따라 같은 세상을 확연히 다른 두 방식으로 바라본다. 우울증 시기에 세상을 바라보고 해석한 내용이 조증 시기에 창의적 활동으로 빛을 발하는 것이다.

지금까지의 예들은 이미 세상을 떠난 창조자들이 남긴 유산을 통해 추정한 내용들이다. 이제 뇌 질환이 예술성에 미친 영향을 좀 더 분명하게 보여주는 예들을 살펴보자.

병든 뇌에서 꽃피는 예술성

샌프란시스코에 있는 캘리포니아 주립대학의 브루스 밀러Bruce Miller 교수는 어느 날 회진 중에 치매 환자 잭을 만났다. 잭의 아들은 아버지가 그림 그리기를 좋아한다고 했다. 밀러 교수는 병이 진행하면서 그림도 당연히 형편없어졌을 거라고 추측했다. 그는 당시를 이렇게 회상한다. "그때만 해도 저는 환자에게 다가갈 때, 병이

(출처 : Kleiner-Fisman and Lang, Neuroreport 2004)

[그림4] 전두-측두엽 치매 발병 후 예술성을 보인 환자의 그림.
(왼쪽)치매 발병 6년 후 그린 풍경화. (오른쪽)치매 발병 16년째의 그림.

환자에게 주는 고통이나 단점만을 생각했었어요." 그러나 잭의 아들이 말했다. "아니에요, 병이 심해지면서 오히려 그림이 훨씬 나아졌어요."

밀러 교수는 잭의 아들에게 지난 10년간 아버지가 완성한 그림 열 점을 가져와보라고 부탁했다. 정말이지 아들의 말이 맞았다. 잭의 치매가 심해질수록 그의 언어기능은 퇴보했지만 그의 미술적 창의성은 꽃을 피웠던 것이다. 언어기능을 거의 소실해 '새'라는 단어조차 말할 수 없었지만, 잭은 상상을 통해 새를 정말이지 아름답게 그릴 수 있었다. 잭은 미술에 특별한 재능이 없었고, 치매로 진단받고 나서야 그림 그리기를 시작했다. 그는 치매 이전보다 색을 훨씬 더 잘 느끼고 볼 수 있게 되었다고 한다.

잭이 앓은 병은 전두-측두엽$^{fronto-temporal}$ 치매다. 이는 알츠하이머^{Alzheimer} 치매와는 다른 종류다. 알츠하이머병이 두정엽과 측두엽에 뇌 위축을 가져온다면, 전두-측두엽 치매는 전두엽과 측두엽에 위축이 국한되어 있다. 또 알츠하이머병과 달리 전두-측두엽 치매는 좌뇌와 우뇌가 비대칭적으로 위축되는 특징이 있다.

 치매가 있음에도 예술성이 나타난 이유는 무엇일까? 밀러 교수는 전두-측두엽 치매 환자들을 체계적으로 분석해보았다. 모든 환자들이 잭처럼 예술적 감각을 보이진 않았다. 그들 중 치매 후 예술적 능력을 새로이 획득한 환자들은 모두 왼쪽 측두엽에 국한된 위축을 보였다. 이러한 선택적이고 국소적인 뇌 위축이 예술성의 갑작스런 출현을 설명할 수 있다. 뇌의 한 부분이 망가지면 다른 부분이 억제에서 풀려 활개를 칠 수 있기 때문이다.

 좌뇌와 우뇌는 서로 견제하는 역할을 하는데, 좌뇌가 위축됨으로써 우뇌의 기능이 오히려 항진되는 결과를 초래한다. 특히 공간 시각적 기능에 관여하는 오른쪽 두정엽 기능이 향상됨으로써 미술적 재능이 갑자기 나타난 것이다. 이를 '두정엽의 역설parietal paradox'이라 부른다. 좌뇌가 위축되면서 언어기능은 소실되어 '새'라는 단어조차 모르지만, 오히려 우뇌 두정엽의 기능이 항진되어 새를 예술적으로 정교하게 그릴 수 있게 된 것이다. 이는 베티 에드워즈Betty Edwards가 고안한 '우뇌로 그림 그리기'의 원리와 유사하다. 이 기법도 좌뇌를 억제해 우뇌 기능을 향상시킴으로써 창조성을 돕는 것이다.

 그러나 전두-측두엽 치매 환자의 예술성이 끝까지 지속되지는 않는다. 그들의 예술성은 전두엽의 기능이 어느 정도 남아 있을 때 이야기다. 측두엽 위축과 더불어 전두엽마저 심하게 위축되면 예술적 감각도 소멸된다.

    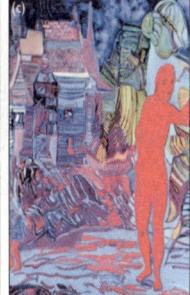

(출처 : Kleiner-Fisman and Lang, Neuroreport 2004)

[그림5] (왼쪽)콴 잉이 전두-측두엽 치매를 앓기 이전, (a~d)이후 그린 그림들.

밀러 교수 환자들이 흥미로운 이유는, 뇌 기능의 일부가 약해지면서 예술성이 발현되었다는 것이다. 이 예들은 뇌 질환이 예술적 창조를 발현할 수 있다는 사실을 보여주는 직접적인 증거다.

그렇다면 뇌 질환을 앓고 나서 예술적 스타일이 변한 예술가들이 있을까? [그림5]는 전문화가 콴 잉Quan Yin이 전두-측두엽 치매를 앓기 전과 후에 그린 그림들이다. 치매 발현 후 그림들은 이전에 비해 훨씬 더 비현실적이고 감정적이며 인상적으로 변했다. 치매가 진행할수록 색채는 밝고 생생해지고, 붓놀림은 더욱 과감해졌다. 이는 화가가 기존에 받았던 정규훈련의 억압으로부터 벗어나 자유로운 표현을 하게 된 덕분으로 해석된다. 치매 이후의 그림이 예술적 가치가 더 높은 것으로 평가된다.

알츠하이머 치매를 앓으면서 알코올 중독이기도 했던 빌렘 데 쿠닝Willem de Kooning의 예도 유명하다([그림6]). 그의 치매 전후 그림

(출처 : Bogousslavsky, European Neurology 2005)

[그림6] (위)빌렘 데 쿠닝이 알츠하이머 치매를 앓기 이전, (아래)이후 그린 그림들.

들은 예술적 스타일에서 확연히 다르다. 치매가 심해질수록 그림은 더 단순해졌지만 여전히 미적 가치를 지니고 있다. 알츠하이머 치매에도 불구하고 그의 창조성이 형태변화를 통해 유지되고 있음을 보여준다.

위험한 축복

정신병과 창조성의 인과관계를 좀 더 파헤치려면, 정신질환을 약물이나 수술로 치료해서 창조성에 변화가 생기는지 보면 된다. 정신질환이 창조성의 원천이라면, 정신질환을 치료했을 때 창조성도 더불어 사라질 테니까 말이다.

측두엽 뇌전증을 치료하기 위해 측두엽 뇌 절제술을 받을 것인가? 도스토옙스키는 뇌전 발작 전에 '세상이 온통 의미로 넘쳐나는' 황홀한 순간을 즐겼다. 그는 말했다. "건강한 사람들은 나 같은 뇌전증 환자들이 발작 직전에 느끼는 황홀경을 상상조차 못할 것이다. 이 행복감이 얼마나 오래 갈지 나는 모른다. 그러나 분명히 말하건대 나는 이 느낌을 다른 어떤 것과도 바꾸지 않을 것이다." 영국 여류작가인 캐런 암스트롱 Karen Armstrong 도 측두엽 뇌전증으로 진단받기까지 오랜 시간이 걸렸다. 30대 초반에 비로소 진단을 받으며 그녀는 그 병을 가지게 된 것을 '진정한 행복'이라고 말했다.

체계적인 연구는 없지만, 연구자들은 항우울제와 같은 약물치료가 창조성을 훼손할 것으로 생각하고 있다. 코넬대학 정신과 리처드 프리드먼 Richard Friedman 교수는 〈뉴욕타임즈〉에 기고한 글에서 셰릴이라는 여성을 소개하고 있다. 2002년 당시 서른여섯 살인 셰릴은 사진작가로서 인생 대부분을 우울증에 시달리며 살았다. 항상 침울하고 비관적이었으며 그녀 스스로도 불행을 당연시했다. 사실 셰릴의 병은 조울증이 아니라 우울증이었다. 그럼에도 그녀의 우울증은 예술작품에 지대한 영향을 미쳤다. 이런 경우에도 약물치료가 창의성을 훼손할까? 2개월간의 치료 후 그동안 그녀를 지배해온 비관주의와 불면, 피로는 호전되었다. 우울증이 사라졌다. 그러나 한 가지 문제가 생겼다. 그녀의 예술성이 바뀐 것이다. 프리드먼 교수가 보기에도 사진들은 이전의 침울하고 절망적인 분위기를 벗어나,

시끌벅적한 거리와 사랑스런 연인들을 밝은 색채로 담고 있었다. 그러나 그녀의 사진이 상업적으로는 더 성공했을지라도 예술적 수준은 더 나빠졌다. 이제 셰릴은 인생의 행복과 예술 사이에서 어느 것을 선택해야 할지 고민에 빠졌다.

하이퍼그라피아를 가진 환자들 중에도 치료받기를 거부하는 이들이 많다고 한다. 그들에게 글을 쓰고자 하는 욕구는 생활의 중요한 부분이다. 플래허티 교수도 말한다. "분명 그건 병이었어요. 그러나 내 평생 일어난 일 중에 최고의 일이기도 했어요."

예술가들에게 정신병은 치료받아야 할 병인가, 아니면 세심한 주의가 필요한, 신이 주신 위험한 축복인가? 비단 정신병뿐 아니라 그 어떤 병도 저주스럽지만은 않을 것이다. 어떤 이들은 자신의 병을 '저주'나 '결핍'으로만 보지 않고 그것이 가져다준 축복에 귀 기울이기도 한다.

현대의학의 아버지라 불리는 윌리엄 오슬러$^{William\ Osler}$는 다음과 같이 말했다. "그 사람이 무슨 병을 가졌는지 묻지 말라. 대신 어떤 사람이 그 병을 가졌는지 물어라."

평범한 이들의 하이퍼그라피아

하이퍼그라피아는 매우 드문 현상으로 일반인들이 경험하기는 어렵다. 약물이 창의적인 사람을 일시적으로 하이퍼그라피아의 세계로 이끌 수도 있다. 로버트 루이스 스티븐슨은 코카인의 도움으로 《지킬 박사와 하이드》 초고를 단 6일 만에 다 썼다. 그러나 나는 일반인도 하이퍼그라피아와 닮은꼴의 글쓰기를 할 수 있다고 생각한다. 그중 하나가 '모닝페이지'이다.

모닝페이지는 영화 시나리오작가 줄리아 캐머런$^{\text{Julia Cameron}}$이 그녀의 책 《예술가의 길$^{\text{Artist's way}}$》에서 소개한 방법이다. 촉망받던 작가 캐머런은 한때 알코올 중독에 빠지기도 했지만 끝내 재기에 성공했다. 모닝페이지는 매일 아침잠에서 깨자마자 곧바로 펜을 들고 머릿속에 떠오르는 생각을 거침없이 손으로 세 페이지씩 써 내려가는 방법이다. 말이 되든 안 되든 신경 쓰지 않고 쓴다. 철자는 물론이고 완성된 형태의 문장을 만들 필요도 없다. 한마디로 괴발개발 쓴다. 누구에게 보여줄 글이 아니고 일기도 아니기 때문이다. 그냥 그 순간 머리에 떠오르는 생각을 하얀 종이 위에 그대로 옮기는 작업이다. 글의 내용은 밤새 꾼 꿈의 내용일 수도 있고, 미래에 대한 소망일 때도 있고, 마음속의 분노나 두려움, 세상에 대한 저주일 수도 있다. 나도 모닝페이지를 한 적이 있는데, 아무 생각이 떠오르지 않을 때는 그냥 '아무 생각이 나지 않는다.'라고 계속 써 내려간 적도 있었다. 모닝페이지를 쓸 때 전두엽은 전혀 관여하지 않고 잠자고 있다. 아니 그래야 한다.

또 다른 형태는 《치유하는 글쓰기》의 저자 박미라 선생이 소개하는 '미친년 글쓰기'다. 아픔, 상처, 좌절이 언어와 이미지를 자극한다. 사람들은 도움을 외치는 심정으로 자기감정을 글로 쏟아낸다.

'치유하는 글쓰기' 워크숍에서 미친년처럼 30분간 글을 쏟아내 본 적이 있었다. 내 옆에 있던 참가자가 "아니, 30분씩이나 대체 뭘 쓰란 말이냐."고 말했다. 그러나 우리 모두 거침없이 써 내려가는 중에 30분도 부족하다는 사실을 깨달았다. 나는 '모닝페이지'와 '미친년 글쓰기'가 측두엽으로부터 유래하는 하이퍼그라피아의 일종이라고 생각한다.

하이퍼그라피아까지는 아니더라도 보통사람이 글을 많이 쓰는 것은 얼마나 도움이 될까? 또 글을 잘 쓰는 사람들은 어떻게 글을 쓸까?

작문 연구의 선구사인 재닛 에미그Janet Emig는 초보 필자와 전문 필자의 글쓰기 과정을 비교 분석했다. 문장형태, 초안작성, 구성전략, 편집과 수정에 이르는 다양한 차원에서 초보 필자와 전문 필자들이 선택하는 전략은 확연하게 달랐다. 초보 필자들은 문법적으로 정확한 문장을 만들며 초안을 작성했다. 또 초안 이후 전체 글의 수정은 철자, 어법, 문장 등 지엽적인 수준에 머물렀다. 반면, 유능한 필자의 초안은 대부분 산만하고 비문법적인 문장들로 채워졌는데, 심지어 단어나 문장이 아닌 심벌이나 아이콘과 같은 시각적인 기호들도 자주 사용되곤 했다. 결국 글 전체를 본격적으로 수정하는 빈도가 전문 필자에서 초보 필자보다 무려 여섯 배 높았다. 다시 말해, 초보 필자들이 규칙이나 형식과 같은 정확성에 과도하게 집착하는 반면, 전문 필자들은 머릿속에 연상되는 생각의 단편들을 지면 위에 자유롭게 적어가며 초안을 완성하고, 이후 여러 차례에 걸쳐 논리, 구성, 일관성과 같은 차원 높은 수정을 가하며 글을 완성해나갔다.

1970년대 UC 버클리대학의 교육학과 제임스 그레이$^{James\ Gray}$ 교수가 주도했던 '베이 에어리어 글쓰기 프로젝트$^{The\ Bay\ Area\ Writing\ Project}$'도 '유창성이 정확성을 견인한다(fluency promotes accuracy).'는 사실을 보여주고 있다. 즉, 문법과 형식을 지키며 정확하게 쓰는 것보다 '자유롭고 제약 없이' 많이 쓰는 것이 역설적으로 글의 유창성뿐 아니라 정확성까지 높였다는 것이다.

이 연구결과들을 우리나라 교육자들은 눈여겨보아야 한다. 초등학교 저학년 때부터 받아쓰기, 철자시험과 같이 정확한 글쓰기를 강요하는 교육문화에서는 어린이들이 글쓰기를 오히려 두려워할 수도 있다. 나는 어린이들이 틀린 글이라도 많이 쓰게 하는 것이 더 낫다고 생각한다. 측두엽 자극을 통한 하이퍼그라피아는 '하이퍼'라는 말에서처럼 질보다는 양이 더 중요하다. 비록 질은 낮을지라도 일단 많은 양의 생각을 종이 위로 옮기는 작업이다. 그런데 이때 전두엽이 측두엽을 간섭하여 글의 질을 따진다면 곤란하다.

그렇다면 하이퍼그라피아는 창조성을 담보하는 보증수표일까? 하이퍼그라피아로부터 나온 글은 모두 창의적인 문학작품들인가? 다른 하이퍼그라피아 환자들은 어떠했을까? 그들도 고흐나 도스토옙스키처럼 창조자가 되어야 하지 않을까? 조울증과 같은 정신질환도 마찬가지다. 세상의 수많은 조울증 환자들이 모두 창조적이지는 않다. 이와 반대로 수많은 창조자들이 조울증과 같은 정신병 없이도 창조적 생산물을 세상에 내놓고 있다. 창조적인 사람과 그렇지 않은 사람 간에 또 다른 차이는 무엇일까?

고흐는 치밀했다

미술을 전공하는 사람들은 고흐에 대한 콤플렉스를 가지고 있는 경우가 많다고 한다. 예술작품을 하려면 그 정도로 미쳐 열정적이어야만 한다는 생각 때문이다. 열정적인 그림을 그리기에는 우리 정신이 너무 멀쩡해서 괴롭기 때문이다. 나같이 미술과 거리가 먼 사람도 고흐의 열정을 흉내라도 내 봤으면 하는 생각을 했었다.

그러나 고흐의 작품이 오롯이 광기에서만 비롯된 것일까? 이것

[그림7] 구름 낀 하늘 아래의 밀밭, 1890년

[그림8] 감자 먹는 사람들, 1885년

은 오해다. 예술행위는 하나의 '작업'이다.《뇌, 아름다움을 말하다》의 저자 지상현 교수는 "고흐의 그림에는 현대 지각심리학자들도 혀를 내두를 정도로 교묘한 기법이 숨어 있다."고 말한다. 소실점을 이용한 [그림7]의 풍경화가 대표적이다. (소실점은 눈으로 보았을 때 평행한 두 선이 멀리 가서 한 점에서 만나는 것을 말한다.) 이는 고흐가 그림을 그릴 때 철저한 계산과 추론에 의해 작업했다는 것을 말해준다.

고흐의 세심하고 치밀한 준비과정이 가장 돋보이는 작품은 '감자 먹는 사람들'([그림8])이다. 동생 테오의 생일에 맞춰 완성하려 했던 작품으로, 여러 인물이 등장하는 고흐의 첫 대작이다. 고흐는 이 작품을 위해 한 해 겨울 동안 마흔 명이 넘는 시골농부들의 얼굴을 쉬지 않고 그렸다. 다섯 명의 인물을 최대한 자연스럽게 보이도록 구성하기 위해, 봄이 되자 감자 접시 주위에 모인 사람들을 그리는 스케치에 본격적으로 착수했다. 고흐는 동생 테오에게 그림과 함께 다음과 같은 편지를 썼다.

> 손과 그 노동을 이야기하고 있다. 그리고 그들이 얼마나 정직하게 스스로의 양식을 구했는가를 이야기하고 있다. 우리는 항상 '진실한' 그리고 '정직한' 무엇인가를 만들어내지 않으면 안 된다. 농민은 여러 가지 점에서 문명화된 세계보다도 훨씬 멋진 하나의 세계를 형성하고 있다.

지난 2007년, 그동안 미공개 되었던 고흐의 작품 하나가 서울시립미술관에 전시된 바 있다. 바로 그가 자살하기 2년 전인 1888년에 그린 '아를의 연인들Two Lovers'([그림9])이다. 이 그림은 고흐가 그림을 그리기 전에 구도와 색상을 얼마나 치밀하게 생각했는지를 다시금 일깨워준다. 이 그림은 원래 큰 그림의 일부인데, 고흐는 그 그림이 마음에 들지 않아 폐기하면서 이 부분만을 오려내 따로 보관해 두었다. 그런데 놀랍게도, 고흐가 친구에게 보낸 큰 그림의 연필 스케치를 확대하면 연인 부분의 스케치와 컬러 그림이 꼭 들어맞는다고 한다. 또 남자의 노란 모자, 에메랄드빛 녹색 물, 여인의 오렌지색과 붉은색 옷 등 그림의 색깔도 스케치에 적힌 내용과 일치한다.

모두 고흐의 치밀하고 계획적인 의도를 엿볼 수 있는 작품들이

[그림9] 아를의 연인들, 1888년

다. 치밀하게 준비하고 계획한 고흐의 뇌 속에서는 어떤 일이 벌어졌을까?

예술가들이 작업 활동을 할 때에는 일반인과 다른 뇌를 쓴다. 험프리 오션Humphrey Ocean이라는 영국의 유명한 미술가가 그림을 그리는 동안 그의 뇌를 기능적 자기공명영상으로 촬영해보았더니 그의 전두엽이 활성화했다. 반면 일반인이 그림을 그릴 때는 후두엽이 흥분했다. 이는 창의적 활동을 할 때 뇌의 어느 부분이 활동하는지를 보여주는 실험이다. 즉, 일반인들이 그림을 그릴 때는 시각정보를 처리하는 뇌의 뒤쪽을 쓰는 반면, 미술가들이 그림을 그릴 때는 복잡한 사고, 추론, 의사결정을 담당하는 뇌의 앞쪽을 쓰는 것이다.

예술가가 아닌 일반인들이 간단한 문제해결을 할 때 미리 계획하는 곳도 전두엽이다. 예를 들어 [그림10]의 '런던탑' 문제를 해결할 때 우리 뇌는 어떤 반응을 보일까? 왼쪽 그림에서 공을 다섯 번 옮겨 오른쪽 그림처럼 만들어보라.

이 문제는 구체적으로 다음과 같이 풀 수 있다. 1) 하얀 공을 가운데 회색 공 위로 옮긴다. 2) 검은 공을 맨 오른쪽으로 옮긴다. 3) 하얀 공을 맨 왼쪽으로 옮긴다. 4) 회색 공을 하얀 공 위로 옮긴다. 5) 검은 공을 가운데로 옮긴다. 이렇게 전략을 짜고 문제를 해결할 때, 우리 뇌는 배외측 전전두엽과 상부 두정소엽superior parietal lobule이 흥분한다. 배외측 전전두엽은 계획하는 뇌이고, 상부 두정소엽은 공간지각에 관여하는 부분이기 때문이다. 과제의 난이도가 높을수

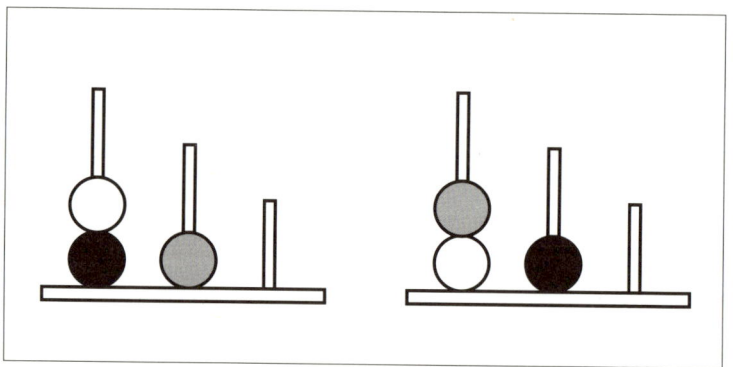

[그림10] '런던탑' 문제

록 이 두 영역은 더욱 활성화했다. 전두엽은 치밀하게 계획하고 설계하는 곳이다. 창의적 아이디어를 구체화하고 실현할 수 있는 능력, 즉 실행지능$^{executive\ intelligence}$도 여기에서 나온다. 전두엽은 창조성의 CEO이자 감독이다.

많은 사람들이 고흐의 창조성에 대해 오해하고 있다. 그의 열정과 광기가 지나치게 부각된 나머지 그의 치밀함과 계획성은 묻혀버렸다. 사람들은 고흐가 정신이 반쯤 나간 상태에서 작업했을 것으로 짐작한다. 하지만 고흐는 4개 국어에 능통한 지식인이었다. 그는 또 광산의 그리스도로 불렸다. 빈민광산촌에서 성직자 생활을 시작한 그는 남의 고통을 같이해야 한다는 신념으로 자신의 집을 병든 자에게 주고 자신은 광부들과 같이 생활했다.

그의 정신을 가장 잘 말해주는 것은 그가 남긴 600편이 넘는 편지들이다.

> 육체와 정신이 바스라지도록 노력해서 작품을 완성했다 하더라도 화가도 다른 인간과 마찬가지로 무덤에 묻히는 법이지. 단지 약간 다른 점이 있다면 진정한 화가의 경우, 그 작품이 후세에 영원히 남아 말을 한다는 거야. 그렇게 생각하면 화가에게 가장 큰 과제는 죽음이 아니라 그런 작품을 제작하는 행위 자체일 거야.

그의 영혼은 이렇게 맑았으며, 그에게 예술은 숭고한 정신을 표출하는 창구였다. 또 고흐는 자신의 작품을 세상에 선보이는 전람

회 행사보다는, 자신의 예술적 진보에 더 신경을 썼다.

> 요즘엔 건강은 괜찮지만 언제 또 발작이 엄습해 올지 모르기 때문에 지금 미리 편지를 쓴다. 어제부터 다시 작업을 시작했어. 그림을 그리고 있는 동안은 마음이 편하니 아마도 내 병에는 그림 그리는 것이 가장 좋은 약인가 봐. 모든 게 순조로울 때 열심히 작업해서 잃어버린 시간을 만회해야만 해. 좀 더 향상되지 않으면 안 되니까.

선천적으로 예민하고 섬세한 그는, 언제 다시 발작이 찾아올지 모르는 불안과 두려움 속에서도 생명을 깎아낼 듯한 기세로 작업에 임했다.

> 시간만 자꾸 간다. 내게는 시간이 없어. 그래서 촌각을 다투며 계속 제작하고 있어. 만일 더 심한 발작이 엄습하면 영원히 그림을 그릴 수 없게 될 가능성이 있으니까 그릴 수 있을 때 전력을 다하고 있어. 지금 나는 오랫동안 갈구해왔던 것을 얻었고 시간은 지금밖에 없어.

> 너는 종종 내게 이제 곧 좋은 날이 올 테니 너무 신경 쓰지 말라고 하는데, 지금의 나로서는 현재의 매일이 좋은 날이야. 왜냐하면 이제 곧 내가 목표로 하는 그림을 그릴 수 있게 되기 때문이

야. 그 목표가 보이기 때문이야. 내게 좋은 날이란 유명해지는 것이나 영달을 얻는 것이 아냐. 나는 화가야. 자신이 목표로 한 것을 그릴 수 있는 날, 그것이 좋은 날인 거야.

고흐는 미치지 않았다. 그는 측두엽 뇌전증이라는 병을 앓았을 뿐이다. 측두엽 기능의 변화가 그의 창조성에 영향을 미쳤을 것으로 생각된다. 그러나 그는 분명한 동기와 목적을 가지고 치밀하게 계획하는 뇌로 그림을 그렸다. 고흐는 뇌전증과 하이퍼그라피아라는 한 쪽과 계획과 치밀함이라는 다른 쪽 사이를 오갔던 사람이다. 그는 '그림'이라는 목적을 위해 측두엽과 전두엽의 긴장 속에서 아슬아슬하게 균형점을 찾으며 줄타기를 했던 창조자였던 것이다.

'아하!' 어느 순간 갑자기

그렇다면 과연 창조성은 선택받은 특별한 소수의 전유물인가? 창조성의 근원을 뮤즈나 영혼의 세계로만 돌릴 것인가? 예술적 재능이 없는 나같이 평범한 사람들에게 '창조'란 무엇인가?

예술작품이나 영화, 과학적 산물을 창조하는 것만이 '창조'는 아닐 것이다. 우리가 일상에서 발견한 문제를 해결하는 데도 창조적 과정이 관여한다. 사회적 관계 속에서 무언가 새롭고 유익한 것을 생산할 때, 사업문제를 새로운 시각으로 접근할 때에도 창의적 과정이 개입한다. 새로운 아이디어를 생산하는 것뿐만 아니라 기존의 아이디어들을 새롭게 연결하는 정신적 과정도 창조에 포함된다. 따라서 누구라도 창조성을 발휘할 수 있다.

그레이엄 월러스Graham Wallas는 1926년 펴낸《생각의 예술Art of thought》에서 창의적 사고과정을 다섯 단계, 즉 준비preparation—부화incubation—암시intimation—통찰insight, illumination—증명verification으로 나누었다. 후에 학자들은 암시과정을 없애 4단계로 줄였고, 준비과정을 포화saturation 단계로 부르기도 했다. 여기서 통찰은 '아하!' 하며 전광석화처럼 순간적으로 깨달음을 얻는 과정이다. 준비, 포화, 증명이 의식적 사고와 관계된 과정이라면, 부화와 통찰은 부의식이 관여하는 과정이라고 볼 수 있다.

'아하!'라는 단어에서 가장 먼저 떠오르는 이야기는 역시 아르키메데스의 '유레카'일 것이다. 왕관이 순금으로 만들어졌는지 아니면 은이 섞여 있는지 문제를 고민 중이던 아르키메데스는 자기 몸을 담근 목욕탕 물이 넘치는 것을 보고 "유레카('알았다'의 그리스어)"를 외치며 벌거벗은 채 뛰쳐나갔다.

이제, 아르키메데스가 직면했던 문제보다는 간단한 문제들을 풀어보자. 다음은 우리가 통찰을 통해 해결할 수 있는 문제들이다.

다음 아홉 개 점을 네 개의 직선으로 연결해보자. 단, 펜이 종이에서 떨어져선 안 되고, 네 개의 직선이 서로 연결되어야 하며, 직선은 각 점을 한 번씩만 지나가야 한다.

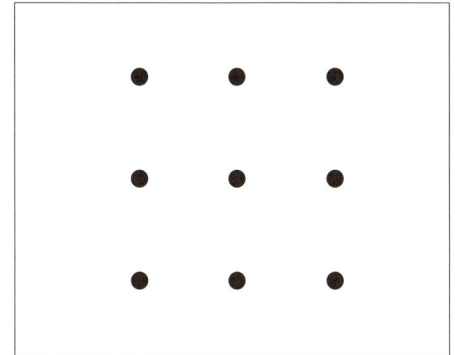

[그림11] 아홉 점 문제 9-dot problem

처음에는 막막하여 다소 시간이 걸리겠지만 어느 순간 갑자기 '아하' 하며 [그림12]와 같은 해결방법을 찾아낼 것이다. 상자 밖을 나가야 한다는 생각을 하는 순간 문제는 해결된다.

그러나 이 아홉 개 점은 세 개의 직선으로도 연결할 수 있다. [그림13]을 보자.

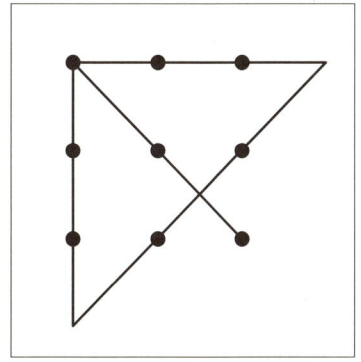

[그림12] '아홉 점 문제' 해결1

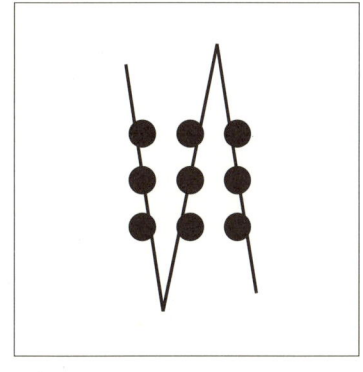

[그림13] '아홉 점 문제' 해결2

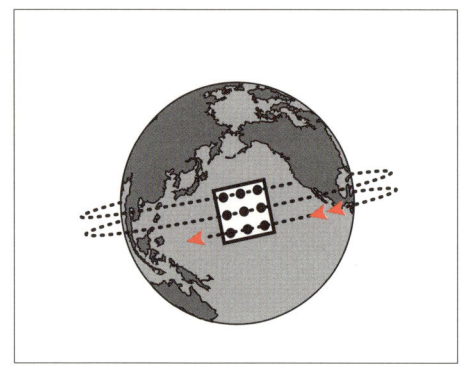

[그림14] '아홉 점 문제' 해결3

더 극단적으로는 [그림14]와 같이 하나의 직선으로도 연결할 수 있다.

이렇게 통찰에 의한 문제해결은 뇌의 어디에서 일어나는 것일까? 아르키메데스가 문제를 해결했을 때 그의 뇌는 어떠했을까?

미국 노스웨스턴대학의 마크 융-비먼 Mark Jung-Beeman 은 통찰에 의한 문제해결이 뇌의 어디에서 일어나는지 궁금했다. 그는 참가자들에게 세 단어를 제시하며 그 모두와 짝이 될 수 있는 단어를 떠올리라고 했다. 예를 들어 제시한 세 단어가 pine, crab, sauce이면 답은 apple이다. (pineapple, crab apple, applesauce로 짝지어지니까.) 그리고 참가자들이 문제를 해결할 때 '아하'라는 통찰을 경험했는지 물었다. 참가자들이 통찰로 문제를 해결할 때 기능적 자기공명영상에서 우뇌 측두엽의 앞위쪽이 흥분했다. 융-비먼 박사는 참가자들의 뇌파도 분석해보았다. 흥미롭게도 통찰에 의한 문제해결 0.3초 전에 같은 뇌 영역에 고주파의 신경활동이 폭발하듯 나타났다. 문제해결에는 뇌 전체가 기여하지만 통찰적 해결에는 우뇌가 더 중요한 역할을 하는 것으로 보인다. 특히 우뇌의 측두엽 앞쪽은 거리가 먼 정보들을 서로 연결하는 데 관련된 곳이다.

부화, 통찰로 향하는 다리

통찰로 가는 과정 중에 내가 의식하지 못하는 암묵적 과정이 바로 '부화'다. 부화 중에는 문제가 무의식의 세계로 내재되어 의식의 표면세계에서는 실제로 아무 일도 일어나지 않는다.

부화과정은 주로 언제 일어날까? 바로 문제를 떠나 있는 동안이다. 꿈, 잠, 멍하니 다른 생각하기가 문제해결에 도움이 된다. 해결책이 떠오르지 않은 아르키메데스도 일단 문제를 떠났고 그러다 해법이 떠올랐다.

역사상 위대한 발견도 꿈을 통해 이루어진 경우가 많았다. 노벨상 수상자인 오토 뢰비가 신경충격과 아세틸콜린을 발견한 일, 프리드리히 케쿨레가 벤젠의 구조를 본 것도 모두 꿈속에서였다. 드미트리 멘델레예프의 주기율표, 폴 매카트니의 '예스터데이' 악상, 엘리어스 하우의 재봉틀 발명도 마찬가지다.

《꿈으로 들어가 다시 살아나라》의 저자 제레미 테일러 목사는, 꿈이 가진 기능을 정보처리기능으로 국한하는 것은 꿈의 다층적 의미를 축소하는 것이라고 했다. 연구에 의하면 뇌는 마지막 기억을 강화한다. 잠자기 전 생각한 주제가 꿈에서 해결되기도 한다. 몽상이나 멍하니 다른 생각하기, 눈을 감고 편안히 있는 것만으로도 뇌는 기억을 재생하고 문제해결을 위해 노력한다. 산책을 하며 문제를 완전히 떠나 있는 것도 유익할 때가 있다. 문제와 연합되지 않은 새로운 환경으로 옮길 경우 더 생산적인 아이디어들이 마음의 전면에 나올 수도 있기 때문이다.

부화를 위해서는 앞서 1장에서 언급한 잠재억제기능을 꺼야 한다. 잠재억제에는 무의미한 자극들을 걸러내는 순기능도 있지만, 창조성을 방해하는 역기능도 있다. 창의적인 사람들은 무관해 보이는 생각들을 덜 걸러냈고, 그 아이디어들이 창의적으로 서로 연결되도록 그냥 두었다. 잠재억제기능은 주로 전두엽에서 맡는다. 그러므로 부화 중에는 전두엽의 의식적인 기능을 잠시 내려놓아야 한다. 부화과정을 거치지 않으면 우리는 고정된 시각과 전략에 사로잡혀 좀처럼 상자 밖에서 문제를 바라보지 못한다.

부화과정은 마음을 여는 과정이기도 하다. 모든 경험에 개방되어 주위 환경에 더 민감해지는 과정이다. 부화과정 중에 우리 뇌는 우리도 모르게 주위의 일상적인 것들에서 문제해결에 도움이 될 만한 것은 없는지 끊임없이 살핀다. 그동안의 모든 관찰이나 대화가 문제를 푸는 단서를 제공하기도 한다. 이 개방성은 문제를 새로운 시각으로 바라보게 하여 문제해결의 전략을 바꿀 수 있게 한다. 기존에 무관해 보이던 아이디어들을 통합하고 연결할 수 있게 하기도 한다. 시인들의 은유도 여기에서 비롯된다. 아르키메데스도

욕조의 물과 문제를 연결시켰다. 이 개방성은 '확산적 사고divergent thinking'와도 관련이 있다. 우리는 어릴 적부터 모든 문제에 하나의 정답을 찾으려는 수렴적 사고convergent thinking를 배워왔다. 수렴적 사고는 좋은 성적을 얻기 위해서는 도움이 되겠지만 창의적 사고와는 역행한다.

더 멀리 떨어진 것들의 연합에서 더 창의적인 생산물이 나올 수 있다. 하워드 존스Howard Jones 박사는 학생들에게 세 가지 단어를 제시한 다음 그 단어들로 이야기를 만들어보라고 했다. 세 단어는 서로 관련이 있기도 했고 없기도 했다. 흥미롭게도 학생들이 서로 무관한 세 단어를 갖고 이야기를 만들 때 더 창의적인 이야기가 나왔다. 이때는 전두엽, 측두엽, 두정엽을 서로 연결하고 감각 및 여러 정보들을 통합하는 연합피질association cortex이 관여할 것이다. 낸시 안드레아센도 창의적 작업을 하는 이들의 뇌에서 연합피질이 활발히 활동하는 것을 보았다.

10년 법칙

우리가 어떤 문제에 직면했다고 치자. 해결책이 떠오르지 않아 부화과정을 거치다 보면 어느 순간 '아하!' 하고 문제가 해결될까? 통찰에 의한 문제해결은 아무에게나 갑자기 찾아오는 것일까?

부화는 말 그대로 알을 품는 것이다. 알부터 있어야 부화 후에 껍질을 깨고 나오는 새 생명체가 있는 법이다. 알이 없이는 부화도 통찰도 없다. 그럼 그 알은 무엇인가?

종교재판관 앞에 랍비가 붙잡혀 왔다. 재판관은 랍비에게 '유죄'와 '무죄'가 각각 적혀 있다며 두 장의 쪽지 중 하나를 고르게 했다. 그러나 사악한 종교재판관은 랍비의 유죄를 확실히 하기 위해 두 쪽지에 모두 '유죄'라고 써놓았다. 랍비는 빠져나갈 길이 없다. 당신이 랍비라면 어떻게 했을까? 고심하던 랍비는 갑자기 쪽지 하나를 집어 삼켜버렸다. 그러고는 종교재판관이 쥐고 있는 나머지 쪽지를 펴보라고 했다. 결국 종교재판관은 랍비의 무죄를 인정할 수밖에 없었다. 이런 지혜는 랍비에게 어느 날 갑자기 찾아온 것일까?

부화 이전에 준비과정을 충분히 거쳐야 한다. 문제에 몰두해 자료를 수집하고 분류하고 해석하는 과정이 여물어야 한다. 어떤 소설가가 내게 이런 말을 했다. 마음속에 담아 둔 말이 목구멍을 넘쳐 나오려고 할 때 글을 쓰기 시작하라고. 이런 의미에서 부화의 전단계인 준비과정을 포화과정이라 부르는 것은 적절하다고 생각한다.

창의적 문제해결을 위한 준비가 충분히 된 사람을 우리는 전문가라고 부른다. 전문가와 초심자의 뇌는 어떻게 다를까? 전문가들은 작업기억이 뛰어나다. 체스 전문가나 바둑 고수가 완벽히 복기할 수 있는 것도 청크^{chunk} 단위로 체스 말과 바둑판을 기억하기 때문이다.

뤼디거 감$^{Rüdiger\ Gamm}$은 계산천재다. 그는 99^5을 9,509,900,499로 정확히 계산해낸다. sin287과 같은 계산도 −0.956304756이라

고 쉽게 정답을 말한다. $\sqrt[5]{8547799037}$은 정답이 96.61인데 96이라고 대답했다. 그의 뇌는 우리와 어떻게 다를까? 감이 계산을 할 때 그의 뇌를 촬영해보았다. 그는 보통 사람보다 다섯 군데의 뇌를 더 동원했다. 그곳은 우뇌에서는 앞 대상회, 내측 전두엽 medial frontal, 해마곁이랑 parahippocampal gyrus, 측두-후두엽 경계영역 temporo-occipital junction 이었고, 좌뇌에서는 중심곁소엽 paracentral lobule 이었다. 한마디로 그가 계산을 할 때에는 좌우 앞뒤 뇌를 종횡무진 누비는 것이다. 그는 매일 몇 시간씩 계산 알고리즘을 위한 기억훈련을 한다. 또 그는 장기기억을 매우 효율적으로 저장하고 끄집어낼 수 있기 때문에 장기기억을 마치 단기기억처럼 사용할 수 있었다.

프로 골퍼의 경우에는 조금 달랐다. 그들의 뇌는 배외측 전전두엽과 상부 두정소엽 등 계획과 공간지각을 담당하는 뇌 이외에는 전반적으로 조용했다. 골프 전문가의 뇌는 차분하게 집중하고 있는 것이다. 이에 반해 골프 초보자의 뇌는 기저핵 부위가 바빴다. 기저핵은 절차기억을 담당하는 곳으로, 초보자들은 스윙 자세 하나하나를 머릿속에 그리고 있다는 뜻이다. 프로게이머의 뇌도 마찬가지로 전두엽이 주로 활동하지만, 초심자 게이머의 뇌는 후두엽이 활성화했다.

내가 좋아하는 TV 프로그램 중에 '생활의 달인'이 있다. 어떻게 그렇게 달인이 되었냐는 질문에 달인들은 거의 예외 없이 "10년쯤 하다 보니 이렇게 됐어요."라고 겸손하게 말한다. 달인이 칼질을 할 때 손은 분주히 움직이지만 그들의 뇌는 프로골퍼처럼 침착하고 차분하게 집중하고 있을 것이다.

이런 전문가가 되는 데 보통 10년 이상의 시간이 필요하다. 그러나 10년을 그럭저럭 보내서는 달인의 경지에 이르지 못한다. 뇌에 새로운 신경회로를 만드는 일은 도시에 새로운 길을 만드는 것과도 같다. 천천히 일어나기 때문에 우리 눈에 잘 보이지 않는 과정이다. 겉모습 뒤에 보이지 않는 그들의 피나는 노력이 간과되어서는 안 된다.

10년 법칙은 고흐도 예외는 아니다. 고흐가 화가로 활동한 기간은 1880년부터 1890년까지 10년이었다. 그리고 아를에서 오베르 시기에 이르는 2년 반 남짓한 시간이 화가로서 완숙기에 접어든 기간이었다.

창조적인 뇌의 비밀

2003년 10월 미국국립보건연구원에서 열린 심부뇌 자극술$^{deep\ brain\ stimulation}$ 컨소시엄에서 앨리스 플래허티 교수는 한 여성 사례를 발표했다. 그녀는 아이비리그를 졸업한 서른일곱 살의 유능한 의학 기자로서 매우 심한 뚜렛 증후군$^{Tourette's\ syndrome}$을 앓고 있었다. 틱이 얼마나 심했던지 팔이 부러지고 한쪽 눈은 실명된 상태였다. 하버드의대 신경외과 에머드 에스칸다$^{Emad\ Eskandar}$ 교수는 틱을 줄이기 위해 양쪽 측좌핵 끝에다 전극을 심었다. 틱은 조금 나아졌다.

그러나 전혀 예상치 못한 결과가 발생했다. 그녀는 시술 후에 이전보다 훨씬 창의적인 결과물을 내놓았던 것이다. 오죽했으면 그녀의 상사가 "대체 머리에 무얼 심은 건가요? 나도 그거 심을 수 있나요?"라고 했다고 한다. 동기와 욕구충족에 관련된 도파민이 풍부한 측좌핵이 자극됨으로써 그녀의 창의적 행동을 부채질한 것이다.

심리학자 에이브러햄 매슬로우 Abraham Maslow 는 인간의 동기위계에서 자기실현의 욕구를 최상위에 올려놓았다. 자기실현의 욕구는 개개인이 갖고 있는 재능을 표현하려는 욕구, 그래서 각자 최상의 자신이 되고자 하는 욕구, 자신의 잠재력을 최대한 발휘하려는 동기를 일컫는다. 이는 창조적 행위의 내적 동기다. 내적 동기는 창조적 행위 자체에서 즐거움과 쾌락을 얻고자 하는 동기다. 반면, 외적 동기는 창조적 행위를 통해 부수적으로 얻는 명예나 금전적 보상을 말한다. 내적 동기는 창조성을 돕지만, 외적 동기는 오히려 창조성을 해친다.

고흐는 생전에 '아를의 붉은 포도밭' 단 한 점의 그림을 헐값으로 팔았을 뿐이다. 고흐는 매슬로우의 동기위계 중 자기실현 외에는 아무것도 성취하지 못했다. 고흐가 그 아래 위계 동기들을 충족하지 못했음에도 '그림'을 통해 자기실현을 이루려고 한 부분에서 그의 위대함을 엿볼 수 있다. 만약 고흐가 그림을 비싼 값에 많이 팔아서 경제적 안정을 취할 수 있었다면 어떻게 되었을까? 영국 작가 제임스 조이스는 멜로 부인의 경제적 원조 덕택에 안정적인 작품활동을 할 수 있었지만 알코올중독을 재촉하는 결과를 낳기도 했다.

뇌 영역	역할
변연계	동기부여
측두엽, 두정엽, 후두엽	민감한 뇌, 외부자극을 받아들임
전두엽	창조적 행위의 감독, 치밀한 계획과 설계

[표1] 창조적인 뇌 모델

이제 창조적인 뇌의 모습을 그려보자.

창조적인 뇌의 중심으로 우뇌가 강조된 때가 있었다. 다니엘 핑크도 《새로운 미래가 온다》라는 책에서 우뇌를 창조적인 뇌로 강조하고 있다. 그러다 언제부턴가 전두엽이 강조되기 시작했다. 물론 전두엽 기능이 건강하지 않으면 창조적 행위가 불가능하다. 그러나 나는 창조적인 뇌를 설명하기에는 우뇌나 전두엽만으로 부족하다고 생각한다.

창조적 행위에 뇌의 어느 한 부분만이 중요한 역할을 하는 것이 아니다. 나는, 창조성은 우리 뇌의 앞쪽, 옆쪽, 뒤쪽, 안쪽 모두에서 나온다고 믿는다. 창조적 행위를 계획, 감독하고 실행하는 전두엽. 외부의 자극을 받아들이는 측두엽과 두정엽, 후두엽. 그리고 새로움을 추구하고 목표지향적이며 창의적 행동의 동기를 부여하는 변연계. 이 모두가 창조적 과정에 관여한다. 중요한 것은, 어느 시기에 어느 뇌가 전면에 나서느냐다. 만약 전두엽이 줄곧 주도권을 잡는다면 뭔가를 이루긴 하겠지만 진정 새롭고 독창적인 결과물이 나오기 어렵다. 한편 전두엽이 시원치 않다면 여러 생각들이 머릿속을 산만하게 돌아다니겠지만 정작 아무것도 이루지 못한다.

창조성은 앞쪽, 옆쪽, 뒤쪽, 안쪽 뇌 모두가 만들어내는 교향곡이다. 창조적 과정 중에 뇌의 이곳저곳이 시기적절하게 활동하고 휴식하는 하모니다. 먼저 뇌의 중심부에 있는 변연계에서 서서히 해가 떠오르듯이 신비로운 서막이 울려 퍼진다(동기부여). 전두엽이 활기차게 2악장을 주도한다(준비와 포화과정). 이어 옆쪽과 뒤쪽 뇌에서 감미로운 아다지오가 은은하게 뒤따른다(부화와 통찰). 마지막, 환희의 선율로 시작하는 4악장에서 전두엽이 클라이맥스로 이끌며 창조적 행위의 대단원을 장식한다(증명과 실행).

내 안의 다이아몬드를 찾아서

1880년, 스물일곱 살의 고흐는 가진 것 없고 장래도 불투명한 인생의 낙오자였다. 가난하고 병든 자들과 함께 생활한 그는, 성직자는 품위 있는 삶을 살아야 한다는 정통교단의 원칙에 위배되어 목사직을 파면당했다. 그러나 마침내 화가의 소명을 발견하고 스스로의 삶을 화가로 규정한다.

> 내게서 게으름뱅이 같은 모습 외에 네가 다른 모습을 볼 수 있다면 얼마나 좋을까. …… 그런데 또 다른 유형의 게으름뱅이도 있

단다. …… 행동으로 옮기고 싶은 엄청난 욕구에 시달리면서도 아무것도 하지 않는 사람이야. …… 하지만 그는 본능적으로 이렇게 느낀단다. '그래도 난 무언가에 쓸모가 있으며, 나의 **존재 이유**를 느낄 수 있어! 내가 아주 다른 사람이 될 수도 있다는 걸 알아! 어떻게 하면 쓸모 있는 사람이 될까? 무엇을 할 수 있지? **내 안에 무언가가 있는데, 대체 그게 뭘까?**' 이런 사람은 전혀 다른 유형의 게으름뱅이야. 나를 이들 가운데 한 명으로 간주해도 좋아.

-1880년 7월, 고흐가 동생 테오에게 보낸 편지 중에서

우리는 모두 '자기 안에' 보석을 갖고 태어난다. 누구는 글재주가 있고, 어떤 이는 손재주가 뛰어나고, 다른 이는 사람을 편안하게 하는 능력이 있고, 또 어떤 이는 끼가 넘친다. 누구나 자기 안에 다른 것보다 뛰어난 재주가 한 가지씩은 다 있다. 따라서 사람은 누구나 자기만의 강점이 있어서 특정 분야에서는 모두 유능하다고 할 수 있다. 스스로 재능이 없다고 여기는 이유는, 자신의 재능을 발견하지 못해서다.

어머니의 배 속에서 42일째 되는 날, 우리 뇌에서 첫 신경세포가 태어난다. 그로부터 넉 달 동안 신경세포는 무려 천억 개로 증가한다. 이때부터 우리 뇌에는 정말 중요한 일이 시작된다. 바로 천억 개의 신경세포들이 서로 교통하는 것이다. 각각의 신경세포는 다른 신경세포에 손을 뻗어 연결을 만들려고 한다. 그 시도가 성공하면

시냅스가 형성된다. 태어나서 3년 동안 신경세포 하나하나는 다른 신경세포들과 무려 1만 5,000개의 시냅스를 갖게 된다. 상상해보자. 천억 개의 신경세포 하나하나가 1만 5,000개의 연결을 이루고 있는 우리 뇌 속의 연결망을.

그런데 여기서 끝이 아니다. 세 살 이후부터 이상한 일이 일어나는데, 뇌가 잘 사용하지 않는 연결들은 끊어지기 시작한다. 열다섯 살 무렵, 그동안 애써 만들었던 시냅스의 절반이 사라져버린다. 이 과정에서 우리의 뇌는 저마다 다른 형태로 신경 연결망을 구축한다. 그 연결망이 인간의 재능을 결정짓는다고 해도 과언이 아니다. 이렇듯, 개개인의 재능은 마치 지문처럼 모두 다를 수밖에 없다. 우리 뇌가 모두 다르기 때문이다.

자기의 재능을 어떻게 찾아낼 것인가? 먼저, 내게도 '특별한 재능'이 있다는 확신부터 가져야 한다. 나만의 빛나는 보석이 내 안에 있다고 믿어야 한다. 그 다음, 내가 진정 좋아하고, 하고 싶은 일이 무엇인지 생각해보자. 내면의 울림에 귀 기울이고, 자신의 가슴을 따라가보자. 그것이 내 안의 보석에 가까이 다가가는 방법이다.

남과 비교할 필요가 없다. 재능을 발굴하는 데 장애요소 중 하나가 바로 타인과의 비교다. 정말 뛰어난 사람에 비하면 내가 가진 재주는 초라해 보이기 마련이다. '그래, 내겐 재능 따윈 없어'하며 체념하게 된다. 그러나 내가 가진 재주 중에 최고의 것이 바로 나의 재능이다. 나의 뇌에서 가장 강한 시냅스를 형성하고 있는 연결이 바로 나의 재능이다.

재능을 발견하기까지의 과정은 결코 순탄치만은 않다. 긴 여행 끝에 인생의 늘그막에 찾기도 한다. 꽃도 저마다 피는 계절이 다르듯이, 사람도 저마다 재능을 활짝 꽃피우는 시기가 다를 것이다. 내가 외래에서 만난 어르신 중에는 정년퇴임 후 글쓰기에 몰입해 시집을 네 권이나 출간하신 분이 있다. 그는 경제학을 전공하고 40여 년을 교직에 몸담아왔다. 학생들에게 경제를 가르치는 일이 생활의 전부이다시피 했는데, 은퇴 후 새로운 인생을 살게 되었다. 바로 자신의 깊숙한 곳에 숨어 있던 문학에의 열정을 불태운 것이다. 그분은 여든을 바라보는 나이에도 밥 먹고 잠자는 시간 외에는 책상에 앉아 시를 쓴다고 한다. 내 친구 중에는 마흔 중반이 다 돼서 미친 듯이 영어논문을 쓰기 시작한 이도 있다. 그는 유명한 국제학술지에 여러 편의 논문을 한꺼번에 게재했는데, 자신도 그렇게 글쓰기를 좋아했는지 미처 몰랐다고 했다. 그는 학술논문에다가도 운율을 즐겨 넣는다.

재능을 찾았다면 이제 어떻게 갈고닦을 것인가? 전두-측두엽 치매 화가로부터 우리가 배워야 할 교훈이 있다. 바로 '가지치기'다. 전두-측두엽 치매환자에서 미술적 재능이 나타난 '두정엽의 역설'은 바로 측두엽의 퇴행 때문이다. 우리가 굳이 뇌의 일부를 퇴행시킬 필요는 없다. 그러나 재능을 연마하기 위해서는 나의 약점에 에너지를 쏟기보다는 나의 보석이 숨겨져 있는 뇌를 발달시켜 강점을 극대화해야 한다. 가장 강한 시냅스 연결이 곧 나의 재능이고, 그 연결을 최대한 강화하는 것이 바로 나의 재능을 연마하는 길이다.

치매 화가와 마찬가지로, 글쓰기에 재능이 있는 사람에겐 '측두엽의 역설', 운동기능이나 손재주가 뛰어난 사람에겐 '기저핵의 역설'이 있을 것이다. 이들이 재능을 갈고닦을수록 측두엽과 기저핵의 회로가 강화되고 다른 시냅스 연결들은 자연스럽게 가지치기가 된다.

다이아몬드 원석 자체는 아름다운 광채를 내뿜지 않는다. 커팅되지 않은 원석은 그저 하나의 돌에 지나지 않는다. 다이아몬드의 빛나는 광채를 최대한 이끌어내기 위해서는 '브릴리언트 컷brilliant cut'이라는 연마과정을 거쳐야 한다. 브릴리언트 컷은 다이아몬드를 58면체 다각으로 연마하는데, 이 모양에서 다이아몬드는 가장 아름다운 빛을 발산한다. 그러나 이 과정에서 적어도 절반 이상의 원석을 쳐내야 한다. 시냅스 연결의 가지치기가 바로 재능을 빛나게 하는 브릴리언트 컷인 셈이다.

우리가 재능을 최대한 발휘하는 일을 하게 된다면 소명의식으로 발전할 수 있다. 소명이란 '부름calling'이다. 하늘이 나를 그 자리로 불러낸 것이다. 소명의식을 가진 사람은 돈이나 명예를 위해 일하지 않는다. 일 자체에 몰입함으로써 충만감을 얻는다. 창조하는 삶을 넘어 충만한 삶을 살게 된다.

나는 왜 이 땅에 태어났는가? 내가 왜 지금, 여기서 이 일을 하고 있는가? 내가 특별한 재능을 갖고 이 세상에 태어났다는 사실을 깨닫고, 내면 깊숙이 감추어져 있는 재능을 발굴해내고, 치열하게 갈고닦는 과정을 거쳐, 지금 하고 있는 일을 통해 찬란하게 꽃피우는 것, 이것이 바로 나의 '존재 이유'일 것이다.

> 우리는 오직 자신의 그림을 통해서만 말할 수 있단다.
> ……
> 내 그림들, 그것을 위해 난 내 생명을 걸었다.
> -1890년 7월 24일, 고흐가 동생 테오에게 보낸 마지막 편지 중에서

3일 뒤 고흐는 밀밭에서 자신의 가슴에 총을 쏜다. 그리고 이틀 뒤 고흐는 숨을 거둔다. 그의 나이 서른일곱 살이었다.

부록

뇌의 영역별 명칭

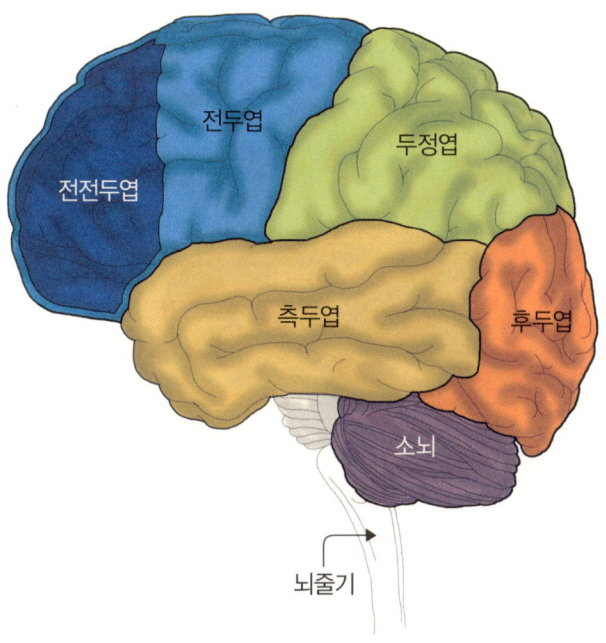

[그림1] 대뇌피질(좌뇌를 바깥에서 본 모습)

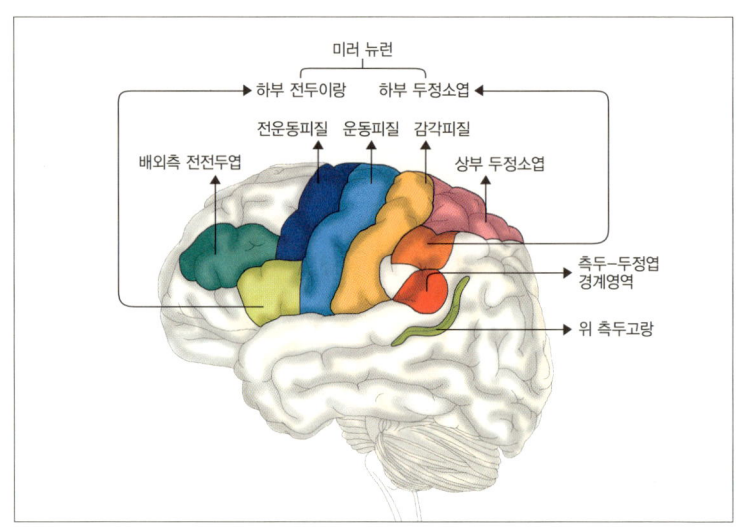

[그림2] 대뇌피질의 각 영역(좌뇌를 바깥에서 본 모습)

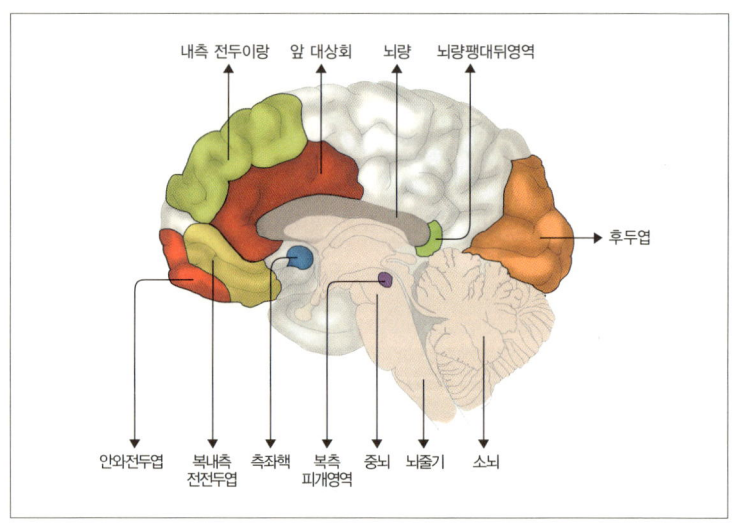

[그림3] 대뇌의 내측 구조물1(우뇌를 안쪽에서 본 모습)

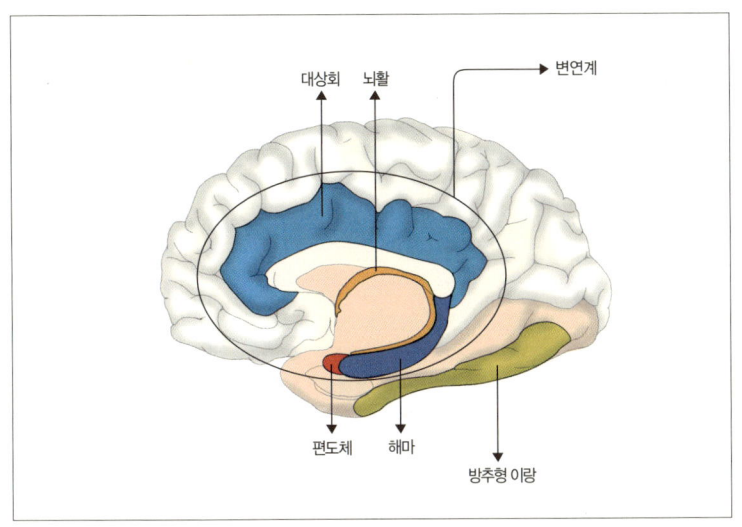

[그림4] 대뇌의 내측 구조물2(우뇌를 안쪽에서 본 모습)

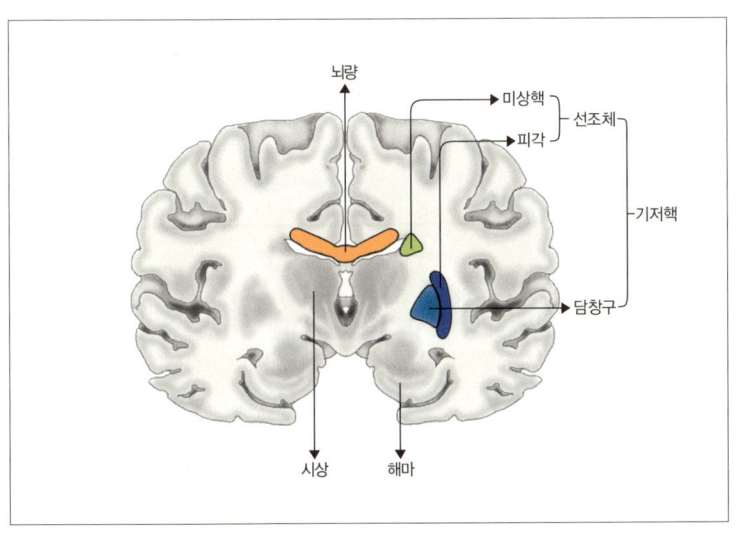

[그림5] 좌우뇌를 앞에서 본 모습

참고문헌

•외국문헌 - 저자명 순

Aminoff E, Schacter DL, Bar M. The cortical underpinning of context-based memory distortion. *Journal of Cognitive Neuroscience* 2008;20:2226-2237.

Anderson MC, Ochsner KN, Kuhl B, et al. Neural systems underlying the suppression of unwanted memories. *Science* 2004;303:232-235.

Barnes TD, Kubota Y, Hu D, Jin DZ, Graybiel AM. Activity of striatal neurons reflects dynamic encoding and recoding of procedural memories. *Nature* 2005;437:1158-1161.

Beck JM, Ma WJ, Kiani R, Hanks T, Churchland AK, Roitman J, Shadlen MN, Latham PE, Pouget A. Probabilistic population codes for bayesian decision making. *Neuron* 2008;60:1142-1152.

Berridge K, Robinson TE, Aldridge JW. Dissecting components of reward: 'liking', 'wanting', and learning. *Current Opinion in Pharmacology* 2009;9:65-73.

Bogousslavsky J. Artistic creativity, style and brain disorders. *European Neurology* 2005;54:103-111.

Brefczynski-Lewis JA, Lutz A, Schaefer HS, Levinson DB, Davidson RJ. Neural correlates of attentional expertise in long-term meditation practitioners. *Proceedings of the National Academy of Science* 2007;104(27):11483-11488.

Breiter HC, Aharon I, Kahneman D, Dale A, Shizgal P. Functional imaging of neural responses to expectancy and experience of monetary gains and losses. *Neuron* 2001;30:619-639.

Breitmeyer B. Blindspots: The many ways we cannot see. *Oxford University Press* 2010.

Brewer WF, Treyens JC. Role of schemata in memory for places. *Cognitive Psychology* 1981;13:207-230.

Carson SH, Peterson JB, Higgins DM. Decreased latent inhibition is associated with increased creative achievement in high-functioning individuals. *Journal of Personality and Social Psychology* 2003;85:499-506.

Chance P. Learning and Behavior. *Wadsworth Publishing* 2002

Christoff K, Gordon AM, Smallwood J, Smith R, Schooler JW. Experience sampling during fMRI reveals default network and executive system contributions to mind wandering. *Proceedings of the National Academy of Science* 2009;106(21):8719-8724.

Danziger N, Faillenot I, Peyron R. Can we share a pain we never felt? Neural correlates of empathy in patients with congenital insensitivity to pain. *Neuron* 2009;61:203-212.

De Martino B, Kumaran D, Seymour B, Dolan RJ. Frames, biases, and rational decision-making in the human brain. *Science* 2006; 313:684-687.

Devinsky O. Delusional misidentifications and duplications. *Neurology* 2009;72:80-87.

Diener E, Wirtz D, Oishi S. End effects of rated life quality: the James Dean effect. *Psychological Science* 2001;12:124-128.

Emig J. The composing processes of twelfth graders. Urbana, IL: NCTE, 1971.

Garoff-Eaton RJ, Slotnick SD, Schacter DL. Not all false memories are created equal: the neural basis of false recognition. *Cerebral Cortex* 2006;16:1645-1652.

Gazzaniga MS. Cerebral specialization and interhemispheric communication. *Brain* 2000;123:1293-1326.

Goel V, Buchel C, Frith C, Dolan RJ. Dissociation of mechanisms underlying syllogistic reasoning. *Neuroimage* 2000;12:504-514.

Greene JD, Sommerville RB, Nystrom LE, Darley JM, Cohen JD. An fMRI investigation of emotional engagement in moral judgment. *Science* 2001;293:2105-2108.

Hillis AE, Newhart M, Heidler J, et al. Anatomy of spatial attention: insights from perfusion imaging and hemispatial neglect in acute stroke. *Journal of Neuroscience* 2005;25(12):3161-3167.

Hirstein W, Ramachandran VS. Capgras syndrome: a novel probe for understanding the neural representation of the identity and familiarity of persons. *Proceedings Biological Sciences* 1997;264(1380):437-444.

Iacoboni M, Molnar-Szakacs I, Gallese V, Buccino G, Mazziotta JC, Rizzolatti G. Grasping the intentions of others with one's own mirror neuron system. *PLoS Biology* 2005;3(3):529-535.

Johansson P, Hall L, Sikstrom S, Olsson A. Failure to detect mismatches between intention and outcome in a simple decision task. *Science* 2005;310:116-119.

Jung-Beeman M, Bowden EM, Haberman J, et al. Neural activity when people solve verbal problems with insight. *PLoS Biology* 2004;2:500-510.

Kelley A, Berridge K. The neuroscience of natural rewards: relevance to addictive drugs. *Journal of Neuroscience* 2002;22:3306-3311.

Kleiner-Fisman G, Lang AE. Insights into brain function through the examination of art: the influence of neurodegenerative diseases. *Neuroreport* 2004;15:933-937.

Klucharev V, Hytonen K, Rijpkema M, Smidts A, Fernandez G. Reinforcement learning signal predicts social conformity. *Neuron* 2009;61:140-151.

Koenigs M, Young L, Adolphs R, Tranel D, Cushman F, Hauser M, Damasio A. Damage to the prefrontal cortex increases utilitarian moral judgments. *Nature* 2007;446:908-911.

Kuhl BA, Dudukovic NM, Kahn I, Wagner AD. Decreased demands on cognitive control reveal the neural processing benefits of forgetting. *Nature Neuroscience* 2007;10:908-914.

Lamm C, Batson CD, Decety J. The neural substrate of human empathy: Effects of perspective-taking and cognitive appraisal. *Journal of Cognitive Neuroscience* 2007;19(1):42-58.

Loftus EF, Pickrell JE. The formation of false memories. *Psychiatric Annals* 1995;25:720-725.

Maguire EA, Gadian DG, Johnsrude IS, et al. Navigation-related structural change in the hippocampi of taxi drivers. *Proceedings of the National Academy of Science* 2000;97:4398-4403.

Maguire EA, Valentine ER, Wilding JM, Kapur N. Routes to remembering: the brains behind superior memory. *Nature Neuroscience* 2003;6:90-95.

Marlene G. Writing for the inexperienced writer: fluency, shape and correctness. In Teaching Writing: Essays from the Bay Area Writing Project. Ed. Gerald Camp. Montclair, NJ: Boynton/Cook, 1982. 67-96.

Miller BL, Boone K, Cummings JL, Read SL, Mishkin F. Functional correlates of musical and visual ability in frontotemporal dementia. *British Journal of Psychiatry* 2000;176:458-463.

Miller MB, Gazzaniga MS. Creating false memories for visual scenes. *Neuropsychologia* 1998;36:513-520.

Milton J, Solodkin A, Hlustik P, Small SL. The mind of expert motor performance is cool and focused. *Neuroimage* 2007;35:804-813.

Naqvi NH, Rudrauf D, Damasio H, Bechara A. Damage to the insula disrupts addiction to cigarette smoking. *Science* 2007;315:531-534.

Newman SD, Carpenter PA, Varma S, Just MA. Frontal and parietal participation in problem solving in the Tower of London: fMRI and computational modeling of planning and high-level perception. *Neuropsychologia* 2003;41:1668-1682.

Okado Y, Stark CEL. Neural activity during encoding predicts false memories created by misinformation. *Learning and Memory* 2005;12:3-11.

Parker ES, Cahill L, McGaugh JL. A case of unusual autobiographical remembering. *Neurocase* 2006;12:35-49.

Pesenti M, Zago L, Crivello F, et al. Mental calculation in a prodigy is sustained by right prefrontal and medical temporal areas. *Nature Neuroscience* 2001;4:103-107.

Peterson JB, Smith KW, Carson S. Openness and extraversion are associated with redu ced latent inhibition: replication and commentary. *Personality and Individual Differences* 2002; 33:1137-1147.

Porter S, Yuille JC, Lehman DR. The nature of real, implanted, and fabricated memories for emotional childhood events: implications for the recovered memory debate. *Law and Human Behavior* 1999;23:517-537.

Redelmeier DA, Kahneman D. Patients' memories of painful medical treatments: real-time and retrospective evaluations of two minimally invasive procedures. *Pain* 1996;66:3-8.

Redelmeier DA, Katz J, Kahneman D. Memories of colonoscopy: a randomized trial. *Pain* 2003;104:187-194.

Rilling JK, Gutman DA, Zeh TR, Pagnoni G, Berns GS, Kilts CD. A neural basis for social cooperation. *Neuron* 2002;35:395-405.

Rouw R, Scholte HS. Increased structural connectivity in grapheme-color synesthesia. *Nature Neuroscience* 2007;10:792-797.

Sharot T, Martorella EA, Delgado MR, Phelps EA. How personal experience modulates the neural circuitry of memories of September 11. *Proceedings of the National Academy of Science* 2007;104:389-394.

Singer T, Lamm C. The social neuroscience of empathy. *Annals of the New York Academy of Sciences* 2009;1156:81-96.

Singer T, Seymour B, O'Doherty J, Kaube H, Dolan RJ, Frith CD. Empathy for pain involves the affective but not sensory components of pain. *Science* 2004;303:1157-1162.

Soon CS, Brass M, Heinze HJ, Haynes JD. Unconscious determinants of free decisions in the human brain. *Nature Neuroscience* 2008;11: 543-545.

Squire LR. The legacy of patient H.M. for neuroscience. *Neuron* 2009;61:6-9.

Todd JJ, Marois R. Capacity limit of visual short-term memory in human posterior parietal cortex. *Nature* 2004;428(6984):751-754.

Zaki J, Ochsner KN, Hanelin J, Wager TD, Mackey SC. Different circuits for different pain: Patterns of functional connectivity reveal distinct networks for processing pain in self and other. *Social Neuroscience* 2007;2(3-4):276-291.

Zola SM. The neurobiology of recovered memory. *Journal of Neuropsychiatry and Clinical Neurosciences* 1997;9:449-459.

• 국내문헌 - 도서명 순

《고흐 37년의 고독》 노무라 아쓰시 지음. 김소운 옮김. 큰결. 2004.

《긍정심리학》 마틴 셀리그만 지음. 김인자 옮김. 물푸레. 2006.

《뇌, 아름다움을 말하다》 지상현 지음. 해나무. 2005.

《다이아몬드 인생》 조신영, 박현찬 공저. 위즈덤하우스. 2010.

《모든 것을 기억하는 남자》 알렉산드르 로마노비치 루리야 지음. 박중서 옮김. 갈라파고스. 2007.

《반 고흐, 영혼의 편지》 빈센트 반 고흐 지음. 신성림 편역. 예담. 2005.

《우리 기억은 진짜 기억일까?》 엘리자베스 로프터스·캐서린 케첨 공저. 정준형 옮김. 도솔. 2008.

《치유하는 글쓰기》 박미라 지음. 한겨레출판. 2008.

찾아보기

ㄱ

감각피질 228, 281
강박단계 265
객체중심allocentric 반측무시 26-27
'거울 속 추적mirror tracing' 과제 147-148, 150
게슈빈트 증후군 290, 295-296, 302
고양이 실험 171 (※ '에드워드 손다이크' 참조)
고전적 조건반사classical conditioning 149
고전직 조건형성 171-172
공간학습전략spatial learning strategy 162
공감각synesthesia 155-160, 163, 165, 167-168
관점수용perspective taking 238-239, 241
근거중심의학 208
긍정심리학positive psychology 137, 139, 217
기능적 자기공명영상 44, 127, 173, 184, 204, 228, 230, 281, 315, 322
기분장애mood disorder 300
기억회복치료recovered memory therapy 117-118
기저핵basal ganglia 149, 263, 327
기저핵의 역설 335

ㄴ

내성tolerance 265, 276
내인성 모르핀endogenous morphine 280
내측 전두이랑medial frontal gyrus 204
내측 전두엽 114
네커 큐브Necker cube 30-31

뇌량팽대뒤영역retrosplenial region 114
뇌량corpus callosum 66-68, 81-82
뇌의 G스팟 260
뇌전증epilepsy 66, 145, 291, 293-296, 307, 319
뇌졸중 4-5, 7, 23-24, 34, 75-76, 80-81, 84, 139, 255-258, 270-271
뇌줄기 149

ㄷ

다양성 훈련diversity training 240
닥터 스트레인지러브 증후군 81
단순 순환 네트워크simple recurrent network 132
담창구pallidum 149
닻 휴리스틱 190
대뇌피질cerebral cortex 119, 150, 153, 210, 213, 234, 236, 248, 280
대표성 휴리스틱 190
도박꾼의 오류 190
도파민dopamine 260-261, 276, 278-280, 282, 229, 257-258, 270
도파민 시스템 278-280 (※ '보상회로' 참조)
도피질insula 210, 237
동시인식불능증simultanagnosia 22
두정엽의 역설parietal paradox 304, 334
두정엽parietal lobe 22-23, 30, 33, 40, 127, 210, 213, 234, 242, 247, 260, 303-304, 325, 330
디폴트 네트워크default network 44
뚜렛 증후군Tourette's syndrome 328

ㅁ

마시멜로 실험 274
메니에르병Meniere disease 291, 293
메소드 액팅method acting 226-227, 229, 235
명시기억declarative memory 115, 126, 148-152
모닝페이지 309-310
'몬티 홀Monty Hall' 문제 186-187
무시증후군neglect syndrome 23-26
'물 항아리' 문제 172
미러뉴런Mirror Neuron 242-245, 247
미친년 글쓰기 309-310

ㅂ

'바뀐 카드 색깔 알아맞히기' 게임 29
반구hemisphere 66
반사두뇌 210-211, 213
반성두뇌 210
반응시간reaction time 41
발린트 증후군Balint's syndrome 22-23, 31, 33
방어기제 86-87, 125
방추형이랑fusiform gyrus 73-74, 158
배외측 전전두엽dorsolateral prefrontal cortex 126, 204-205, 316, 327
'베이 에어리어 글쓰기 프로젝트The Bay Area Writing Project' 311
벤 프랭클린 효과Ben Franklin effect 86
변연계limbic system 210, 213, 247, 271, 295, 330-331
변화맹change blindness 29-30, 63
보상회로reward circuit 259-261, 266, 278, 280
보상reward 280
'보이지 않는 고릴라' 실험 28-29, 38, 54
복내측 전전두엽ventromedial prefrontal cortex 184, 205
복측 담창구ventral pallidum 280, 282
복측 선조체ventral striatum 237
복측 피개영역ventral tegmental area 259-260, 278, 282
부주의맹inattentional blindness 28, 30, 33, 38-39
분석두뇌 210-211, 213
분할 뇌split brain 67-70, 75, 78-82
블라인드 스팟blind spot 21, 26, 30, 33, 38, 80, 107-108

ㅅ

사회적 딜레마social dilemma 183
산후 우울증 290
상부 두정소엽superior parietal lobule 316, 327
상향방식bottom-up 집중 40
선조체striatum 149, 237
선천성 통증 무감각congenital insensitivity to pain 230
선택맹choice blindness 63, 88
선택의 패러독스 219
선택적 주의selective(focused) attention 40
섬광기억flashbulb memory 98
소뇌cerebellum 149, 260
'쇼핑몰에서 길을 잃다lost in a mall' 실험 120-121, 128
수도관주위회색질periaqueductal grey matter 231
수렴적 사고convergent thinking 325
스위스 치즈 모델 37
스위치 딜레마 202-206
스트루프 검사 39-40
승화sublimation 87
시각피질visual cortex 68, 158
신체인식불능증asomatognosia 76-77, 80, 84, 235
실행조절시스템executive control system 44
실행지능executive intelligence 317
심맹mindblindness 247-248
심부뇌 자극술deep brain stimulation 328
심적 회전mental rotation 34

ㅇ

'아시아인의 질병' 문제 191, 194, 214-215
'아이오와 도박' 과제 200
안와전두엽orbitofrontal cortex 184, 199, 201, 280-282
알렉산더 솔제니친Alexander Solzhenitsyn 효과 136
알츠하이머Alzheimer 치매 303-306
암묵기억non-declarative memory 149-150, 152
앞 대상회anterior cingulate cortex 204, 228, 230-231, 234, 247, 327
앞 도피질anterior insula 228, 230-231, 234, 247
억압repression 117
얼굴인식불능증prosopagnosia 73, 75
에피네프린 실험 78
엔도르핀endorphin 276, 280, 282
연합피질association cortex 325
열성반구non-dominant hemisphere 77
외계인 손alien hand 증후군 81
외측 두정엽lateral parietal 114
우뇌로 그림 그리기 304
우성반구dominant hemisphere 77
우울증 4, 136-137, 225, 259, 294, 300-302, 307
위 측두고랑 뒷부분posterior superior temporal sulcus 241
'유령들의 전쟁 이야기' 실험 102, 162, 166
유아 기억상실증infantile amnesia 119
육교 딜레마 202-206
음-색 공감각 156
인지부조화이론theory of cognitive dissonance 59, 61-62, 80-81, 83, 85-86, 90, 92, 127-128
입쪽 대상회rostral cingulate cortex 91

ㅈ

자기공명영상 33
자기중심egocentric 반측무시 26-27
자소-색 공감각 156, 158-159
자아경계ego boundary 235, 241
자전적 기억autobiographical remembering 165
작업기억working memory 49-50, 169, 326
잠재억제latent inhibition 48-50, 52, 324
장기억제long-term depression 170, 173
장기증강long-term potentiation 170, 173
장소법method of loci 161-163, 165, 167
재초점refocusing 274
전두-측두엽fronto-temporal 치매 303-305, 334
전두극frontopolar 피질 197
전두엽frontal lobe 44-45, 66, 122-124, 128, 151, 199, 210, 242, 247, 260, 271, 301, 303-304, 309, 311, 315-317, 319, 324-325, 327, 330-331
전두엽 절개술frontal lobotomy 51
전운동피질premotor cortex 237, 242
전전두엽prefrontal 40-41, 127, 166, 213, 215, 230-231, 241
절차기억procedural memory 149-150, 327
정서반응 149
제3색tertiary color 298
제임스 딘James Dean 효과 136
조작적 조건형성operant conditioning 171-172
조현증(정신분열증) 50, 146, 259, 266, 293, 300
좌우혼동right-left disorientation 33-35
죄수의 딜레마prisoners' dilemma 183-185
주의력결핍(과잉행동)장애Attention Deficit (Hyperactivity) Disorder(ADHD) 46
주의력결핍장애(ADD) 43, 46-47, 49-52
준비태세전위readiness potential 196
중뇌midbrain 231
중심곁소엽paracentral lobule 327
쥐 공원Rat Park 268-269
질병인식불능증anosognosia 75-76, 84
집 안에 한 발 들여놓기 기법foot-in-the-door technique 86

ㅊ

청크chunk 326
출처 기억상실증source amnesia 122-124, 128
충동impulsivity 단계 265
측두-두정엽 경계영역temporo-parietal junction 234, 241
측두-후두엽 경계영역temporo-occipital junction 327
측두엽temporal lobe 73, 115, 159, 210-211, 213, 247, 271, 295, 298, 302, 304, 310-311, 319, 322-323, 325, 330, 334-335
측두엽 뇌전증temporal lobe epilepsy 290, 298, 302, 307, 319
측두엽의 역설 335
측좌핵nucleus accumbens 91, 184, 259-261, 278, 280, 282, 328-329
치아이랑dentate gyrus 170

ㅋㅌㅍ

카프그라 증후군Capgras syndrome 72-77, 80-81
코사코프 증후군Korsakoff syndrome 152
쾌감중추 259
통제환상 190
'파블로프의 개' 실험 149, 171-172
페르소나persona 251
편도체amygdala 73-74, 149, 152, 175-176, 201, 210, 215, 234, 237
폐기학습unlearning 173-174, 177
프레임 효과framing effect 193-194, 214-215
플로우flow 275
플립-플롭맹flip-flop blinding 31
피부전도반응 74-75, 200
피크-엔드Peak-End 법칙 135

ㅎ

하부 두정소엽inferior parietal lobule 242-243
하부 전두이랑inferior frontal gyrus 242-243
하이퍼그라피아hypergraphia 290, 293-295, 302, 308-311, 319
하향방식top-down 집중 40
'학습된 무력감learned helplessness' 실험 137
해마hippocampus 74, 115, 122, 126-127, 145, 147-151, 161-162, 170, 175, 210
해마곁이랑parahippocampal gyrus 327
해마 절제술 146, 150
헤르페스 바이러스 뇌염 151
확산적 사고divergent thinking 325
후두엽occipital lobe 22, 68-69, 158, 260, 315, 327, 330
휴리스틱heuristics 189-190, 210-213

Ⓐ - Ⓩ

C-시스템 210
V4 158
X-시스템 210

인명

ㄱㄴㄷ

그레이엄 월러스Graham Wallas 320
낸시 안드레아센Nancy Andreasen 300, 325
노먼 게슈빈트Norman Geschwind 290
다니엘 펑크 330
대니얼 데닛Daniel Dennett 284
대니얼 사이먼스Daniel Simons 28-29, 38
대니얼 카너먼Daniel Kahneman 134-135, 189, 191, 194, 196
더글라스 무크 125
데보라 웨어링 151
도널드 레델마이어Donald Redelmeier 134
도널드 헵Donald Hebb 145

ㄹ

라르스 할Lars Hall 63
레온 페스팅거Leon Festinger 57-59, 61-62, 83
로버트 액설로드Robert Axelrod 185
로버트 히스Robert Heath 259, 278-279
로저 스페리Roger Sperry 67
루시안 리프Lucian Leape 36
루차티Luzzati 26
뤼디거 감Rüdiger Gamm 326
르네 마로이스Rene Marois 30
리 로빈스Lee Robins 267
리처드 그레고리Richard Gregory 110
리처드 와이즈먼Richard Wiseman 28
리처드 프리드먼Richard Friedman 307

ㅁ

마이클 가자니가Michael Gazzaniga 67, 113
마크 융-비먼Mark Jung-Beeman 322
마틴 셀리그먼Martin Seligman 137-138

매들린 반 헤케Madeleine Van Hecke 21
매리언 키치 57-59, 65, 83-84
매슈 리버먼Matthew Lieberman 210

ㅂ

바버라 맥닐Barbara McNeil 193
박미라 176, 309
배리 슈워츠Barry Schwartz 219
베네데토 드 마르티노Benedetto De Martino 214
베티 에드워즈Betty Edwards 304
벤저민 리벳Benjamin Libet 196-197
브렌다 밀너Brenda Milner 145-148, 153
브루스 밀러Bruce Miller 302-305
브루스 알렉산더Bruce Alexander 268-269
비고츠키Vygotsky 156
비노드 고엘Vinod Goel 211
비시아Bisiach 26
빈센트 반 고흐 291-294, 296-299, 311-315, 317, 319, 328-329, 331-332, 336
빌라야누르 라마찬드란Vilayanur S. Ramachandran 71, 74, 157-158
빌렘 데 쿠닝Willem de Kooning 305-306

ㅅ

살바도르 달리 31-32, 46
샤람 코슈빈Shahram Khoshbin 297-298
셸리 카슨Shelley Carson 49
솔로몬 셰레셰브스키Solomon Shereshevskii 153
솔로몬 애쉬Solomon Asch 91
스탠리 샥터Stanley Schachter 78
스티븐 포터Stephen Porter 121
스피노자 252
시모니데스Simonides 161

ㅇ

아모스 트버스키Amos Tversky 189, 191, 194
아서 크루 인먼Arthur Crew Inman 294-295
안토니오 다마지오Antonio Damasio 198-201
안톤 래더셰이트Anton Räderscheidt 24
알 카포네Al Capone 181-183, 185
알렉산더 에이킨Alexander Aitken 162-163
알렉산드르 루리아Aleksandr Luria 153-154
알렉스 푸조Alex Pouget 194-196
앙리 푸앵카레Henri Poincaré 45
앙투안 베차라Antoine Bechara 257, 270
앨리스 플래허티Alice Flaherty 289-290, 308, 328
에드먼드 롤스Edmund Rolls 280-281
에드워드 디너Edward Diener 135-136
에드워드 손다이크Edward Thorndike 171-173
에머드 에스칸다Emad Eskandar 328
에이브러햄 루친스Abraham Luchins 172
에이브러햄 매슬로우Abraham Maslow 329
엘리노어 맥과이어Eleanor Maguire 161
엘리자베스 로프터스Elizabeth Loftus 104-107, 114, 118, 120, 129
올리버 색스 73, 155
와일더 펜필드Wilder Penfield 145
월터 롤리Walter Raleigh 100-101
월터 미셸Walter Mischel 274
윌리엄 반 와거넌William van Wagenen 66
윌리엄 스코빌William Scoville 145-146
윌리엄 오슬러William Osler 308
윌리엄 제임스William James 42
융 251

ㅈ

자코모 리촐라티Giacomo Rizzolatti 242
장 데세티Jean Decety 234
장 피아제Jean Piaget 119
재닛 에미그Janet Emig 310
재닛 프레임Janet Frame 50
제레미 테일러 323
제롬 싱어Jerome Singer 78
제임스 리즌James Reason 37
제임스 릴링James Rilling 184-185
제임스 맥고James McGaugh 165
제임스 올즈James Olds 258-259, 278
제프리 슈워츠Jeffrey Schwartz 274
제프리 엘먼Jeffrey Elman 132
조너선 스쿨러Jonathan Schooler 43-44
조세희 250
조셉 르두Joseph Ledoux 127
조슈아 그린Joshua Greene 203
조앤 롤링 231
조제프 카프그라Joseph Capgras 71-72
존 딜런 헤인즈John-Dylan Haynes 196-197
존 스트루프John Stroop 39
줄리아 캐머런Julia Cameron 309
지상현 313
질 프라이스Jill Price 164-166, 176

ㅊㅋ

칙센트미하이 275
칼 로저스Carl Rogers 249
캐런 암스트롱Karen Armstrong 307
캐시 페즈덱Kathy Pezdek 115
케이 레드필드 제미슨Kay Redfield Jamison 300
켄트 베리지Kent Berridge 279-280, 283
콴 잉Quan Yin 305
크레이그 스타크craig stark 114
크리스토퍼 차브리스Christopher Chabris 28
클리브 웨어링Clive Wearing 151-152

ㅌㅍㅎ

타냐 싱어Tania Singer 228, 230
테오 292-293, 298, 313-314, 332, 336
토마스 네이절Thomas Nagel 229
티머시 블리스Timothy Bliss 170
파블로프 93

펠릭스 레이Felix Rey 291, 293
폴 브로카Paul Broca 66
프랜시스 골턴Francis Galton 156
프레데릭 바틀렛 102, 162
프로이트 72, 86-87, 117, 125
피니스 게이지Phineas Gage 197-199, 201
피터 밀너Peter Milner 258-259, 278
하워드 존스Howard Jones 325
하진金哈 285

Ⓐ - Ⓩ

HM 145-148, 150-153, 167-168
VP 162-163, 165-166

영상·연극

'내 사랑 내 곁에' 225
'닥터 스트레인지러브' 81
'라쇼몽羅生門' 101, 133
'머시니스트The machinist' 226
'메멘토' 133
'백 투 더 퓨처' 140
'아메리카의 퇴조Made in U.S.A.' 236
'애니홀Annie Hall' 236
'역도산' 226
'욕망이라는 이름의 전차' 227
'워터 프론트On the water front' 227
'커피와 담배' 272
'파이터The fighter' 226
'하얀 거탑' 225-226
'해리포터' 231

문헌

《국부론》 232
《꿈으로 들어가 다시 살아나라》 323
《너, 아름다움을 말하다》 313
《도덕감정론》 232
《모든 것을 기억하는 남자The mind of mnemonist》 154
《박쥐가 된다는 것은 어떤 것일까?What is it like to be a bat?》 229
《새로운 미래가 온다》 330
《심리실험 45가지》 125
〈아내를 모자로 착각한 남자〉 73
《영원한 오늘Forever Today》 151
《예술가의 길Artist's way》 309
《예언이 틀렸을 때When prophecy fails》 59
'인간은 실수하기 마련To err is human' 보고서 36
《전쟁과 평화》 43
《지킬 박사와 하이드》 309
《치유하는 글쓰기》 176, 309
《하이퍼그라피아Midnight disease》 290
〈난장이가 쏘아올린 작은 공〉 250